팔자의 시크릿

운명을 바꾸는 마법

글을 쓰신 윤상철 선생님은

87년부터 대산 김석진선생님 문하에서 사서삼경을 익혔다. 그후 성균관대학교에 철학박사를 취득하는 등 동양철학에 심취하는 기간을 가졌고, 「천상열차분야지도」를 비롯한 동양천문을 깊이 연구하였으며, 현재는 대유학당에서 주역을 가르치고 있다.

저서로는 『후천을 연 대한민국』, 『세종대왕이 만난 우리별자리』, 『천상열차분야지도 그 비밀을 밝히다』, 『시의적절 주역이야기』, 『주역점비결』, 번역에 『하락리수』, 『오행대의』, 『천문류초』, 『매화역수』, 『황극경세』, 『초씨역림』 등이 있다.

교양주역시리즈② 팔자의 시크릿
― 운명의 바꾸는 마법

- 2쇄발행 2023년 1월 20일
- 저자 건원 윤상철   발행인 윤상철
- 편집 이연실 윤여진
- 그림 동철, 선운
- 교열 및 도움주신 분들 포겸, 태정, 순천, 개석, 황옥, 홍우, 화원, 가향, 중전, 지영
- 발행처 대유학당   출판등록 1993년 8월 2일 제 1-1561호
- 주소 서울 성동구 아차산로17길 48 SK V1 센터 1동 814호
- 전화 (02) 2249-5630
- 블로그 http://blog.naver.com/daeyoudang
- 유튜브 대유학당 TV
- 여러분이 지불하신 책값은 좋은 책을 만드는데 쓰입니다.
- ISBN 978-89-6369-130-5 03180
- 값 16,000원

 # 추천사

대산 김석진

  우주자연의 생성과 순환을 말하며 사람이 해야 할 도리를 설파한 동양 최고의 철학서가 주역이다. 주역에는 "곤궁하면 주변 여건을 변화시켜야 하고(궁즉변窮則變), 주변이 유리하게 변화되면 형통하게 되며(변즉통變則通), 형통하게 되면 오랫동안 잘 살 수 있다(통즉구通則久). 그러므로 하늘이 도와주어서(시이자천우지是以自天祐之) 길하고 이롭지 않음이 없게 된다(길무불리吉无不利)."고 하였다. 막히고 곤궁하게 되면 변화를 꾀해야 한다. 지금의 어려운 상태를 벗어나기 위해서는 주변 환경을 바꿔야 한다는 것이다.

  정자는 "수시변역(隨時變易) 이종도(以從道)"를 말하였다. 때와 장소에 맞게 변해서 적응해야 잘 살 수 있는데, 다만 사람의 도리를 지키며 바꿔야 한다는 것이다.

  또 "팔자를 칠자로 고쳐야 한다."고 하고, "갑을 경으로 고쳐야 한다."고 했다. 천간에서 '경'은 일곱 번째 있고, '고칠 경(≒更)'이라고 한다. 경은 가을의 시작을 뜻하는데, 가을이 되면 초목이 겨울준비를 하느라 몸집을 줄이며 고치기 때문이다. 그러므로 "팔자를 칠자로 고쳐야 한다."는 것은 팔자를 바꿔야 한다는 뜻이 된다. 어떻게 팔자를 바꾸는가? 잘 될 수 있도록 늘 고치며 변화를 주라는 것이다. 환경에 잘 적응하며 한편으론 고쳐나가는 것이다.

주역에서는 갑신을 경신으로 고쳐서 신명행사를 하는 손괘를 57번째에 두었는데, 육갑에서도 57번째 간지로 경신을 두었다. 그 두 번째 효사에 "무당이 신을 부르듯이 하면 성공할 뿐만 아니라 잘못이 없다(용사무분약用史巫紛若 길무구길无咎)."고 하니, 최선을 다해 노력하고 온 정신을 하나로 모아 기도하라는 것이다. 경신일에는 하늘과 땅과 사람이 하나가 되는 날이라고 해서, 일 년에 여섯 번 있게 되는 경신일마다 잠을 자지 않고 수도하는 육경신행사를 하기도 한다.

그러니까 무조건 팔자를 고치는 것이 아니라, 열심히 노력해서 고치는 것이고(용사무분약), 환경에 적응하고 때에 알맞게 고치되 사람의 도리를 지킨다는 원칙아래 고치는 것이고(수시변역 이종도), 천지인 삼재가 서로 기운을 통해서 하나가 되도록 고치는 것이다(경신).

환경을 바꾸고, 시간을 바꾸고, 방법을 바꾸는 식으로 운명을 바꾸는 것, 즉 '무슨 수를 낸다'는 것은 결국 마음을 바꾸는 것이다. 마음이 안정되며 즐겁고 행복하면 저절로 잘 풀리기 때문이다.

상나라를 세운 탕임금은 "일신(日新) 우일신(又日新) 일일신(日日新)"이라고 했다. 오늘의 삶을 반성하며 더 좋게 고치고, 또 내일의 삶은 오늘보다 더 낫게 고쳐서, 매일매일 더 나은 사람이 되겠다고 한 좌우명이다. 이 글을 세숫대야에 새겨놓고 세수할 때마다 읽으며 반성하고 고쳐나간 것이다. 나도 늘 '경'자를 도장에 새겨서 가지고 다니며 고치고 바꾸는 노력을 생활화하였고, 그 덕분인지 하는 일마다 자천우지가 되어 잘 풀렸다.

피흉취길 하는 방법을 써서 마음이 안정되고 자신감이 생기면 이보다 좋은 일은 없다. 미래에 발생할 일의 길흉을 알아서 길한 것은 더욱 길하게 만들고 흉한 것은 피하며 줄이는 피흉취길을 함으로써 점점 더 성공의 길로 갈 수 있기 때문이다.

코로나 19로 인해 사람들이 갈 길을 모르고 침체된 이때에, 나의 제자 건원 윤상철군이 피흉취길 하는 방법을 모아서 『팔자의 시크릿』이라는 제목으로 책을 낸다고 하며 추천사를 부탁했다. 내용을 보면서 "참 때에 꼭 맞는 책을 내는구나. 캄캄해서 출구를 찾지 못하고 고생하는 사람들에게 환한 길을 안내하는 좋은 책이다."하는 생각이 들었다. 내용도 하나같이 "아! 그렇게 하면 되겠구나!"하고 무릎을 치게 하는 좋은 방법을 재미있는 이야기로 포장해서 썼다.

이 책에 있는 내용만 다 알아도 피흉취길을 잘 할 수 있는 충분한 지식이 될 것이며, 재미있게 읽다보면 자신도 모르게 성공하는 지혜가 열릴 것이 기대가 되었다. 이 책을 보고 코로나 19의 어둠을 극복하고 성공의 행복한 길로 들어서기를 간절히 기원하면서 추천사를 대신한다.

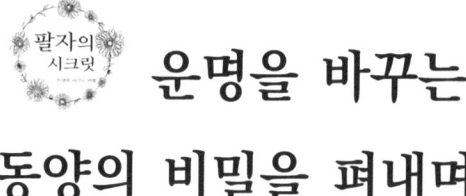

운명을 바꾸는
동양의 비밀을 펴내며

사람은 누구나 행복하기를 원한다. 이 세상에 태어나서 원하는 바를 이루며 살기를 바라는 것이다. 그런데 누구나 다 행복할 수 있을까? 사람들은 잘 될 때는 내가 잘해서 잘 된 것이고, 안될 때는 팔자 탓을 한다. 팔자를 잘못 타고 태어나서 불행하다는 것이다.

회사가 어려우면 노사가 한 마음으로 합심해서 개선방향을 찾아 노력해야 하고, 그래도 안 되면 다른 회사로 이직해야 한다. 그대로 있다가 같이 망할 수는 없지 않은가? 사주팔자도 마찬가지이다. 팔자가 좋지 않으면 팔자를 고쳐나가야 한다. 나쁜 팔자대로 살다가 망할 수는 없지 않은가?

팔자는 태어날 때 정해진다. '몇 년, 몇 월, 몇 일, 몇 시에 태어났냐?'를 기록한 것이 팔자이기 때문이다. 이 정해진 팔자를 두고 '하필 그 때 태어났냐?'고 평생을 원망하며 살 수는 없다. 또 내 인생을 불행하게 내버려두어서도 안 된다.

안 좋은 팔자라 하여도 조금만 방향을 바꾸고, 조금만 뒷받침을 해주면 행복한 길로 갈 수 있다. 큰 노력을 들이는 것은 어렵지만, 전체 힘에서 2% 정도 모자란다면, 그 약간의 힘을 도와달라고 해서 성공할 수 있는 것이다. 이 책에는 약간의 방향을 바꾸고 뒷받침이 되는 '2% 도움이 되는 방법'을 모아 놓았다.

그러기 위해서 이 책을 3부로 나누었는데, 1부는 좋은 팔자를 얻는 방법이고, 2부는 팔자를 약간씩 고쳐서 2% 가산점을 주는 방법이고, 3부는 좋은 운들을 많이 모아서 성공하는 방법이다.
좋은 팔자를 얻는다는 것은 본래 태어난 팔자에 보조 팔자를 더함으로써 팔자의 방향을 바꾼다는 것이고, 2% 가산점을 준다는 것은 그때그때 필요에 따라 조금씩 고친다는 것이고, 좋은 운을 모은다는 것은 좋은 경험 좋은 환경 좋은 사람을 모으라는 뜻이다.
몇 년 후면 좋은 운이 와서 좋아진다고 했을 때, 그 운이 대박이 될 것인지 그냥 좋은 운으로 바뀔지는 본인에게 달렸다. 기회가 올 때 마다 좋은 사람을 사귀고, 좋은 곳으로 이사 가고, 자격증과 면허증을 따고, 지식을 습득해 놓으면 대박이 되지만, 노력하지 않고 기다리면 좋은 운이 온다 해도 평범한 운으로 바뀐다. 좋은 운을 모아두고, 좋은 운이 있는 사람을 사귀고, 좋은 운이 있는 곳에 가서 기운을 받는 습관이 중요한 것이다.
평생 늘 행복하고 모든 일에 성공할 수는 없다. 하지만 성공할 수 있게 도움을 주는 것은 가능하다. 그 도움을 이 책이 주리라 믿는다. 이 책은 각자의 노력에 2% 가산점을 주기 때문이다. 2% 가산점이면 충분하다. 턱걸이를 할 때, 밑에서 약간만 받쳐주면 쉽게 성공할 수 있는 것과 같다. 나의 최대 노력에 2%를 더하는 것이다.

'노력+2%의 도움'을 실천하다 보면, 내 팔자도 꽤 행복한 팔자이고, 나도 주변에 도움을 줄 수 있는 사람이라는 것을 알게 될 것이다. 그 방법을 같이 의논하고 실천해 나가고자 이 책을 만들었다.

항상 좋은 말로 격려해 이끌어주시고 흔쾌히 추천사를 써주신 선생님, 그리고 정제되지 않은 원고를 다듬어주신 '포겸, 태정, 순천, 개석, 황옥, 홍우, 화원, 김영임, 중전, 지영' 등 여러분과 어려운 시간을 내서 삽화를 그려주신 동철, 선운 두 분께 깊이 감사를 드리며, 이 책을 읽고 팔자를 고쳐서 모두가 행복하게 살았으면 하는 마음을 담아 책을 쓴다.

2021년 7월 좋은 날에, 성수동에서 건원 윤상철

 # 목차

추천사 (대산 김석진)   5
운명을 바꾸는 동양의 비밀을 시작하며 시작하며   8

1부. 지금부터, 새 인생

1/ 팔자가 뭘까?   21
- 열 개의 태양과 열두 개의 달   22
- 단조로운 생활에 싫증난 태양의 반란   23
- 여러 사람이 미워하면   24
- 절대 권력의 그림자   26
- 아무리 친해도 다 알지는 못한다   27
- 자랑과 사치의 필요성   29
- 팔자란 무엇인가   31
- 사주, 빛과 온도의 문자화   32
- 천간과 지지   33
- 팔자와 환경은 사람을 만든다   34
- 맹모삼천지교로 본 사주와 환경의 영향   36
- 극단적이 되지 않도록 환경을 바꾸자   37

2/ 팔자 한번 바꿔볼까?   39
- 시간을 바꾸어 태어나기   39
- 합궁할 날짜를 정해라   40
- 좋은 시간에 태어나게 하면 좋을까?   41

- 인위적으로 만든 사주도 운명을 바꾼다   43
- 가짜를 진짜로 만들려면 노력을 해야 한다   44
- 며느리를 쫓아낸 세종대왕   45
- 아무리 하고 싶은 일이라도 명분이 있어야   46
- 세력을 믿고 임금을 속인 남지   48
- 세력이 많으면 죄가 덮인다?   50
- 적을 만들지 말라. 뿌리를 깊게 내리고 싶다면   52
- 장소를 바꾸어 팔자 바꾸기   54
- 빛의 양에 따라 달라지는 운명   55
- 장소를 바꿔도 바뀌는 사주팔자   56
- 인위적으로 바꾼 사주도 효과가 있을까?   59
- 여행으로도 운이 바뀔 수 있을까?   60
- 나 혼자 힘들다면 기생충처럼   62
- 기생충도 나름 고른다   63
- 숙주 조종사 기생충   64
- 숙주와의 일심동체   65

3/ 다시 새 인생   67

- 죽었다 깨어나기   68
- 다시 만난 세상   69
- 대신 벼락 맞은 잣나무   72
- 죽은 척 해서 살아나기   74
- 염주로 만들어 득도시킨 문수보살   77
- 다양한 삶을 알고 싶다면 역할 바꾸기   79
- 낮추면 자연히 몰려든다   81
- 내려놓으면 행복한 것을   83
- 동물은 머리를 다치면 죽고 식물은 뿌리를 다치면   86

4/ 명당에서 발복하기   88

- 영혼은 있을까 없을까 — 89
- 동양의 세 종교 유교 불교 선교 — 90
- 죽은 사람의 안식처 산소 — 94
- 좋은 산소의 조건 — 95
- 후손에게도 복을 주는 명당 — 96
- 탯줄산소를 만드는 풍속 — 97
- 김유신 장군에게 힘을 준 탯줄산소 — 98
- 자식이 잘 되기를 기원한 태(胎) 항아리 — 100
- 조상 대신 나를 묻는다 — 102

2부. 팔자 고치기   105

1/ 비나이다 비나이다   107

- 하나님이나 부처님께서 뇌물을 받으실까? — 108
- 하나님은 목사와 강도 중에 누구를 더 사랑하실까? — 109
- 토지신은 뇌물도 받고 부탁도 들어준다 — 112
- 점은 정확한가? — 113
- 전5식은 본능 — 116
- 6식은 아주 작은 개인신 — 116
- 7식은 고집이 센 개인신 — 117
- 8식은 우주신과 통하는 개인신 — 118
- 9단계 10단계의 자유자재한 대우주신 — 121
- 9단계 10단계 신과 친해지는 방법 — 123
- 화신에게 기도하는 법 — 124
- 서영훈 선생님의 화신되기 — 126
- 우리에게도 화신이 있을까? — 128
- 눈 앞에 있는 것처럼 상상하라 — 130
- 관상으로 치유하기 — 133
- 신을 내 편으로 — 135

- 혹 떼고 부자된 혹부리 영감　　　　136
- 그저 웃으면 복이 온다　　　　　　137
- 신과 주파수 맞추기　　　　　　　139
- 목표에 안테나를 맞춰라　　　　　140
- 목표를 세웠다면 주문을 외워라　　142
- 모자란 사람끼리 원원　　　　　　143
- 절실한 소원의 위력　　　　　　　145
- 플라시보 효과(placebo effect)　　147
- 신용은 자신을 믿는 것부터　　　　148
- 이 약을 먹으면 반드시 낫는다　　　149
- 옮기기만 하면 50금　　　　　　　150
- 독선은 나를 죽이는 독　　　　　　152
- 노시보 효과(nocebo effect)　　　154
- 정성을 다하겠다는 약속, 부적쓰기　155

2/ 내 몸과 우주의 소통　　　　　　158

- 귀는 지혜와 기억력의 상징　　　　159
- 자신의 소리로 건강해지기　　　　162
- 새벽에 소리 내어 글 읽기　　　　　164
- 이봉(종이 대롱)으로 뜸뜨기　　　165
- 내 몸을 연주해서 인기 높이기　　　167
- 호흡으로 말더듬이 고치기　169
- 나의 몸을 우주와 소통하는 소리통으로　171
- 내 몸을 고동시키는 금강송　　　　173
- 우주와 하나되는 신들림 현상　　　175

3/ 운명을 바꾸는 수호신 이름　　　177

- 이름은 나의 수호신　　　　　　　178
- 나의 또 다른 이름, 자와 호　　　　179

- 이름이 바뀌면 운명이 바뀐다　　　　　　　　182
- 아이의 이름과 어른의 이름　　　　　　　　　183
- 자조하는 이름 김삿갓　　　　　　　　　　　185
- 호를 짓고 이름을 바꾸면　　　　　　　　　　186
- 놀림을 극복하고 출세한 이름　　　　　　　　188
- 취직을 도와준 호　　　　　　　　　　　　　190

4/ 겉모습을 바꿔 볼까?　　　　　　　　　　192

- 가장 큰 복을 짓는 것은 억울함을 풀어주는 것　193
- 작은 생명체를 구하는 것도 큰 복을 짓는 것이다　194
- 좋은 것을 나눠야 복이 오지　　　　　　　　197
- 살생을 많이 하면 단명한다　　　　　　　　　198
- 북두칠성신께 삶을 연장해달라고 빈 제갈공명　200
- 겸손은 나를 지키는 보물　　　　　　　　　　203
- 거머리를 삼켜서 목숨을 구해준 혜왕　　　　　206
- 양두사를 죽인 덕으로 재상이 된 손숙오　　　207
- 삼시충을 길러서 나를 조심시키자　　　　　　209
- 성형수술로도 운이 바뀐다　　　　　　　　　212
- 2% 더 정성을 다한 마무리　　　　　　　　　212
- 간첩을 놓치게 한 개똥　　　　　　　　　　　214
- 비바람을 막아주는 집　　　　　　　　　　　216
- 인공산도 훌륭한 현무가 된다　　　　　　　　217
- 물길을 바꾸면 운이 바뀐다　　　　　　　　　219
- 꽃이 피면 집에도 좋은 운이 온다　　　　　　221
- 생화초에 인조꽃을 심어 좋은 운을 부른다　　222
- 균형 잡힌 몸매는 연애를 돕는다　　　　　　　223
- 고환도 균형이 맞아야 제기능을 한다　　　　　225
- 계약도 서로의 이익이 맞아야 오래간다　　　　226
- 상황에 맞아야 가치가 있다 – 새벽 새　　　　229
- 철부지라서 일찍 죽은 편작　　　　　　　　　231

3부. 좋은 운을 모아 성공으로

1/ 세력 모아 팔자 고치기　　　　　　　　237

- 친아들과 양아들　　　　　　　　238
- 붓으로 낳은 자식　　　　　　　　240
- 양귀비의 양자로 들어간 안록산　　　　　　　　242
- 태양신 숭배도 양자 들어가는 방법　　　　　　　　244
- 별에게 양자 들어가기　　　　　　　　245
- 심수는 우리나라의 수호별　　　　　　　　246
- 첨성대를 무덤으로 삼은 알백　　　　　　　　247
- 별의 기운을 나눠 주세요　　　　　　　　249
- 나의 수호별 찾기　　　　　　　　251
- 수호별의 성격과 해당지역　　　　　　　　260
- 수호별과 친해지는 방법　　　　　　　　261
- 공감은 하나로 만드는 최고의 방법　　　　　　　　262
- 신도를 맹신자로 만들어야 할까?　　　　　　　　264
- 서로 윈윈해야 오래 간다　　　　　　　　266
- 예수천당 불신지옥　　　　　　　　268
- 우리가 남이가?　　　　　　　　269
- 중화삼조당에 감춘 속셈　　　　　　　　270
- 입 큰 놈이 꿀꺽　　　　　　　　272
- 세력을 모으는 전략 세 가지　　　　　　　　275
- 한 사람을 희생시켜서 천하를 위로할 수 있다면　　　　　　　　276
- 하늘이 알고 땅이 알고 내가 알고 네가 안다　　　　　　　　279
- 전 왕조의 왕족을 제후로 삼아라　　　　　　　　281
- 축관으로 삼아 나의 조력자로　　　　　　　　284
- 기나라 사람은 바보 – 기우　　　　　　　　285
- 송나라 사람도 바보 – 조장　　　　　　　　287
- 수주대토　　　　　　　　288

- 비가 온다를 재수 좋다로　　　　　　　　　290

2/ 힘 있는 사람과 한편 되기　　　　　　292

- 술 한 잔 대접하고 80살을 더 산 소년　　293
- 우리 아들 눈을 뜨게 해 주세요　　　　　296
- 먼저 준비하고 나머지를 부탁하라　　　　299
- 궁즉통의 진리　　　　　　　　　　　　　300
- 모을수록 커지는 좋은 운　　　　　　　　302
- 여봐라! 짐이 승하하신다!　　　　　　　　303
- 바위도 기도하는 사람이 많으면 영험해진다　304
- 단체명상의 효과　　　　　　　　　　　　306
- 좋은 사주가 모이면 성공할 수밖에　　　　307
- 17잎이 되어야 열매가 열리는 바나나　　　309
- 대접 받으려면 먼저 대접하라　　　　　　311
- 교통로를 보완해서 커진 여의도의 인기　　313
- 세계의 명당 대한민국　　　　　　　　　　315

3/ 희생과 배려　　　　　　　　　　　　319

- 갱알후! 그 섭섭함의 표시　　　　　　　　320
- 부모가 원하는 것을 해주어야 진정한 효자　323
- 작은 것으로 큰 것 만들기　　　　　　　　325
- 유언의 진짜 의도　　　　　　　　　　　　327
- 제갈공명의 만두 제물　　　　　　　　　　330
- 곤장 맞고 얻은 쌀　　　　　　　　　　　　331

- 미주 모음　　　　　　　　　　　　　　　333
- 글을 마치며　　　　　　　　　　　　　　334
- 윤상철님의 저서 - 주역 & 천문　　　　　335

1부. 지금부터, 새 인생

장소를 바꾸고, 시간을 바꾸면 팔자가 달라진다. 물론 죽었다가 다시 살아나는 연극을 해도 팔자가 바뀌고, 나의 일부를 명당에 묻어도 팔자가 바뀐다. 이렇게 바꿔서 얻은 팔자는 태어날 때 얻은 팔자만큼 나의 운명을 좌우하시는 못하더라도, 나의 어려움을 극복하게 해주고 좋은 일을 더욱 좋게 만드는 마법의 창과 방패가 된다.

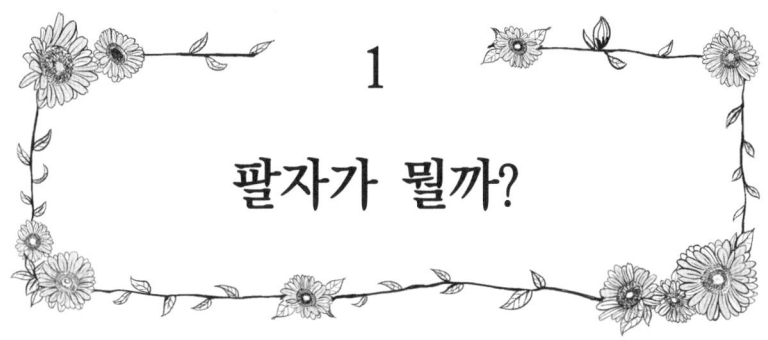

1
팔자가 뭘까?

 사람은 누구나 생일이 있다. 이 생일을 몇 년, 몇 월, 몇 일, 몇 시로 구체화해서 말한 것이 사주팔자이다. 사주팔자는 사람이 어떤 삶을 살아갈지를 말해준다. 태어난 시간에 따라 팔자가 달라지고, 사람마다 각기 다른 삶을 살도록 운명을 좌우한다. 좀 더 구체적으로 말하면 사주팔자에 따라 성격이 달라지는 것이다. 같은 환경에 처했어도, 성격에 따라 대처하는 방법이 다르고, 대처하는 방법에 따라 성공과 실패가 갈라지는 것이다.
 물론 인생의 출발시간을 다르게 하고, 인생을 사는 기간을 다르게도 하지만, 크게 보면 팔자는 성격을 좌우함으로써 사람의 인생을 달리 살게 하는 것이다.

👑 열 개의 태양과 열두 개의 달
옛날 아주 먼 옛날에 제준이라고 하는 세상을 다스리는 큰 신이 있었다. 그에게는 아황과 희화 그리고 상희 등 세 명의 아내가 있었는데, 희화는 10명의 태양을 낳았고, 상희는 12명의 달을 낳았다고 하였다.[1)]

일반적으로 사주팔자를 표시하는 천간지지는 줄여서 간지라고 부른다. 천간은 '하늘 천'자에 '줄기 간'자를 쓰니, 이 세상의 줄기가 될 만하다는 뜻이다. 또 10간이라고도 하는데, 갑·을·병·정·무·기·경·신·임·계의 10개로 구성되었기 때문이다. 지지는 '땅 지' 자에 '가지 지'자를 쓴다. 나무의 가지처럼 천간이라는 줄기를 보좌하며 무성한 잎새(세상의 모든 생명체)를 지탱하고 있다는 뜻으로, 자·축·인·묘·진·사·오·미·신·유·술·해의 12개가 있으므로 12지라고도 한다.

지금은 별 생각 없이 10간 12지라고 하는데, 10간은 희화가 낳은 열 개의 태양이었고, 12지는 상희가 낳은 12개의 달이었다. 열 개의 태양은 각기 갑태양, 을태양, 병태양, 정태양, 무태양, 기태양, 경태양, 신태양, 임태양, 계태양이라 부르고, 12개의 달은 자달, 축달, 인달, 묘달, 진달, 사달, 오달, 미달, 신달, 유달, 술달, 해달이라고 부른다.

그러니까 지금처럼 똑같은 태양과 달이 매일매일 떠오르는 것이 아니고, 오늘은 갑태양이 떴다면, 내일은 을태양이 뜨고, 모레는 병태양이 뜨고, …, 이런 식으로 임태양, 계태양까지 10개의 태양이 차례를 지켜 돌면서 낮의 하늘을 밝혔고2), 또 정월에는 인달이 뜨고, 2월에는 묘달이 뜨고, 3월에는 진달이 뜨고, …, 이런 식으로 해달·자달·축달까지 12개의 달이 차례를 지켜 돌면서 밤의 하늘을 밝힌 것이다.

👑 단조로운 생활에 싫증난 태양의 반란
기분을 낸다고 다른 사람에게 피해가 가면 안 된다. 나하나 좋자고 다른 사람이 괴로우면 오래 갈 수 없기 때문이다.

그런데 이런 평화는 오래가지 못했다. 매일 반복되는 똑같은 행보에 태양들이 싫증을 느꼈기 때문이다. "우리가 매일 똑같은 길을 똑같은 속도로 다니는 것은 너무 재미없다. 하루에 둘도 뜨고 셋도 뜨고, 아니 우리 10형제가 모두 한꺼번에 뜨면 더 재미있을 것이다. 황도로만 다니지 말고, 다른 길도 개척하면서 이리저리 다니면 멋있는 우주쇼가 연출될 것이다." 이렇게 의논을 마친 태양들이 광란의 쇼를 벌이기 시작했다.

태양들은 모처럼의 자유를 만끽하면서 신이 났는지 모르지만, 지상에서는 난리가 났다. 태양이 하나만 뜰 때는 따뜻하고 좋았는데, 두 개, 심지어 열 개까지 뜨니 그 뜨거움에 도저히 숨을 쉬며 살 수가 없었다. 태양의 열기 때문에 여기저기 불까지 났다. 그 까맣게 타들어가는 것을 보다 못한 사람들이 하느님께 기도를 올렸다. "제발 예전같이 하나만 뜨게 해달라고."

하느님도 하늘나라에서 지상의 참변을 보고 있었던지라, 곧바로 활을 잘 쏘는 예에게 명령을 내렸다. "10개의 화살과 활을 줄테니, 이것을 가지고 지상으로 내려가서 태양들을 진정시켜라."

예는 하늘나라의 신선으로 최고의 명사수였다. 더구나 하느님께서 무엇이든 쏘면 백발백중으로 맞히는 신궁을 주셨으므로, 여행 떠나듯 가벼운 마음이었다. 그래서 하늘나라 최고의 미녀로 유명한 아내와 함께 출장여행을 즐기기로 하였다.

♛ 여러 사람이 미워하면

태양이 우주쇼를 벌이는 것은 즐겁고 신나는 일이었다. 일상의 단조로움, 답답함을 한 번에 해소시켰다. 그렇지만 주변 사람은 너무 고통스러웠다. 그 결과로 본인도 죽임을 당하였다. 잠깐의 쾌락의 대가치고는 너무 엄청난 결과를 가져왔다. 여러 사람이 미워하면 망하는 것이다.

이런 일은 절대로 하면 안 된다. 내가 1을 얻고 다른 사람이 1을 피해본다면 그래도 괜찮다고 할 것이다. 하지만 내가 1을 얻고 다른 사람이 2를 잃는 일은 사회악이다.

나도 이익보고 다른 사람도 이익보는 일이 제일 좋고, 내가 이익을 얻고 다른 사람이 손해를 보지 않는 일이 그 다음이다. 이럴 경우 그 일이 아주 오래도록 성장할 것이고 다른 사람의 축복을 받을 것이다.

하지만 태양의 우주쇼처럼 여러 사람이 피해를 본다면 곧바로 망하게 된다. 여러 사람이 축복의 말을 하는 게 아니라 저주를 퍼부을 것이기 때문이다. 이것은 매우 중요한 원리이다. 여러 사람이 좋아하면 인기가 높아지고 힘이 세지지만, 여러 사람이 미워하면 사람을 끌어들이는 힘도 없고 자꾸 약해진다. 그러므로 내가 무엇을 이루려고 하면 여러 사람의 호응을 얻어야 가능하다. 호응을 얻지 못하면 혹 성공한다 해도 오래가지 못하고 망한다.

예가 지상에 내려와서 보니 참상을 말로 다할 수 없었다. 화가 난 예가 앞뒤 가리지 않고 신궁에 화살을 메겨 태양을 향해 쏘았다. 퍽하는 소리와 함께 세 발 달린 까마귀가 까만 날개를 퍼덕거리며 지상으로 떨어졌다. 태양의 정령은 세 발 달린 까마귀였던 것이다. 다시 또 한 발을 쏘니 역시 까마귀가 맥없이 떨어지며 죽었다. 깜짝 놀란 태양들이 두려움에 떨며 어쩔 줄을 몰라했다.

여기서 멈췄으면 좋았겠지만, 새까맣게 타들어가는 지상의 참변에 분노한데다가 사람들의 환호소리에 흥분이 된 예는, 이성을 잃고 계속해서 태양을 향해 화살을 쏘았다. 물론 그 때마다 어김없이 큰 까마귀가 한 마리씩 떨어졌다.

태양이 떨어지는 것을 보고 있던 지상의 임금이 깜짝 놀라서 슬그머니 화살 하나를 숨겼다. 태양이 모두 없어지면 지상의 생명체가 모두 죽을 수 있기 때문이다.

♛ **절대 권력의 그림자** 절대 권력자의 마음을 정확히 알아야 한다. 눈앞에서 들은 말이 다가 아니다. 그 말이 뜻하는 속뜻을 제대로 파악하지 못했다면 치명적인 결과를 당할 수도 있다.

마지막 남은 태양 하나를 남겨두고 활쏘기를 마친 예는, 지상의 임금으로부터 극진한 대접을 받으며 즐겼다. 충분히 즐기고 휴식을 한 예는, 아내와 함께 하늘나라로 돌아가려고 하였다.

그런데 하느님으로부터 뜻밖의 명령이 떨어졌다. "예와 그 아내 항아에게서 신선의 지위를 박탈한다. 뿐만 아니라 영원히 하늘나라로 돌아올 수 없다."는 것이다.

그 이유는 '태양을 진정시켜서 질서를 바로 잡으라고 했지, 누가 태양을 쏴 죽이라고 했냐?'는 것이다. 태양은 하느님의 아들이었던 것이다. 장성한 아들을 한꺼번에 아홉이나 잃게 되었으니, 하느님의 분노와 슬픔이 대단했던 것이다.

예는 침착했어야 했다. 하느님께서 신궁을 주시면서 "태양들을 진정시켜라." 하고 명령을 했지, "태양들의 죄를 물어 처벌하라."고 하지 않으신 것이다. 공무를 수행하면서 개인적인 감정을 발산시키는 것은 위험한 일이다.

설사 하느님께서 "태양들의 죄를 물어 처벌하라."고 하셨어도, 상대가 누군지, 어떻게 일을 처리해야 할지를 잘 생각했어야 했다. 상대는 하느님의 친아들이다. 하느님이 화가 나서 처벌을 하라고 했더라도, 나중에 그 일을 후회할지도 모른다. 그럴 경우 예에게 화풀이를 할 것이다. 태양을 처벌한 과정을 다시 감찰해서 조그만 잘못이라도 들춰낼 것이고, 없는 죄라도 만들 수 있다. 그래서 절대 권력자의 가족 문제는 절대 권력자가 직접 처리하도록 하는 것이 좋다.

그런데 예는 순간의 감정을 제어하지 못하고, 지상 백성의 환호소리에 더욱 흥분해서, 하느님의 자식들을 죽였던 것이다.

👑 아무리 친해도 다 알지는 못한다

결국 예와 항아는 지상에서 살 수 밖에 없었다. 그런데 신선일 때는 늙지 않았는데, 인간으로 살자니 주름살이 늘며 늙는 것이었다. 하늘나라 최고의 미모를 뽐내던 항아는 견딜 수가 없었다. "나의 아름다움이 없어지다니…. 당신이 조금만 조심했으면 이런 일이 없었을 것 아니에요? 눈 밑에 이 주름살을 좀 봐요."

아내의 성화를 견디다 못한 예가 서왕모를 생각해냈다. 서왕모는 지상 최고의 신으로 추앙받는 큰 신이다. 천신만고 끝에 서왕모를 찾아가서 천도복숭아 두 개를 얻어왔다. "하나를 먹으면 영원히 늙지 않고, 두 개를 먹으면 다시 신선이 된다고 합디다. 이걸 하나씩 나눠먹읍시다. 그러면 영원히 늙지 않을 것이오!"하고 자랑스레 복숭아 두 개를 내놓았다.

　향기와 서기를 뿜어내는 복숭아 앞에서 항아는 신이 났다. 복숭아를 먹으면 천년만년 원하는 대로 늙지 않을 것 같았다. 곱고 맑은 목소리로 "네! 고마워요. 그런데 이렇게 소중한 것을 그냥 먹을 수 없잖아요? 우리 목욕재계한 다음에 먹기로 해요. 당신이 먼지를 뒤집어쓰는 고생을 했으니 먼저 목욕을 하세요." 이 말에 예가 먼저 목욕을 했다. 그러는 동안에 항아가 두 개를 다 먹고 신선이 되어서 하늘나라로 올라갔다.

　목욕을 마친 예가 그 사실을 알고 화를 참지 못했다. 그래서 마지막 남은 화살 한 대를 찾아서 하늘로 올라가는 항아를 향해 조준을 했다. 하지만 사랑했던 아내를 차마 쏠 수가 없었다. "그래! 얼마나 하늘나라가 그리웠으면…, 너라도 행복하게 잘 살아라."하고는 슬며시 활을 내려놓았다.

　이 사실을 안 서왕모가 항아에게 벌을 내렸다. 항아는 서왕모의 저주를 받아 몸이 오그라들더니 곰보딱지 두꺼비가 되었다. 이 꼴로는 하늘나라의 신선들을 만날 수 없었다. 하늘나라 최고의 미녀가 이런 꼴을 보여줄 수는 없었다. 하는 수 없이 춥고 어두운 달나라로 가서 살게 되었다.

그냥 "하나씩 먹읍시다. 그러면 늙지 않는다고 합니다." 하고 복숭아를 나누어 먹었으면 행복하게 같이 살았을 것이다. 그런데 "두 개를 모두 먹으면 다시 신선이 된다고 합니다."라는 사족을 붙였다. 그 말에 귀가 번쩍 뜨인 항아가 잘못을 저지르고 말았다. 여인의 마음을 너무 몰랐던 것이다.

♛ 자랑과 사치의 필요성
화려하게 살던 사람은 구질구질하게 사는 것을 더 어려워한다. 부유하게 잘 살던 사람은 가난하게 사는 것이 어렵다. 자랑하고 사치하며 살던 사람은 더 견디기 어려운 법이다.

항아가 예에게 불만을 토로한 것은 단순히 늙는다는 이유만은 아니었다. 물론 아름다운 여인이 늙는다는 것만큼 서러운 일이

없을 것이다. 하지만 항아는 신선들의 선망을 받던 여인이다. 없는 것이 없고, 뜻대로 안 되는 것이 없던 신선생활. 그 신선의 자유로운 생활을 박탈당하고 인간으로 살아야 되는 구질구질함이 불만의 바탕에 깔려 있었던 것이다.

사람은 하나를 얻으면 또 하나를 얻을 것을 생각하는 동물이다. 만족이란 없다는 뜻이다. 남편 예가 고생고생하며 천도복숭아를 얻어온 것은 충분히 고맙고 감사한 일이다.

더구나 몸 전체에 온통 뒤집어 쓴 먼지와 땀 냄새, 험하고 오랜 여행길에 여기저기 쓸리고 다친 몸을 보았을 때는 마음도 아프고 감동도 되었다. 하지만 감동은 감동이고, 마음의 밑바탕에서는 인간의 한계와 답답함을 안고 계속 살 수는 없다는 생각이 스멀스멀 올라온 것이다.

이곳에서는 자신의 마음을 달래줄 장신구도 없고, 자신의 미모를 자랑할 수준 높은 신선도 없다. 살면서 자랑도 해야 하고 사치도 해야 하지 않는가? 남편의 고생은 안쓰럽지만, 앞으로 인간으로서 살아가야 할 어려움이 항아를 못 견디게 한 것이다.

그래서 살을 섞고 사는 부부일지라도 감출 것은 감추고 살 필요가 있는 것이다.

👑 팔자란 무엇인가

사주팔자란 무엇인가? 사람은 누구나 생일이 있다. 이 생일을 몇 년, 몇 월, 몇 일, 몇 시로 구체화해서 말한 것이 사주팔자이다.

태어난 연월일시를 사람의 운명을 아는 중요한 네 개의 정보기둥이라 해서 사주라고 하는데, 사주는 '넉 사' 자에 '기둥 주' 자를 쓴다. 네 개의 주(기둥), 즉 년기둥, 월기둥, 일기둥, 시기둥이다. 각 기둥 마다 두 글자씩 표현하므로 '4×2=8'이 되어 여덟 글자, 즉 팔자라고 하는 것이다.

팔자	갑	을	병	정
	자	축	인	묘
사주	년기둥	월기둥	일기둥	시기둥

그러니까 사주와 팔자는 같은 뜻이다. 사람의 생일을 표현할 때, '년기둥, 월기둥, 일기둥, 시기둥'으로 보면 사주이고, 각 기둥을 두 글자씩 표현하면 팔자가 되는 것이다.

사람이 태어날 때, 년은 10간 중에 어떤 간이고 12지 중에는 어떤 지에 태어났고, 월에 해당하는 간지는 무엇이고, 일과 시에 해당하는 간지는 무엇인가를 따져서 각자에게 고유한 팔자를 정해주는 것이다.

👑 사주, 빛과 온도의 문자화

사람의 고유한 팔자는 태어날 때, 태양과 달이 어떤 방향의 어떤 높이로 떠있는가를 설명한다. 사람에게 가장 큰 영향을 주는 것이 태양과 달이므로, 주로 태양과 달의 위치와 고도에 대한 정보를 표시했지만, 다른 행성(목성, 화성, 토성, 금성, 수성 등)도 태양과 일정한 관계를 유지하면서 움직이므로 행성에 대한 정보도 담겨있다.

이 네 가지 기둥은 생명체에게 아주 중요한 빛과 온도 및 우주파의 정보를 제공한다. 뒤에서도 언급하겠지만, 식물이 촉이 트고 꽃이 피며 열매 맺는 것은 물론이고, 동물의 성장과 생로병사에도 빛과 온도는 중요한 역할을 하는 것이다.

각 기둥을 표현하는 글자는 두 글자씩이다. 두 글자를 독립된 성격으로도 보지만, 그 두 글자를 합해서 하나의 뜻으로 보기도 한다. 이때는 뒤의 글자를 시간을 알려주는 요소라고 생각하면 쉽다.

만약에 일기둥이 병인이라면, 앞의 '병'은 환하고 뜨겁게 타오르는 태양으로 보고, 뒤의 '인'은 인시(아침 3시~5시)로 보는 것이다. 그러니까 환하고 뜨겁게 타오를 수 있는 태양이지만, 아직 이른 시간이어서 덜 환하고 뜨거운 태양으로 보는 것이다. 같은 병태양이라도 병오일은 오시(낮11시~1시)의 태양이므로 크게 밝고 뜨겁다고 본다.

👑 천간과 지지

태양과 달의 고도는 인체에 영향을 많이 준다. 온도와 빛의 세기가 다른 것이다. 어두운 곳에 사는 사람과 밝은 곳에 사는 사람의 성격이 다르고, 추운 곳에 사는 사람과 더운 곳에 사는 사람의 성격이 다르다. 또 여름에 뜨는 태양과 달이 다르고, 겨울에 뜨는 태양과 달의 빛과 온도가 다른 것이다.

천간(10간)이 세상을 떠받치는 줄기라면, 지지(12지)는 그 줄기에서 뻗은 가지이다. 천간과 지지가 우주라는 큰 나무를 이루면, 그 위에서 잎이 피었다 지고, 꽃과 열매도 결실을 맺었다 떨어지기를 반복한다. 그러니까 우리는 천간과 지지라는 나무에서 생겨나는 잎이고, 꽃이고, 열매라는 것이다. 꽃이 피는 간지(천간과 지지)에 태어났는지, 꽃이 지는 간지에 태어났는지를 알아야 하는 것이다.

좋은 천간과 지지를 만나면 생기발랄하고 화려하며 좋은 결실을 맺을 수 있다. 그렇지만 좋지 않은 천간과 지지의 배합을 만나면 생기를 잃고 시들게 된다. 또 좋지 않은 천간과 지지를 만나더라도 따뜻한 날씨와 좋은 영양분을 공급받으면 잘 살게 되고, 좋은 천간과 지지를 만나더라도 날씨가 쌀쌀하고 영양분도 공급받지 못하면 못 살게 되는 것이다.

👑 팔자와 환경은 사람을 만든다

사주팔자는 사람이 어떤 삶을 살아갈지를 말해준다. 태어난 시간에 따라 팔자가 달라지고, 사람마다 각기 다른 삶을 살도록 운명을 좌우한다. 좀 더 구체적으로 말하면 사주팔자에 따라 성격이 달라지는 것이다. 같은 환경에 처했어도, 성격에 따라 대처하는 방법이 다르고, 대처하는 방법에 따라 성공과 실패가 갈라지기 마련이다.

또 환경에 따라 사주팔자가 다르게 반응한다. 좋지 않은 사주팔자를 타고 태어났어도, 좋은 사람을 만나고 살기 좋은 환경을 만나면 잘 산다. 열대지방에서 태어난 사람은 특별히 잘 사는 사람도 없고 못 사는 사람도 없다. 먹을 것이 풍부하고 계절마다 다른 옷이 필요 없기 때문이다. 저장할 필요도 없다. 아니 저장을 하면 썩는다. 옷도 한 가지만 입으면 된다. 여름옷 겨울옷 가릴 것이 없는 것이다. 그러므로 아주 특별한 몇몇 사람을 제외하고는 다 그 모양으로 그렇게 산다. 환경이 좋은 곳에서는 저축할 필요도 없고, 절약할 필요도 없다. 또 미래를 계획하고 대비할 필요도 없다. 사주팔자가 나쁘더라도 무던하게 살 수 있는 것이다.

하지만 추운 지방에서는 그렇게 살 수가 없다. 혹독한 추위를 대비해서 음식을 저장하고 따뜻한 옷가지를 준비해야 한다. 그래서 많이 저장하는 사람은 부자가 되고, 저장하지 못하는 사람은 가난하거나 얼어 죽고 굶어 죽는 것이다. 그래서 지혜가 필요하다. "절약하고, 저축하고, 미래를 설계하고!" 이런 것들은 환경이 나쁜 곳에서 생각해야 할 지혜이다.

결론적으로 사주팔자가 좋은 사람은 어떤 환경에서도 잘 살 수 있다. 오히려 나쁜 환경이라면 극복하고 이겨나가서 크게 성공한 사람이 될 수도 있다. 좋은 환경이라면 더 잘 되기가 쉽다. 능력이 뛰어난 데다 주변 환경마저 도우니 거칠 것이 없다. 열대지방에서 상상을 불허할 만큼 잘 사는 사람이 여기에 속할 것이다.

하지만 사주팔자가 나쁜 사람은, 좋은 환경이라면 모를까 나쁜 환경에서는 고생하게 된다. 환경을 이겨나갈 의지도 능력도 없기 때문에, 환경에 눌려 고생을 하게 되는 것이다.

사주팔자를 오행으로 분류하고, 어떤 오행이 많고 적은지를 보아서 어떻게 행동하는지를 분석하고, 어떤 오행과 다른 오행이 서로 좋아하며 합하고, 싫어해서 해치는 지를 보는 것이다.

사주팔자에 있는 오행을 분석하면 그 사람의 성격이 나온다. 앞서 말한대로, 성격에 따라 환경에 대처하는 방법이 다르고, 대처하는 방법에 따라 성공과 실패가 갈라진다. 그래서 운명이 달라지는 것이다.

♛ 맹모삼천지교로 본 사주와 환경의 영향
같은 사주를 타고 태어났어도, 환경에 따라 다르게 살아간다. 성격이 같더라도 하는 일에 따라 다르게 적응해 나가는 것이다.

맹자는 어린 나이에 아버지를 여의고 홀어머니 슬하에서 자랐다. 공동묘지 근처에 살게 되었는데, 어린 맹자가 장례 치르는 것을 흉내 내며 놀았다. 그것을 보고 깜짝 놀란 맹자의 어머니가 맹자를 데리고 이사를 갔는데, 이번에는 장사하는 사람들이 사고파는 것을 흉내 내며 놀았다.

공동묘지 근처에서는 장례 치르는 것을 흉내 내고, 시장근처로 이사 가니 호객하며 장사하는 것을 배운 것이다. 그래서 기왕 배울 바에는 선생이 되고 학자가 되라고 학교 근처로 이사를 갔다. 예상한 대로 맹자가 열심히 공부를 해서 대학자가 되었다.

맹자라는 사람은 똑같았지만, 환경에 따라 적응해서 나가는 길이 달랐던 것이다. 유명한 맹자의 성선설도, 본래 착하게 태어났지만 사는 환경에 따라 변해간다는 것이다.

사주가 같은 일란성 쌍둥이가 생후 3개월 만에 다른 곳으로 입양되어 갔다가 36년 만에 만난 기사가 있었다. 이들은 서로의 외모와 옷차림, 스타일, 포즈, 취미 등 모든 것이 똑 같았다고 한다. 심지어 고등학교 졸업 무도회 때 찍은 사진을 보면 똑같은 스타일의 드레스, 헤어스타일을 하고 있었다는 것이다.

다만 다른 것은 한사람은 결혼을 해서 딸을 낳았고, 한사람은 독신으로 살고 있다는 점이다. 성격과 취향은 같지만, 환경에 따라 다른 삶을 산 것이다.

👑 극단적이 되지 않도록 환경을 바꾸자

동양철학에서는 사람의 감정을 크게 일곱으로 나눈다. 기뻐하고, 화를 내고, 슬퍼하고, 즐거워하고, 사랑하고, 미워하고, 두려워하는 감정이다. 사람에게 일곱 감정이 있다는 것은, 누구나 이 감정들을 느끼고, 때로는 절제하고 때로는 지나치게 표현하며 살아간다는 뜻이다.

그러므로 이 일곱 감정을 표출하는 것은 지극히 당연한 일이고 늘 발생하는 일이다. 그런데 하나의 감정이 너무 지나치면 사고가 난다. 기쁨이나 즐거움, 사랑 등 좋은 감정을 지나치게 표현해도 말썽이 일어나고, 화·슬픔·미움·두려움 등 나쁜 감정을 지나치게 표현해도 말썽이 일어난다. 말썽이 커지면 극단적인 선택을 하기도 한다.

그래서 감정이 한쪽으로 치우치지 않도록 조절하는 능력을 길러야 하고, 또 아예 치우친 감정이 발생되지 않도록 상황을 바꿔야 한다. 좋은 감정은 여럿이 함께 즐기고 느끼면, 혼자서 느낄 때와는 달리 더욱 좋아지고 즐거워진다. 나쁜 감정도 여럿이 공유하며 소통하면 풀리기 쉽다. 하지만 풀리지 않을 경우에는, 빨리 환경과 분위기를 바꿈으로써 치우친 감정에서 벗어나는 노력이 필요하다. 이 책에서 제시하는 방법들을 활용해 보는 것도 많은 도움이 될 것이다.

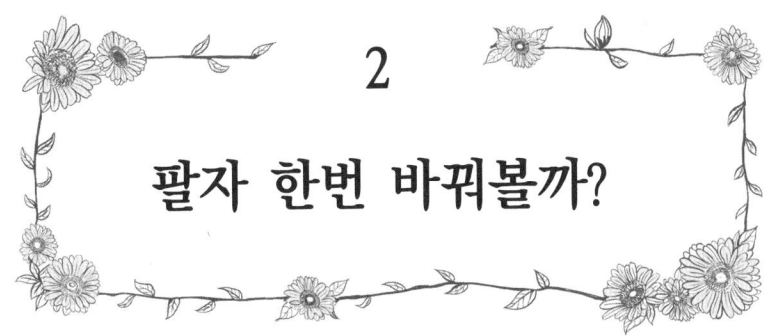

2
팔자 한번 바꿔볼까?

👑 시간을 바꾸어 태어나기

　흔히들 팔자에 따라 잘살고 못살고가 정해진다고 말하곤 한다. 좋을 때 태어나면 편안하게 살고, 나쁠 때 태어나면 고생하다가 죽는다는 것이다. 그렇지만 나쁜 팔자를 타고 태어났다고 낙담만 하고 있을 수는 없다. 한 번 밖에 없는 내 인생이기 때문이다. 팔자 때문에 못산다면 그 팔자를 고쳐서 살면 되는 것이다.

　좋은 팔자에 태어나도록 시간을 조절할 수 있다. 한 달이나 두 달을 고치는 것은 힘들겠지만, 며칠이나 몇 시간은 가능하다. 자연분만을 할 때도 촉진제를 맞으면 빨리 태어나고, 또 인위적으로 제왕절개를 하면 더욱 조절이 가능한 것이다.

♛ 합궁할 날짜를 정해라

"소격서에 명해서 태자와 태자비의 합궁날짜를 정해 올리도록 하라!" 옛날에는 궁중에서 뿐만 아니라, 사대부 양반집에서도 합궁날짜와 시간을 받아서 실행했다. 말하자면 태아가 생기는 팔자를 정해준 것이다.

그래서 사람은 두 개의 팔자를 갖고 태어난다. 태아가 수정되었을 때의 수정 사주팔자와 태어났을 때의 출생 사주팔자이다. 지금은 수정된 시간은 잘 모르므로 출생 사주팔자만 가지고 사람의 운명을 감정하지만, 조선시대만 하더라도 두 개의 사주팔자를 가지고 운명을 감정하므로 좀 더 정확히 알 수 있었다.

『홍길동전』에서 대낮에 잠시 잠이 들었다가 용꿈을 꾼 홍판서가 급하게 부인을 찾아 합궁을 요구했지만, 홍판서 부인이 남 보기 창피하게 대낮에 어떻게 합궁을 하냐고 하면서 거절하는 대목이 나온다. 당시에는 부인과의 합궁하는 때와 장소를 정해놓고 하던 것이 보편적인 풍속이었던 것이다. 부인과 합궁하면 적자가 태어날 것이고, 그 적자에게 모든 지위와 재산을 물려주었기 때문에, 아무 때나 합궁해서 운명이 좋지 않은 아이를 낳을 수가 없었기 때문이다.

👑 좋은 시간에 태어나게 하면 좋을까?

사람이 태어나는 시점을 언제로 잡을 것인가? 아기가 뱃속에 있을 때는 탯줄을 통해서 숨 쉬고 영양분을 공급받는다. 그러다가 태어나는 순간 코가 뚫리고 입이 열려서 '응애~'하고 울게 된다.

이때 탯줄을 끊으면 보다 확실하게 독립한다. 아기가 우는 순간부터 탯줄은 그 역할을 마치게 된다. 외부의 공기를 코로 들이마시는 그 순간 우주와의 소통이 시작되고, 독립된 인간으로서의 삶이 시작되는 것이다.

우리나라 자미두수의 태두라고 하는 심곡선생은 사람의 운명을 잘 보았다. 35세에 아들을 낳을 때, 이제 막 태어나려는 자식의 사주팔자를 뽑아보니 시간이 너무 안 좋았다.

"한 시간만 늦게 나오면 좋을텐데…."라고 생각하고는, 무명천으로 아내의 아랫배를 묶고 시간을 벌고자 하였다. 산모의 고통도 고통이지만, 태어나는 아기의 고통도 차마 볼 수 없는 광경이었다. 한 시간쯤을 고통 속에 지내다 묶은 무명천을 풀었고 곧바로 아기가 태어났다.

지금이야 제왕절개를 해서 태어날 날짜를 바꾸기도 하고, 촉진제를 사용해서 시간을 앞당기기도 하지만, 옛날에는 특별한 방법이 없었다.

하지만 좋은 사주팔자를 타고 태어나기를 바라는 것은 예나 지금이나 같았을 것이다. 이왕이면 조금 더 나은 인생을 살게 하고픈 것이 부모의 마음이기 때문이다. 그 욕심이 지나쳐서 바보(?)를 낳고 말았다.

좋은 시간에 태어났다고 기뻐한 것은 잠시뿐이고, 자궁 속에서 기운이 다 빠진 아기가 울지도 못하였다. 응급처치를 하고 간신히 생명을 건졌지만, 총기도 없고 어리바리한 바보가 되었다(기록에는 천연두를 앓아 노둔하였다고 한다). 스스로도 "이게 무슨 짓을 벌인 것인가?" 하는 죄책감에 얼굴을 들지 못했다.3)

👑 인위적으로 만든 사주도 운명을 바꾼다

심곡선생의 아들은 인위적으로 독립된 삶이 늦춰졌다. 그렇다면 정상적으로 태어날 때의 시간을 반영한 사주팔자가 맞을까, 아니면 늦게 태어난 시간을 반영한 사주팔자가 맞을까?

원래의 사주팔자대로 하면 멍청하고, 인위적으로 다른 시각에 태어나게 한 사주팔자라면 똑똑할 것이라고 했다. 그런데 대기만성형의 인생을 살았다. 어려서는 노둔하고 장성해서는 뛰어났던 것이다. 원래의 사주팔자와 인위적인 사주팔자가 모두 영향을 준 것이다.

아이에게 미안한 마음으로 정성을 다해 가르쳤는데, 이 아이가 바로 조선 중기의 가장 뛰어난 시인이라고 칭찬을 듣는 백곡 김득신(栢谷 金得臣)선생이고, 훗날 심곡선생의 글을 모아 『남봉집』이라는 문집을 낸 효자다.

아버지의 정성어린 가르침도 큰 도움이 되었지만, 그 스스로도 잘 이해하지 못하고 외우지 못하는 것을 극복하기 위해서, 책마다 1만 번 읽는 것을 목표로 하였다. 특히 『사기』의 「백이전」은 1억 번이나 읽었다고 하여, 자기의 서재를 '억만재(億萬齋)'라고 이름을 지을 정도였다.

훌륭한 학자, 훌륭한 관리는 아니다. 그러나 훌륭한 시인이 되었다. 이해가 안 되면 이해가 될 때까지 책을 반복해서 보았고, 긴 문장을 못 쓰면 5언 절구나 7언 절구와 같이 간단한 시를 지었다.

물론 시라고 해서 생각이 짧고 깊이가 없다는 것은 아니다. 장타나 홈런 보다는 1루타 같은 단타가 더 어울렸다는 뜻이다.

그의 문집『백곡집』에 시가 반 이상이었고, 또 당시로서는 드물게도 다른 작가의 시를 비평한 것으로 보아 문학적 안목도 높았음을 알 수 있다.

♛ 가짜를 진짜로 만들려면 노력을 해야 한다

처음에는 아둔했지만 나이가 들면서 성공한 케이스다. 이른바 대기만성형이다. 처음에는 힘들었지만 나중에 잘 된 것으로 볼 때, 어렸을 때는 본래의 사주팔자운명이고, 나이 들어서는 한 시간 늦게 태어난 사주팔자의 덕을 보았다고 생각된다. 그러니까 인위적인 사주팔자도 인생에 한몫을 한다는 것이다.

가짜 사주팔자를 만들고, 여러 가지 푸닥거리를 하면 팔자가 바뀐다고 한다. 마치 성형수술을 하면 사람의 인상이 바뀌고, 바뀐 얼굴의 마음으로 살아가면 바뀐 인상의 복을 받는 것과 같은 원리이다.

그런데 대부분이 실패한다. 왜 그럴까? 가짜 사주팔자의 운명을 받으려면, 그 사주팔자에 해당하는 마음과 행실을 하도록 노력해야한다. 태생적으로 받은 성격이 아니라, 인위적으로 "이렇게 살아야 한다." 하고 배우는 것이므로, 남보다 몇 배의 노력을 해야 하는데 그렇지 못하기 때문이다.

말하자면 탤런트가 배역을 맡은 뒤에, 몇 달간 살을 찌우거나 빼서 몸집도 배역에 맞게 하고, 배역의 취미나 일상생활 언어 행동양식을 흉내내며 감정이입을 하는 그런 노력이 필요한 것이다. 그래야 명연기자가 되고, 원하는 팔자의 사람이 될 것 아닌가?

♛ 며느리를 쫓아낸 세종대왕

세종은 조선시대를 빛낸 성군 중의 성군이다. 그런 세종도 4년 동안에 며느리를 둘씩이나 내쫓게 된다. 당시 최고의 명학가가 왕자와 며느리의 궁합을 보고 지지했을 텐데 왜 그랬을까?

첫째 며느리는 투기로 쫓겨났다. 남편의 사랑을 얻기 위한 노력은 귀천도 없고 빈부도 없으며 옛날이나 지금이나 똑같다. 다만 해서 될 일이 있고 해서는 안 될 일이 있다는 것을 알아야 한다. 급한 김에 일을 저질렀다가 후회를 하기 마련이다.

"남편과 바람을 핀 여인의 신발 코를 태운 가루를 술에 타서 남편에게 먹이면 둘 사이가 멀어진다."는 말을 듣고, 그렇게 만든

술을 세자에게 마시게 하려다가 실패했다. 또 "뱀이 교접할 때 흘린 정액을 모아서 몸에 지니고 다니면 부부관계가 좋아진다."는 말을 듣고는 그대로 실행했다.4)

남편의 사랑을 얻기 위해 입에 담기 어려운 해괴한 짓을 한 것이다. 결국 아내로서의 덕이 없다는 이유로 세자빈의 자리에서 쫓겨났다. 급해서 일을 벌일 때는 별 생각이 없었지만, 일이 발각되어 남들이 알게 되었을 때는 여간 부끄러운 것이 아니다. 지금도 고위 공직자들이 끝끝내 안했다고 발뺌하다가, 감옥에 몇 달 들어간 뒤에야 반성하는 것을 종종 볼 수 있다.

세종의 세자빈도 교육을 받을 만큼 받은 여인이지만, 남편을 다른 여인에게 뺏기고 싶지 않아서 앞뒤를 가리지 못했다. 그저 무엇에 홀린 듯이 일을 벌이다가, 스스로 생각해도 해괴하고 부끄러운 일을 저지르고 만 것이다. 그래서 전체를 보는 눈을 가져야 하는 것이다.

♛ 아무리 하고 싶은 일이라도 명분이 있어야

아무리 하고 싶은 일이라도 명분이 있어야 한다. '그 일을 왜 해야 하고, 그렇게 함으로써 우리 모두에게 어떠한 좋은 점이 있다.'고 밝혀야 하는 것이다.

그런 일이 벌어진지 몇 해 되지도 않아서 이번에는 넷째 며느리를 내쫓게 되었다. 며느리를 둘씩이나 내쫓는다는 사실에 부담을 느꼈는지, 원로대신 권진을 비롯해서 황희·맹사성·최윤덕 등 삼정승을 불러서 의논을 하며 구구한 사연을 다 말하였다.

"3년 전에 세자빈의 행실이 박해서 폐했다. 공자가 아내를 내쫓았고, 백어가 아내를 내쫓았으며, 자사가 아내를 내쫓으며 가도(家道)를 세운 전례를 따른 것이다."5)

백어는 공자님의 아들이고, 자사는 백어의 아들이다. 세종대왕은 내쫓았다고 말했지만, 실은 3대에 걸쳐 아내가 도망갔다. 공자님의 수입은 적고 식구들은 많았다. 제자들이 엄청 많았던 것이다. 또 예의범절을 깍듯이 지켜야만 되었다. 아마 숨이 막힐 정도였을지도 모른다. 더구나 일정한 직업 없이 이나라 저나라로 떠돌아 다녔다. 일반적인 여인이 일부종사하며 살기는 너무 버거운 환경이다.

세종대왕은 며느리를 두 명씩이나 내쫓는 것에 부담을 느꼈다. 그래서 '백대의 스승이신 공자님도 그랬는데, 우리 왕실도 그 예를 따라서 가도를 세워야 되지 않겠는가?'하고 편들기를 구한 것이다. 왕실의 가도를 세우자는 명분에 동참하기를 바란 것이다.

아무리 생사여탈권을 쥐고 온갖 부귀를 독점한 임금이라도, 명분이 있어야 떳떳할 수 있다. "내가 이 일을 하는 이유는 이런 까닭이다." 하는 것이 명확해야 하는 것이다. 그렇지 않으면 자신도

떳떳하지 못하고, 주변 사람들도 찬동하지 않는다.

👑 세력을 믿고 임금을 속인 남지

며느리를 내쫓는 일이 보통 일이 아니다. 그러므로 명분이 될 타당한 이유가 있어야 한다. '공자님 집안의 가도 세우기'로 말을 시작하더니, 며느리를 내쳐야 되는 이유를 본격적으로 말했다. 며느리가 부실할 뿐만 아니라, 그 사실을 숨기고 시집을 보냈다는 것이다.

"임영대군(세종의 넷째 아들)의 아내 남씨는 열두 살이 넘었는데 아직도 오줌을 가리지 못한다. 눈의 정기가 바르지 못하고 혀 짧은 소리를 내며, 행동거지에 미친 듯한 증상이 있다.
그래서 자세히 보니 인중과 백회에 뜸을 뜬 흔적이 남아있다. 의원에게 알아보라고 했더니 '어릴 때에 미친병이 생겨 뜸과 침으로 치료하고, 무당이 굿을 해서 간신히 위기를 넘겼다'고 한다.
예로부터 '악한 병이 있으면 내쫓고, 부모에게 불순하면 내쫓는다.'고 하였다. 다만 세자가 아내를 내쫓았는데, 그 동생이 또 아내를 내쫓는 것은 대단히 부끄러운 일이다. 그러니 대신들이 의견을 모아보라."6)

 미친병만 속였을까? 임금에게 올리는 사주단자도 고쳤을 것이다. 임영대군과 궁합이 잘 맞는 가짜 사주팔자를 만들었다는 뜻이다. 사주팔자를 고치지 않았다면, 그렇게 심한 병을 앓았던 것을 모를 리가 없다.

 세종대왕으로서는 며느리를 내쫓는 것에서 그치지 않고, 감히 임금을 속이며 미친 병 있는 딸을 왕궁으로 들인 남씨의 부모를 벌주고 싶었을 것이다. 감히 임금을 상대로 사기를 친 것이다. 당시 임금에게는 신하와 백성의 생사여탈권이 있었다. 그런데 도대체 누가 이렇게 간 큰 행동을 했을까?

👑 세력이 많으면 죄가 덮인다?

잘못이 있어도 내편이 많으면 위로도 해주고, 잘못이 더 커지지 않게 해주고, 잘못을 잘 감싸서 원만하게 해준다. 그래서 성현들께서 덕을 키우라고 한 것이다. 덕이 높으면 주변의 사람들이 모두 내편이 되고, 주변 사람들의 지혜와 능력도 모두 나를 위한 것이 되기 때문이다.

그런데 대신들의 대답이 뜻밖이었다. "백성은 임금을 모범으로 삼아서 그 말과 행동을 본받습니다. 그러므로 신하 중에 아내를 내쫓는 자가 있더라도 엄하게 다스려서 못하게 해야 하는 것입니다. 그런데 아랫사람을 책망할 때는 작은 것도 찾아내고, 임금님의 잘못은 큰 것이라도 그냥 넘어가면 사람들이 비웃을 것입니다."라고 말하며 내쫓는 것에 반대한 것이다.

임금 편을 들지 않고 사돈인 남지(南智)의 편을 든 것이다. 세종이 화를 내며 다시 한 번 의논하라고 하자, 그제서야 "부부는 일생을 같이하는 사람인데, 이런 몹쓸 병이 있는 사람을 어찌 대군의 배필로 삼겠습니까? 애초에 그 아비가 속인 것이라 죄가 크지만, 그 죄를 물을 수는 없습니다. 다만 남지의 조부나 그 장인 집안에도 이 병이 있다하니, 속히 궁에서 내보내는 것이 옳을까 합니다."

임금을 속여 임금과 사돈을 맺은 자에게 죄를 묻지 말고, 그저 그 딸만 내치라고 한 것이다. 더구나 "아랫사람을 책망할 때는 작은 것도 찾아내면서, 임금님의 큰 잘못은 그냥 넘어가면 사람들이 비웃을 것입니다."라고 해서 세종대왕을 은근히 비난하였다. 임금 자신의 잘못은 모른 척 하면서, 신하가 임금을 속인 것만 비난하면 안 된다고 한 것이다.

세종대왕은 무슨 잘못을 했을까? 남지가 딸의 아픈 것을 속이고 결혼하자고 할 때, 잘 살폈으면 혼인이 이루어지지 않았을 것이다. 남지의 집안 배경을 보고 며느리감이 좋다고 승낙할 때는 언제이고, 이제 와서 며느리 상태가 좋지 않다고 내치느냐는 것이다.

👑 적을 만들지 말라. 뿌리를 깊게 내리고 싶다면

임금이 관용을 베풀면 신하들이 모여든다. 임금에게는 모든 사람이 부러워하는 부귀가 있는데, 관용을 베푼다는 것은 그 부귀를 독점하지 않고 넉넉하게 베푼다는 뜻이다. 신하들이 모여들면 여러 힘이 보태져서 나라를 반석에 올려놓을 수 있다. 나라를 세운지 얼마 안 되었으니, 뿌리를 깊이 내릴 수 있도록 적을 만들지 말아야 하는 것이다.

남지 집안의 권세가 당당해서 큰 힘이 있는 것도 한 이유이겠지만, 조선이란 나라를 건국한지 얼마 되지 않아서 민심이 이반될 것을 염려한 것이다.

그래서 그런지 남지는 임금을 속인 큰 죄를 지었음에도 불구하고, 계속 승진해서 정승의 반열에 올랐다. 당시 남지를 편 들어줄 세력이 많았던 것이다. 뿐만 아니라 세종대왕이 관대한 임금이라는 소문이 나서, 재야에 숨었던 현인들이 앞을 다퉈가며 신하가 되어 도움으로써 태평성대를 이룰 수 있었다.

만약에 남지를 벌주었다면, 남지를 응원하는 사람들을 모두 벌준 꼴이 되고, 그 세력이 떨어져 나감으로써 건국 초기의 어려움을 견디지 못하고 나라가 혼란스러웠을 수도 있다.

아무리 벌을 주고 싶어도 꾹 참아야 될 때가 있다. 나라의 안정을 위해서는 우선 내가 튼튼해져서 내 편을 많이 만들어야 되는 것이다.

　세종대왕이 쫓아낸 두 며느리는 왕자와 궁합이 맞는 좋은 사주팔자를 타고 태어났거나 혹은 궁합이 잘 맞는 가짜 사주팔자를 만들었을 것이다. 궁중에서 며느리를 들일 때 여러 가지를 잘 살폈을 것이고, 그 중에서 가장 큰 일이 서로간의 사주팔자를 맞춰 보는 일이었기 때문이다.
　그런데 이혼을 당했다. 진짜 사주팔자라면 급격히 고귀하게 된 변화에 적응을 못했기 때문일 것이고, 만약 가짜 사주팔자를 만들었다면 가짜 사주팔자의 주인으로서의 믿음이 없고, 또 새로운 운명을 받아들이는 연습을 제대로 하지 못했기 때문일 것이다.

♛ 장소를 바꾸어 팔자 바꾸기

　장소를 바꿈으로써 사주팔자를 바꿀 수 있다. 다른 곳에 살면 운명이 바뀌는 것이다. 장소를 바꾸면 우선 사주 중에 시주(시 기둥)가 바뀐다. 또 환경이 바뀌고 일조량이 달라진다.

　이때 주의할 점은 애초에 그곳에서 태어난 사람과 똑같지는 않다는 것이다. 세상 어디를 가도 텃세라는 것이 있기 때문이다. 더 많은 노력이 필요하고, 2~3년 정도의 적응기가 필요하다는 것이다.

👑 빛의 양에 따라 달라지는 운명

동물이나 식물 할 것 없이 빛의 양은 중요하다. 일정한 양의 빛을 받지 못하면 꽃도 피지 못하고 열매를 맺을 수도 없다. 봄에 싹이 나고 꽃이 피는 것도, 겨울동안 많은 빛을 받으면 일찍 피고 적게 받으면 늦게 피는 것이다. 동물도 빛의 양에 따라 활동을 하고 잠을 잔다. 따라서 빛의 양을 조절하면 얼마든지 생체리듬을 바꿀 수 있는 것이다.

해외여행을 가면 가장 고생스러운 문제 중 하나가 시차 적응이다. 7~13시간 차이가 나는 미국을 가면, 적어도 하루나 이틀은 몸에 이상 현상이 온다. 심하면 일주일 이상 고통을 호소하는 사람도 있다.

이른바 시차증이다. 우리 몸속 생체시계가 한국 시간에 맞춰져 있다가, 시간대가 다른 나라에 도착하면 밤낮을 구분하지 못해서 오는 증상이다. 사람에 따라 불면증, 식욕부진, 소화불량, 두통 등 증상도 다양하다.

시차증은 우리 몸의 생체리듬과 새로운 환경의 낮과 밤이 다를 때 발생한다. 빛을 뇌가 받아들여서 생체리듬을 만드는데, 생체리듬은 빛의 양에 따라 결정된다. 살던 곳과 새로운 곳의 빛의 양이 서로 다르기 때문에 시차증이 생기는 것이다.

시차적응을 응용하면 운을 바꿀 수 있다. 빛의 양을 조절하고 온도를 바꾸는 것이다. 창을 넓혀 빛이 많이 들어오면 밖으로 나가서 활동하고 싶은 생각이 나고, 좁혀서 빛이 적게 들어오면 차분해지고 조용히 집에 있고 싶어 한다. 또 남쪽으로 가면 햇빛을 많이 쐬게 되어 활발하고 명랑해지고, 북쪽으로 가면 햇빛을 적게 쐬어서 조용하고 사려 깊게 된다. 바다로 가면 보다 개방적으로 되고 대담해지는데, 산으로 가면 몇몇 사람만 모여서 친하게 되고 상대적으로 비활동적이 된다.

이렇게 장소와 방향에 따라 사람의 성격이 변하는데, 빛과 온도가 달라지면 생활이 바뀌게 되는 이유이다.

♛ 장소를 바꿔도 바뀌는 사주팔자

지구는 둥글고 크다. 또 하루에 한 바퀴를 돌고 있으므로, 지구촌의 시간은 경도에 따라 24시간 차이가 난다. 사주팔자에서 '시주(時柱)' 두 글자를 바꿀 수 있다는 뜻이다.

"누구는 미국으로 가더니 물 만난 연어처럼 잘 살고, 누구는 아주 폭삭 망했다더라." 외국 나가서 잘 사는 사람이 있는가 하면 못 살게 되는 사람이 있는 이유는 무엇일까?

2020년 9월 9일 16시에 태어난 것을, 사주로 환산하면 경자년 을유월 을묘일 갑신시가 된다. 그런데 이 사주가 마음에 안 들어서 18시에 태어난 것으로 하면 안 될까?

말하자면 유시에 태어난 사람으로 바꾸는 것이다. 다른 팔자는

다 같게 하고, 다만 시주만 을유시로 바꾸고 싶다는 것이다.

어떻게 할까? 동쪽으로 가면 된다. 일본이나 일본 보다 조금 더 동쪽으로 가는 것이다. 우리나라에서 16시일 때, 일본의 동쪽 끝에서는 17시가 된다.

그렇다면 중국은 어떨까? 우리나라 서울이 16시일 때, 중국의 북경은 15시이다. 15시라면 미시가 된다. 아까의 팔자(경자년 을유월 을묘일 갑신시)에서, 시를 미시로 바꾸면 경자년 을유월 을묘일 계미시가 된다. 시주 두 글자가 바뀌는 것이다.

"지구는 둥그니까/ 자꾸 걸어나가면/ 온 세상 어린이를/ 다 만나고 오겠네."이다. 온 세상 어린이를 다 만나는 것은 동요에서만 가능하지만, 사주팔자에서는 온 세상 시간을 다 만나 볼 수 있는 것이다. 자시~해시까지 어떤 시간도 가능하다.

이렇게 동쪽으로 가면 늦은 시간을 얻을 수 있고, 서쪽으로 가면 빠른 시간을 얻을 수 있다. 지구를 한 바퀴 돌면 24시간을 바꿀 수 있고, 밤 12시 근처에 태어난 사람이라면 일주도 바꿀 수 있다. 즉 "자기가 태어났을 때, 상대방 도시는 몇 시였을까?"로 계산해서 그 동네로 가면 된다. 원하는 시간으로 태어난 시간을 바꾸는 것이다. 이 방법을 응용하면 좋은 사주를 얻을 수 있다. 시간을 잘못 타고 나왔다고 고민할 필요가 없는 것이다.

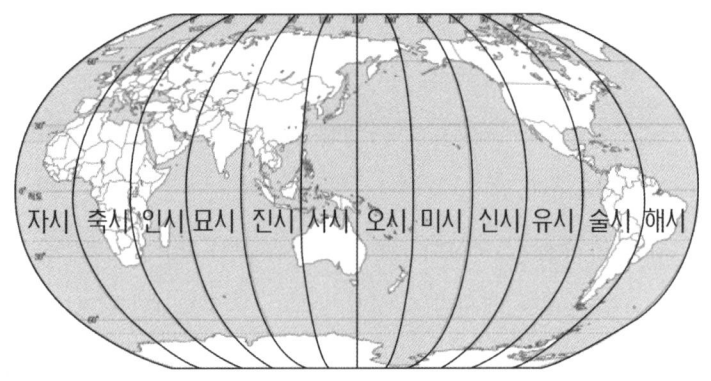

　경도에 따라 각 지역의 시간이 달라진다. 서울이 사시라면 영국은 자시이고, 서울이 오시라면 영국은 축시이며, 서울이 미시라면 영국은 인시가 된다. 반대로 서울이 진시라면 영국은 해시이고, 서울이 묘시라면 영국은 술시가 된다.

　서울에서 사시에 태어났는데, 사주로 볼 때 자시에 태어나야 좋다고 하면 영국 쪽에 가서 살면 된다.

♛ 인위적으로 바꾼 사주도 효과가 있을까? 그런데 이런 의문이 든다. "장소를 바꾸는 방법으로 사주를 바꾸면, 바뀐 사주대로 운명이 바뀔까?"

시차적응을 응용해서 생각하면 된다. 즉 "처음 2~3일은 시차적응이 안 되어서 고생한다."를 응용해 보면, 사주를 바꾸려고 도시를 바꿀 때, 처음 2~3년은 사주 적응이 안 되어서 고생할 거라는 뜻이 된다. 하지만 2~3년 뒤에는 바뀐 사주대로 운명이 바뀐다.

그래서 어떤 사람은 국내에서는 되는 일이 없다가, 해외로 나가 살았더니 아주 잘 사는 사람이 되는 것이다. 혹은 국내에서는 모든 일이 다 잘 풀렸는데, 해외로 나가서 쫄딱 망한 사람이 되는 수도 있는 것이다.

♛ 여행으로도 운이 바뀔 수 있을까?

병이 나면 다른 곳으로 거처를 옮긴다. 일이 안 풀리면 이사를 간다. 그러면 병도 낫고 일도 잘 풀리는 수가 있다. 이사 갈 수 없으면 갔다가 오는 방법도 있다. 일시적이지만 그 지방의 빛과 기운을 받아서 오는 것이다. 여행을 갔다 오면 기분이 좋아지는 경우이다.

예로부터 병이 들면 살던 집을 떠나서 새로운 거처로 옮겨 살았다. 『조선왕조실록』을 보면 임금이 병이 들면, 다른 궁궐이나 신하의 집에 머물며 병을 고쳤다. 이를 피접(避接) 또는 피질(避疾)이라고 한다. 별 거부감 없는 자연스런 풍속이었다. 이때 "어느 방위로 언제 가면 길하고, 또 어떤 성씨의 집으로 가면 길하다." 하면서, 길흉신살을 보는 방법에 의해 피접할 집을 선택하곤 했다.

조선시대에는 피접을 가는 집에 살던 사람을 다른 곳에 살게 하고 그 집으로 들어가곤 했는데, 급하게 내쫓고, 또 환자가 살기 편하도록 무리하게 집 고치기를 함으로써 그 집안에 피해를 주기도 했다. 며칠 또는 보름 정도의 피접을 위해서 집주인이 곤욕을 치뤘던 것이다.[7]

예로부터 피접의 효과가 좋았던지, 조선시대 내내 왕자나 공주의 피접이 자주 있었다. 살던 환경을 바꿈으로써 좋은 효과를 볼 수 있고, 또 몸에 좋은 환경을 찾아감으로써 잘 살 수 있게 한 것이다.

👑 나 혼자 힘들다면 기생충처럼
아예 다른 환경으로 옮겨가서 사는 수도 있다. 조금 먼 곳으로 이사 가서 뿌리를 내리거나, 아주 생소한 곳으로 이사해서 뿌리를 내리는 것이다.

환경의 변화에 가장 민감하게 반응하는 것이 기생충이다. 혼자 존재할 수 없는 약자이기 때문이다. 기생충도 어디에 사느냐에 따라 팔자가 달라진다.

일반적으로 기생(寄生)이라고 하면 "① 다른 생물의 몸에 붙어 영양을 섭취하며 생활하는 일. ② 스스로 생활하지 않고 남에게 의지하여 생활함." 정도로 알고 있다. 이 정도라면 '그런 삶도 있겠구나.'하고 넘겨버릴 만하다. 그러나 과연 그 정도일까? 오히려 숙주를 기생충에게 유리하도록 변화시키고, 심지어는 마음대로 조정도 한다.

기생은 내가 모자라고 상황이 여의치 않을 때 쓰는 방법이지만, 생존을 하고 자손을 번식하고자 하는 생존의 한 방식이고, 잘만 하면 숙주보다도 훨씬 더 잘 살 수도 있는 방식이다. 상대방 몰래 기생해서 숙주를 자기편으로 만들면, 상대방은 당하는지도 모르게 기생충을 돕게 된다.

👑 기생충도 나름 고른다
처음에는 숙주의 눈치를 보지만, 차츰 숙주를 조정하면서 주인 행세를 한다. 그러려면 숙주의 내면 깊숙한 곳으로 들어가야 한다. 철저하게 숙주를 속여야 하는 것이다.

기생충이 기생하는 생물을 숙주라고 하는데, 대개의 경우 숙주는 기생충에 비해서 천만 배 이상 크다. 숙주가 그렇게 커야 기생충이 오랜 기간 영양을 공급받으며 안정된 삶을 누리는 것이다. 요컨대 숙주가 부자라야 잘 먹고 잘 살 수 있다는 것이다.

처음에는 숙주의 표면에 붙어서 숙주를 괴롭히며 살았겠지만, 숙주가 자신의 피와 살을 빨아먹는 기생충을 그대로 둘 리가 없다. 손을 사용하든 발을 사용하든, 혹은 떼굴떼굴 구르든 기생충을 죽이거나 떼어내려고 애썼을 것이다.

그래서 기생충도 방법을 달리해서 아예 숙주의 몸 안에 들어가 살기로 했다. 숙주의 몸에 들어간다는 자체가 상당히 위험한 모험이었지만, 숙주의 눈치를 보지 않고도 훨씬 부드럽고 맛있는 영양분을 공급받고, 또 비바람 등 자연현상과도 상관없이 아주 편안한 삶을 누릴 수 있는 낙원을 열게 된 것이다.

👑 숙주 조종사 기생충

지상낙원을 제공하는 숙주에 기생하면서 영원히 편안하게 살고 싶지만, 후손 번식문제가 나오면 생각이 달라진다. 멀리 떨어지면 떨어질수록, 유전자가 다르면 다를수록 좋은 후손이 나올 가능성이 높기 때문이다. 자기와 멀리 떨어져 사는 사람과 결혼하거나 민족을 바꿔서 결혼하면 2세가 똑똑해지기 마련이다.

한 곳에 정착해서 사는 개구리나 개미가 기생충에게 안락한 삶을 주는 것은 사실이지만, 먼 곳까지 후손을 번식시키고자 하는 욕망을 만족시켜주지는 못한다.

필요가 생기면 방법도 생기기 마련이다. 숙주와 한 몸이 됨으로써 생긴 숙주 조정능력을 활용한다.[8]

기생충은 개구리의 유전자를 조작해서, 뒷다리를 세 개 또는 네 개로 만들어서 잘 움직이지 못하게 한다. 도망을 잘 못가는 기형 개구리를 만든 것이다. 기형 개구리를 새가 잡아먹고, 그 새가 먼 곳으로 날아가며 기생충 알이 들어있는 똥을 쌈으로써 멀리까지 후손을 번식할 수 있게 되는 것이다.

또 개미의 엉덩이를 빨갛게 부풀려서 새가 좋아하는 열매처럼 보이게 만든다. 하지만 진짜 나무의 열매는 향기가 나기 때문에 새를 유혹하는데 훨씬 유리하다. 그래서 빨갛게 부풀린 개미의 엉덩이를 좌우로 흔들게 한다. 새의 눈에 더 잘 띄게 해서 잡아먹히게 하는 것이다. 역시 새가 먼 곳으로 날아가며 기생충 알이 들어있는 똥을 쌈으로써 멀리까지 후손을 번식하게 되는 것이다. 후손을 번영케 하고 싶은 기생충이라면 숙주를 변화시키는 이런 능력은 필수적이다.

♛ 숙주와의 일심동체
나의 숙주가 약자일 때는 숙주를 조정해서 나의 목적을 달성할 수 있다. 하지만 숙주가 총명하고 똑똑한 강자일 때는 마음대로 조정이 안 된다. 이때는 숙주의 마음을 얻음으로써 나의 목적을 달성한다.

메디나충이나 연가시는 숙주의 마음까지 조정을 한다. 숙주를 자신이 원하는 곳으로 데리고 가서 후손을 번식시키는 방법을 쓴다. 헤엄도 못 치는 사마귀(메뚜기, 귀뚜라미 등 숙주)에게 물에 투신해 죽어야 한다고 암시를 준다. 사마귀가 물에 빠져서 죽으면, 사마귀의 몸에서 연가시 새끼들이 무더기로 기어 나와서 새로운 숙주를 찾아가는 것이다.

심지어 만물의 영장이라고 하는 사람도 메디나충에 감염되면 꼭두각시가 된다. 메디나충이 "너는 발이 뜨거우니, 찬 시냇물에 발을 담그는 것이 좋겠다."고 유혹한다. 그러면 메디나충이 시키는 대로 물을 찾아가서 발을 담금으로써 메디나충의 번식을 돕는 것이다.

숙주로 볼 때는 훨씬 미개하고 작은 기생충에게 당하는 것이 억울하겠지만, 숙주의 몸속으로 들어간 기생충으로 볼 때는, 낙원을 누리면서도 자손을 널리 번식시키는 혁신적이고도 안정적인 생존방식을 고안한 것이다.

어떻게 가능할까? 마음과 마음이 하나가 되는 동화전술을 쓰는 것이다. 기생충이 숙주와 한 몸이 되어 살면서 "우리는 몸도 마음도 하나!"라고 하며 하나로 동화하는 것이다. 일단 한 마음으로 동화가 되면, 자신이 무엇을 하고 싶다고 하면 숙주가 그렇게 움직이는 것이다.

뒤에서 설명되겠지만, 8단계의 수준 높은 신과 1~5단계의 수준 낮은 본능 신은 무의식에 가깝다는 공통점이 있다. 즉 가장 낮은 단계의 본능(전5식)과 가장 높은 8단계 아뢰야식은 '자아, 에고' 등과 관계가 없다는 공통점이 있기 때문에 잘 통하는 것이다. 그래서 본능에 가까운 기생충과 8식에 가까운 고등생물의 신령이 하나처럼 느낄 소지가 많은 것이다.

3
다시 새 인생

팔자가 안 좋다고, 일이 뜻대로 안 된다고 자살하는 사람이 있다. 그렇다고 일이 해결될까? 안 좋을 때는 잠시 물러나는 방법이 있고, 그 자리를 피했다가 다시 도전하는 방법이 있다. 죽고 싶을 때, 죽은 척 했다가 다시 살면 행복해질 수 있다. 또 일이 뜻대로 안될 때, 잠시 물러났다가 다시 시작하면 좋아질 수가 있다.

♛ 죽었다 깨어나기

좋지 못한 시간에 태어난 사람은 평생 좋지 못하게 사는 방법 밖에 없을까? 방법이 없는 것이 아니다. 죽지 않고도 좋은 시간에 다시 태어남으로써 좋은 사주팔자를 얻을 수 있다. 어떻게 그럴 수 있을까? 죽었다가 다시 태어나는 과정을 연출하는 것이다.

한 평생을 사는 동안 몇 번의 어려움이 찾아올까? 어려울 때마다 좌절하며 삶을 포기할 수는 없다. 시련은 극복하라고 있는 것이다. 시련을 극복할 때마다 우리는 더 훌륭한 사람으로 성장한다.

마찬가지로 우리에게 절대절명의 위기가 닥칠 때는 어떻게 할까? 꼼짝없이 죽을 운명에 봉착하면 어떻게 할까? 이 죽을 운명을 극복하면 우리는 훨씬 더 훌륭한 사람으로 성장할 것이다.

그 극복하는 노력에 2%의 도움을 주는 방법이 있다. 죽은 체 했다가 살아나는 것이다. 다시 태어나는 것이다. 벌레가 움츠리는 것은 다시 펴서 앞으로 가기 위한 것이다. 마치 겨울의 추위와 굶주림을 이길 수 없어 죽어야 하는 곰이나 뱀이, 겨울잠이라는 죽음을 맞이했다가 다시 살아나는 것과 같다.

♛ 다시 만난 세상

요즘 관에 들어가 죽었다가 다시 살아나는 체험을 해보는 것이 유행이다. 산 사람을 관에 들어가게 한 다음에, 관 뚜껑을 닫고 망치로 못을 치는 흉내를 내며 관을 봉한다. 그리고 2분이고 5분이고 있다가 다시 관 뚜껑을 열어준다. 그러면 그 짧은 시간에 온갖 생각을 다하면서 마음이 정화된다고 한다.

죽었다가 살아나는 것이다. "내가 죽으면 이렇게 되는구나!"하고 느끼는 것이다. 물론 가짜로 죽는 체험이지만, 죽음이 억울해서 우는 사람도 있고, 두려워서 떠는 사람도 있고, 오히려 마음이 평안해져서 한숨 자고 나오는 사람도 있다고 한다. 연출이라지만 일단 죽는다고 생각하면 찝찝할 수 있다. 하지만 무엇이든지 다시 시작하기 위해서는 끝맺음이 필요하듯이, 새로운 삶을 살기 위해서는 이전의 삶을 내려놓는 의식이 필요한 것이다.

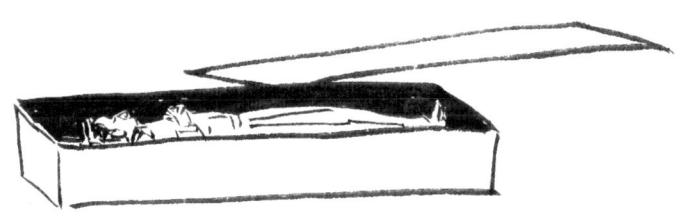

이런 체험을 할 때, 이왕이면 좋은 시간에 하는 것이 좋다. 관에서 일어나 나올 때 시간을 좋은 사주팔자에 맞추는 것이다. 그리고 생각한다. "나는 좋은 사주팔자를 타고 다시 태어났으니, 앞으로 모든 게 잘될 것이다."라고!

또 이왕이면 좋은 장소에 가서 하는 것이 좋다. "좋은 사주팔자를 타고, 기운이 왕성한 곳에서 태어났으니 더욱더 행복하게 될 것이다."라고! 조선시대에 아기가 태어나면 태를 항아리에 잘 보관하고 있다가, 좋은 날을 택해서 태 항아리를 땅에 묻었던 것과 같은 원리이다.

그런데 이런 방법으로 더 나은 삶을 산다는 것이 가능할까? 태어난 순간에 이미 사주팔자가 정해진 것인데, 특정한 시간에 다시 태어나기로 마음먹고 체험하는 것만으로 무엇을 얻을 수 있을까?

여기서 필자가 말하고 싶은 점은 플라시보 효과, 즉 긍정의 힘이다. 물리적으로 보이지 않아도 사람의 감정은 큰 힘을 가지고 있다. 같은 일이어도 어떻게 대하느냐에 따라 결과는 천차만별이 된다. 죽을 힘을 다해서 극복하는 수도 있고, 될대로 되겠지 하고 있다가 일을 망치는 수도 있다.

강력하게 대처하고 온 정성을 다 할수록 힘이 세진다. 더욱이 긍정의 힘이란 나를 행복하게 하는 힘이고, 무엇이든 이룰 수 있는 힘이기에, 앞으로의 삶이 행복할 것이라고 믿는 것은 중요하다. 죽었다가 좋은 사주에 다시 태어나고 좋은 장소에서 다시 태어나는 경험은, 이 긍정의 힘에 사주팔자라는 근거를 더해주는 것이다.

단 조건이 있다. 사주팔자는 그 사람의 성격을 말하는 것이다. 똑같은 환경을 만나도 어떤 사람은 성공하고 어떤 사람은 실패하는 이유가 무엇인가?

적극적인 성격, 치밀한 성격, 낙천적인 성격, 게으른 성격, 소극적인 성격, …, 이런저런 성격에 따라 어떻게 대응하냐가 달라지고, 그래서 성패가 갈리는 것이다. 좋은 사주팔자란 여러 성격 중에서 장점이 많은 성격을 받았다는 뜻이다.

그러니 좋은 사주팔자를 갖고 싶다면 좋은 성격이 될 필요가 있다. 원하는 사주팔자에 맞는 성격을 생각했다가, 그 성격이 되도록 노력해야 그 사주팔자의 진정한 주인이 될 수 있다. 나쁜 버릇을 없애고 좋은 습관을 길러나가는 것이다.

애초에 좋은 사주팔자를 타고 태어난 사람이야 말할 것도 없이 좋은 운명이다. 그렇지 못해서 인위적으로 좋은 사주팔자의 주인이 되려면, 첫째 좋은 사주팔자와 좋은 장소에서 입관체험을 하고, 두 번째 좋은 사주팔자에 태어났다는 긍정의 자부심을 갖고, 세 번째 그 사주팔자의 성격이 되도록 노력하는 것이다.

👑 대신 벼락 맞은 잣나무

"곧 죽을 운명이다. 일찍 죽을 팔자다." 이런 말을 듣게 된다면 기분이 어떨까? 어떻게 대응해야 할까?

왕도(王導)는 원제(사마예)를 도와 동진을 세운 유능하고 덕 있는 재상이다. 평소 곽박의 선견지명을 높이 사서 매우 귀하게 대접했는데, 하루는 곽박이 "승상의 얼굴빛이 아주 좋지 않습니다."라고 하였다. 다른 사람도 아니고 미래를 잘 맞추며, 실없는 소리를 안 하는 사람의 말이라 덜컥 하였다. 그래서 "벗어나는 방편이 있겠습니까?"하고 조심스럽게 물었다. 곽박이 점을 쳐보더니, 더욱 걱정하는 얼굴이 되었다.

"괘념치 말고 사실대로 말씀해 보십시오."하니, 곽박이 "승상께서는 벼락을 맞을 액운이 있습니다."라고 하였다. "액운을 없앨 방법이 있습니까?"하고 물었다.

이렇게 묻는 것이 중요하다. 화를 낸다거나 낙담을 하는 것은 모두 잘못된 행동이다. 상대를 믿고 의논하는 자세가 중요한 것이다.

곽박이 "마차를 타고 서쪽으로 몇 리를 가다보면 잣나무가 있을 겁니다. 잣나무를 승상의 키만큼 잘라서 주무시는 침상 위에 놓으시면 재앙을 면할 수 있을 것입니다."고 하였다. 왕도가 그 말을 따랐는데, 과연 며칠 뒤에 벼락이 떨어져 침상 위에 둔 잣나무가 부서졌다.[9]

　잣나무가 왕도 대신 벼락을 맞고 쪼개진 것이다. 말하자면 액받이를 만든 것이다. 내가 벼락 맞을 운이라면 나 대신 벼락 맞을 허수아비를 구하고, 내가 물에 빠질 운이라면 나 대신 물에 빠질 허수아비를 구해서 액땜을 하는 것이다.
　이렇게 생각하는 것이 순리이다. 손실을 보지 않는 것이 좋지만, 꼭 손실을 봐야할 처지라면 손실을 줄일 것을 생각해야 하는 것이다.
　오행으로 보면, 서쪽도 금기운이고, 잣나무의 흰색도 금기운이다. 금기운이 곱빼기로 있는 허수아비를 만들어서, 번갯불의 화기운이 화극금을 하도록 한 것이다.
　왜 그랬을까? 금기운은 심판을 하는 기운이다. 칼이나 도끼로 심판을 한다. 칼날의 살벌한 색이고, 서리의 매섭고 살벌한 색이므로 흰색이라고 하는 것이다. 그냥 흰색이 아니고 칼날같이 서릿발같이 살기를 띤 흰색이다. 가을에 추수할 때 곡식은 걷어 들이고 쭉정이는 버린다. 나무같이 다년생 식물은 살리고, 풀같이 1년생 식물은 죽인다. 판단을 해서 살릴 것인지 죽일 것인지를 결정하는 것이 금기운이다.
　왕도가 임금을 보필해서 나라를 다스릴 때, '관리를 등용할 것인지 내칠 것인지? 인사고과 점수를 좋게 주어서 승진시킬 것인지, 나쁘게 주어서 벌을 줄 것인지?' 이런 등등의 판단을 하느라 예민해졌다. 몸에 금기운이 가득해서 주변 사람들이 두려워하며 좋지 않게 본 것이다. 그러니 자숙하는 기간을 두어서 몸과 마음에 가득한 금기운을 줄여야 했다. 그래서 벼락을 맞아 죽을 운이 있다고 해서 속도 조절을 한 것이고, 실제로 벼락도 떨어진 것이다.

그리곤 모두가 말했다. "액땜이 되었으니, 새로 시작해서 멋지게 삽시다!"

♛ 죽은 척 해서 살아나기

명나라 때 소설 『봉신연의』에는 더 재미있는 이야기가 있다. 죽은 사람을 땅에 묻으며 산소를 만드는 과정을 흉내 내면 죽을 운이 사라진다는 것이다.

강태공이 달기의 핍박을 피해 달아나다가, 주나라 임금(문왕)이 훌륭하다는 말을 듣고 주나라로 찾아갔다. 당장 임금을 만날 방법도 없고 또 할 일도 없었으므로, 도성에서 가까운 위수라는 강에서 곧은 낚시를 하고 있었다.

곧은 낚시라는 것은 고기를 낚고 싶은 마음 없이 그냥 낚싯대만 물에 드리우고 시간을 때우는 낚시를 말한다. 낚시 바늘이 구부러져야 물고기의 입이 걸리는데, 낚시 바늘이 똑바로 곧으니 물고기가 걸릴 리가 없는 것이다.

 강태공은 마침 그곳을 지나가던 나무꾼 무길을 만나 이런저런 이야기를 하다가, 무길에게 "왼쪽 눈은 푸른데, 오른쪽 눈이 붉으니, 오늘 내로 살인을 할 운명이오."라고 하였다. 멀쩡한 사람에게 재수 없는 말을 한 것이다. 무길이 화를 내며 떠나갔다.

 강태공과 헤어진 무길이 나무를 팔기위해 도성으로 들어갔다. 마침 임금님의 행차가 있어서 급히 몸을 피한 것까진 좋았는데, 지게에 실린 나무에 경비병이 맞아 죽었다. 급하게 피하느라 경비병을 보지 못한 것이다. 얼떨결에 생각지도 않은 살인을 하고 말았다.

 감옥에 갇혀서 죽을 날을 기다리다가, 70이 넘은 노모에게 작별인사라도 하고 싶다고 하소연 하여 잠시 풀려났다. 집에 와서 노모께 작별인사를 하고, 지푸라기라도 잡는 마음으로 강태공을 찾아가 전후사정을 말하였다. 그리곤 제발 덕분에 살려달라고 하였다.

 강태공이 "내가 자네를 살려주려면 명분이 있어야 하는데, 옳지! 스승과 제자의 관계면 되겠구나!" 이렇게 말한 뒤에, 무길에게 절을 하도록 하면서 제자의 예를 갖추게 하였다. 재수 없는 말을 한 사람이라 다시는 안보겠다고 하며 헤어졌는데, 스승으로 모시게 된 것이다.

 "이제 집으로 돌아가면 침상 앞에 자네가 누울 만한 구덩이를 하나 파라. 깊이는 넉자 정도가 좋겠다. 밤이 되면 그 구덩이에 누운 뒤에, 자네 모친께 머리맡과 발끝에 촛불을 하나씩 켜고, 밥 한 숟갈을 자네 입 위에 떠주시게 하라. 그러면 자네는 그 밥을 반은 물고 반은 입 위에 얹은 채로 눈을 감고 자고, 자네 노모는 앞마당에서 자라는 풀을 뽑아다가 자네 몸 위에 골고루 뿌리시도록 하라.

산에 구덩이를 파고 장례를 치르는 것을 흉내 내는 것이다. 이 순서를 어기지 말고 실행하여라. 그런 형태로 하룻밤 자고 난 다음에는 마음대로 활동해도 좋다."

"다시 감옥으로 가지 않고 여기로 와도 될까요? 일주일 말미를 얻어 감옥을 나왔는데요." "감옥엔 다시 갈 필요가 없다. 아마 도성에서는 자네가 죽었다고 생각할 것이다. 여기 와서 나에게 병법과 무술을 배우고 있으면 다 해결될 것이다."

주나라에서는 돌아오지 않는 살인범 무길을 잡으려고 군사를 보냈다. 찾을 수가 없다는 군사들의 말에 문왕이 점을 쳤는데, 강태공이 말한대로 죽었다는 점괘를 얻고 잡아 가두려는 일을 포기했다. 이렇게 살아난 무길은 훗날 주나라의 훌륭한 장수가 되어서, 강태공을 따라 은나라를 치는 혁명전쟁에 참가하여 큰 공을 세운다.

앞서 곽박은 왕도가 벼락 맞고 죽을 것을 잣나무가 대신 벼락 맞게 함으로써 액땜을 하게 했고, 강태공은 산소에 사람을 묻으며 초상 치르는 것을 흉내 내게 함으로써 무길이 사형당할 것을 구해주었다. 이렇게 하나의 과정을 흉내 내는 것이 요점이다. 그 과정을 흉내 내는 동안 나의 몸과 마음이 변해서 어려움을 풀리게 하는 것이다.

염주로 만들어 득도시킨 문수보살

머리가 나쁜 사람이라도 매일 같이 곁에 두고 반복적으로 가르치면 깨치지 못할 리가 없다. 이해가 안 되면 외우게 하고, 외우지 못하면 한 부분이라도 반복적으로 외우게 한다. 듣고 또 듣다 보면 자기도 모르게 깨치게 된다.

문수보살이 그의 염원대로 중생들을 제도해 나가기 시작했다. 그런데 조금의 보리심도 없이 본능대로 움직이는 일천제(一闡提)들을 만나게 되었다. 조금이라도 보리심이 있어야 틈을 내서 제도할 수 있는데, 전혀 보리심이 없기 때문에 제도할 방법이 없었다. 그들이 성불하기란 낙타가 바늘구멍으로 들어가는 것 보다 어려워보였다.

포기할 만도 하지만, 문수보살은 어떻게든 제도할 방법을 찾으려고 노력했다. 다만 성질이 급한 문수보살은 그들이 보리심을 낼 때까지 기다릴 수가 없었다. 결국 평소 지니고 다니던 보검을 꺼내서 일천제들의 머리를 잘랐다. 툭툭 떨어진 일천제들의 머리를 끈으로 꿰어서 아라한들에게 나누어 주었다.

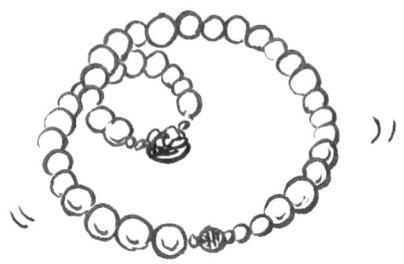

아라한들은 끈으로 꿴 일천제의 머리를 받아들고, 잠시 주저하다가 손목에 걸거나 목에 걸고는 "어미타불, 어미타불"하며 염불하였다. 일천제들을 손목에 걸고 몇 년 몇 수십 년을 쉴 새 없이 염불소리를 들려주었다. 그 결과 아주 미세하여서 깨어나지 않았던 일천제의 불성이 깨어났다고 한다.10) 확 바꿔서 다시 태어난 것이다.

지금은 스님들이 목에 걸거나 손목에 걸고, 우리 스님들의 불성도 일천제처럼 깨어나라고 염불을 한다. 염주가 된 것이다.

그 가능성이 전혀 없다던 일천제도 깨쳤다. 그런데 만물의 영장인 사람이 성공하지 않을 수 있겠는가? 남들이 한 번 보면 나는 열 번을 본다는 마음으로 산다. 처음에는 어렵고 힘들겠지만 "전에 한번 해봤다"는 경험의 힘은 놀랍다.

고속도로에서 시속 100km를 달려본 사람은, 국도에서 80km

로 달리는 것이 전혀 힘들지 않은 것이다. 열 번 해서 안 되면 백 번을 한다. 그러다가 한 번이라도 깨치면, 그 경험은 나의 몸속에 남아 있다가 다른 일도 쉽게 깨치게 하는 것이다.

♛ 다양한 삶을 알고 싶다면 역할 바꾸기

상대방을 이해하고 배려하는 방법을 배우기에 제일 좋은 것은 연극을 하는 것이다. 남편과 아내가 역할을 바꿔서 연극을 하고, 아버지와 아들이 역할을 바꿔서 연극을 한다. 시어머니와 며느리도 역할을 바꾸고, 사장과 종업원도 역할을 바꾼다. 이렇게 역할을 바꿈으로써 상대방의 입장이 되어 움직이면, 상대방의 감정흐름과 고충을 이해할 수 있다.

누구를 만나느냐에 따라 운이 달라진다. 한 송이 국화꽃이 화분에 피느냐, 들에 피느냐에 따라 생김새도 달라지고 꽃피는 기간도 달라진다. 환경에 따라 운명이 달라지는 것이다.

이제 영역을 넓혀서 다른 직업의 사람이 되어보자. 자신이 가장 선망하는 사람이 되어보는 것도 좋다. 연극일망정 자신이 원했던 사람이 되고 희망찬 꿈을 이루면 세상이 행복해진다. 뿐만 아니라 자신을 10보 이상 발전시키게 된다.

또 가장 싫어하는 사람이 되어보는 것도 좋다. 싫어하는 이유를 알게 되고, 그 사람을 이해도 하게 된다. 세상의 모든 것이 존재할 이유가 있다는 것을 알게 된다. 또 세상은 그렇게 미워하고 싫어할 이유가 없다는 것을 깨닫게 된다.

이렇게 여러 사람이 되어 보는 것은, 여러 부류의 사람이 될 수 있는 가능성에 도전하는 것이다. 가능성이 많다는 것은 내가 유연해졌다는 뜻이다. 지금 하고 있는 이 역할만이 내 인생이 아니고, 기회가 닿았다면 다른 사람이 되었을 거라는 '꼭'의 '다양화'이다.

굳이 연극을 통해서 할 필요가 무어냐고 반문할 사람도 있지만, 상상만 하는 것과 실천하며 경험하는 것은 큰 차이가 있다. 여기서도 '과정의 흉내'가 중요한 것이다.

연극을 해서 상대방을 이해한 뒤에는, 각종 취미생활을 통해 삶의 영역을 넓히는 것도 큰 도움이 된다. 모쪼록 내 마음을 넓게 열고 내 행동을 광범위하게 펼쳐보라. 새 인생이 시작되고, 창조적인 아이디어가 새록새록 나올 것이다. 다양한 취미생활을 해서 몸과 마음을 유연하게 할 일이다.

👑 낮추면 자연히 몰려든다
자신을 낮추면 사람들이 모여들고, 자신을 높이면 사람들이 떠나간다. 낮추고 낮추어서 갓난아기가 되라. 그러면 주변의 기운이 모두 모여들며 도와줄 것이다. 갓난아기가 된다는 것은 '꼭' 무엇이 되고 '꼭' 무엇을 이루겠다는 자만심을 낮추는 것이다.

『도덕경』을 보면 "기운을 집중하여 부드러움을 이루어서 갓난아이를 이룰 수 있는가?"라고 물었다.

왜 갓난아기로 돌아가고자 하는가? 갓난아기는 무엇이든 될 수 있는 가능성이 있기 때문이다. 갓난아기가 성인이 되었을 때, 어떤 방향으로 노력하며 자랐느냐에 따라 학자도 될 수 있고, 판사도 될 수 있고, 의사도 될 수 있고, 세일즈맨이 될 수도 있다.

그런데 학자, 판사, 의사, 세일즈맨은 갓난아기가 될 수 없다. 왜 그런가? 이미 마음씀이 굳어지고 뼈와 살이 굳어졌기 때문이다. 학자는 공부하고 연구하는 습성 때문에 목이 자라목이 되고, 어깨는 펜을 잡는 쪽이 올라갔고, 눈은 피로에 일찍 노화되고, 하체는 운동을 하지 않아서 부실하다.

몸만 굳어진 것이 아니고 마음도 굳어졌다. 박사는 자기가 연구하고 관심 있는 부분에서만 박사이다. 밥 짓는 것, 공 차는 것, 빨래하는 것, 운전하는 것 등등에서는 박사가 아니라 초보자이다. 한쪽으로만 치우쳐 공부하고 생각하다보니 두뇌와 몸이 한쪽으로만 발달하고, 관심 없는 분야에서는 마음이 저절로 멀어진다.

몸이든 마음이든 한 쪽으로 치우친 사람이, 다른 분야의 사람이 되어보려고 하려면 불가능에 가까울 만큼 어렵다. 그래서 노자는 유연성 있고 가능성 많은 갓난아기가 되라고 한 것이다.

갓난아기가 되는 것은 자기를 낮추는 일이기도 하다. 자기를 낮추고 자연에 맡기면, 자연의 모든 힘이 나에게로 몰린다.

나에게 힘이 있으면 힘을 사용하여 무엇을 이루려고 한다. 어떤 특정한 방향으로 몰아가려고 한다. 그렇기 때문에 자연의 힘은 물론 내 주변의 사람조차 힘을 보태지 않는다. 하지만 갓난아기의 마음으로 있으면, 모두 도와주려고 한다. 주변의 힘들이 모이면, 내가 나서서 무엇을 이루려고 하지 않아도 저절로 성공한다는 뜻이다.

왜 임금이 자신을 과인이라고 자칭하는가? '과인'은 '부족할 과, 사람 인'이니, 덕이 부족한 사람(과덕지인寡德之人)이라는 뜻이다. 내가 부족하다고 힘이 모자란다고 생각하니, 주변에서 덕을 보태고 힘을 보태러 오는 것이다. 덕분에 임금노릇을 잘 하면서 지위를 유지하는 것이다.

사람의 마음은 겸손하면 좋아하고 오만하면 싫어하는 법이다. 스스로 '과인'이라고 생각하고 실천하라. 주변이 모두 나의 편이 되어 힘을 보탤 것이다.

👑 **내려놓으면 행복한 것을** 욕심, 특히 기득권을 내려놓기는 어렵다. 하지만 보다 더 크게 발전하려면 기득권을 내려놓는 것이 좋다. 그릇에 물이 가득하면 다른 것을 담을 수 없다. 비워야 술을 담든 음식을 담든 다른 것을 담을 수 있는 것과 같다.

중경(重慶)은 신라시대 성덕왕의 맏아들이다. 24세 때 "세상 모든 사람이 지옥에서 나와 행복해질 때 비로소 부처가 되겠다."는 서원을 하고 태자자리를 동생(효성왕)에게 물려주고 출가했다. 그의 법명은 교각(喬覺)이다. '높을 교, 깨우칠 각'이니까, '크게 깨우쳤다'는 뜻으로 당나라에서 스승에게 받은 법명이다.

그가 인도에 가서 탁발수행을 하다가 돌아올 때 사자와의 인연이 전해진다. 돌아오던 길에 사자가 쫄쫄이 굶어서 배가 홀쭉한 채 엎드려 있는 것을 보았다. 가까이 다가가서 "어디가 아프냐?" 하고 묻자, "며칠 전에 사슴을 잡아먹으려다 눈이 마주쳤는데, 너무나 맑은 눈이 두려움에 떨고 있었어요. 그 후로는 그 눈망울이 떠올라 동물을 잡아먹을 수 없었어요."

　스님이 바랑에서 주먹밥 한 덩이를 꺼내어 주었다. 배고픈 김에 허겁지겁 다 먹고는 "제가 지금 먹은 게 무엇인가요? 참 맛있어요."하고는 입맛을 다셨다. "곡식을 익혀 만든 밥이란다." 사자가 "그럼 다른 동물을 죽이지 않고도 먹을 수 있는 거네요?"

　그렇지만 그뿐이었다. 얼마후 사자가 밥을 또 받아먹다가 뱉으며 "이 밥은 왜 맛이 없지? 아까는 맛있었는데." 스님이 "배가 덜 고프기 때문이지. 고기만 먹던 네 입맛에 곡식으로 된 밥이 맞겠냐?" "그럼 저는 동물만 잡아먹어야 하나요? 동물을 잡아먹기는 싫은데…" "맛있는 것을 먹으려는 욕심만 버린다면 동물을 잡아먹지 않아도 되지. 슬픈 눈을 보지 않아도 되고."

　스님이 그 말을 남기고 길을 떠나자, 사자도 홀린 듯이 따라 나섰다. 하지만 신라로 가는 배 앞에서 더 이상 같이 갈 수가 없었다. 맛없는 밥이야 어찌어찌 참고 견딜 수 있었지만, 교각스님을 제외한 다른 사람들은 사자를 믿을 수 없었기 때문이다.

생각다 못한 스님이 "이젠 그만 네 갈 길로 가거라. 지금은 밥만 먹고 순한 체 하지만, 네 본능은 너를 말리지 못할 것이다. 네가 어찌 동물을 잡아먹는 맛을 잊을 것이고, 밀림의 왕이 되어 포효하고 사는 즐거움을 잊을 것이냐?" 묵묵히 스님의 말을 듣던 사자는, 스스로 튼튼한 울타리 안에 갇혔다. 사람들에게 더 이상 위협이 안된다는 모습을 보이고 배를 탄 것이다. 사자로서의 본능과 기득권(?)을 포기하고, 마음의 평화를 선택한 것이다.

자기 것은 하나도 양보하지 않고, 다른 사람에게만 양보하라고 떼를 쓸 수는 없는 것이다. 사자처럼 나의 최선을 다해서 노력하고 그래도 안 될 때 조르며 부탁하는 것이다.

그 후로 스님은 사자도 감화시키는 높은 법력으로 지장보살이 되어 많은 중생들을 구제했고, 사자는 '나쁜 기운을 미리 알아서 귀신과 못된 자들을 쫓아내는 용감한 사자'가 되어 스님을 도왔다. 중국 사람들은 그 공덕을 높이 사서, 스님이 구법제세하던 구화산에 스님의 등신불과 사자의 동상을 세워서 그 덕을 기리고 있다고 한다.

👑 동물은 머리를 다치면 죽고 식물은 뿌리를 다치면 죽는다

우리는 음양의 후예이다. 음과 양으로 몸체가 이루어졌고, 음양의 운행법칙을 따라 생로병사를 겪는다. 그런데도 서로 존중하며 교류하는 음양의 법칙을 무시하려고 한다. 이는 존재 자체를 불가능하게 만드는 어리석은 짓이다. 그래서 역(易)에서는 "높은 산도 결국 낮은 땅이 있기 때문에 존재하듯이, 자신을 떠받들고 있는 아랫사람을 나의 편으로 많이 만들어야 내가 안전하고 편히 지낼 수 있다."고 하였다.

동물은 양이고 식물은 음이며, 머리는 양이고 뿌리는 음이다. 그러므로 동물은 머리를 근원으로 생각하고 중요하게 여겨서 머리부터 태어나고, 식물은 뿌리를 근원으로 생각하고 중요하게 여겨서 뿌리부터 생긴다.

동물은 머리를 다치면 죽고 식물은 뿌리를 다치면 죽는다. 가장 중요한 것이 먼저 생기므로 먼저 생긴 것이 다치면 죽게 되는 것이다. 이렇게 중요한 것을 먼저 보호하고 실천하는 것은 동물뿐 아니라 식물도 아는 본능이다. 지구상에 사는 모든 생명체는 본말의 경중과 종시의 선후를 지켜야 원활하게 존재할 수 있다.

또 밖으로 돌아다니는 동물은 안을 중시하고, 안을 다독이며 차분히 자라는 식물은 밖을 중시한다. 그래서 동물은 겉의 피부는 좀 다쳐도 살지만 몸 안의 내장이 상하면 죽는 것이고, 식물은 속안의 몸통은 텅텅 비어도 살지만 바깥의 껍질이 다치면 죽는다. 왜 그럴까? 각기 자신을 살게 해주는 기운의 근본을 중시하기 때문이다.11)

이렇게 근본이 중요하지만 말단이 없으면 근본이 살 수 없다. 피부 없는 동물은 살 수 없고 몸통 없는 나무도 살 수가 없다. 그러니까 근본은 말단 없이는 살 수 없고, 말단도 근본 없이는 살 재간이 없다는 뜻이다.

남성과 여성이 교류를 하지 않으면 인류가 존재하지 못하는 이유와 같다. 본말의 질서도 중요하지만 서로 교감을 해야 보완이 되고 존재할 수 있는 것이다.

잘 살기 위해서 다시 태어난다는 것은 원만하게 교류를 잘 하고 싶다는 뜻이다. 교류를 잘 하는 특성을 가진 사람으로 다시 태어나겠다는 것이며, 나의 장점을 주고 단점을 보완하는 교류를 해서 완벽에 가까운 사람이 되겠다는 의지이다.

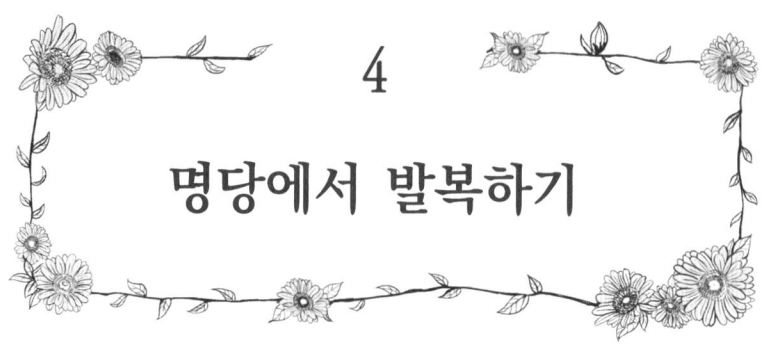

4
명당에서 발복하기

조상을 명당에 모시면 조상의 사후세계가 편하고, 조상이 안정되면 후손이 잘 된다고 한다. 그런데 그 잘되는 후손이 꼭 '나'라는 보장이 있을까? 차라리 그 명당에 '나'를 묻는 것이 확실하지 않을까? 나와 바로 연결되어서 당장 발복하지 않을까?

👑 영혼은 있을까 없을까

자공(子貢)이 공자님께 "죽은 사람도 의식이 있습니까?"라고 질문하였다.

공자님께서 "내가 그래도 사회적으로 영향력이 꽤 있는 사람이다. 그런 내가 '죽은 사람도 의식이 있다'고 답하면, 효자들은 '부모님과 같이 죽겠다. 부모님께서 살아계시는데 어떻게 보내 드리냐?'고 하며 같이 죽으려 할 것이다.

또 '죽은 사람은 의식이 없다'고 답하면, 불효자들이 (그저 '부모의 형상을 한 고기 덩어리다'라고 생각하고) 부모님의 장례도 치르지 않고 버릴 것이 걱정된다."고 하셨다.12)

임금이 죽은 사람을 대우해서 시호(諡號)를 내려주면, 후손들은 죽은 사람의 관 앞에서 "이렇게 시호를 받았습니다." 하고 시호를 읽어준다. 죽은 사람에게 "당신의 덕이 높아서 시호를 받게 되었습니다." 하고 칭송을 하는 것이다. 죽은 사람에게 의식이 있다고 생각한 것이다.

순장제도 역시 죽은 사람에게 의식이 있다고 생각한 것이다. 진나라 시황제의 능에는 수많은 병사 토용을 같이 묻었고, 한나라 때는 왕릉에 침실과 거실은 물론이고 부엌과 화장실도 만들었다. 또 일정 기간 먹고 지낼 수 있게 양식을 같이 묻은 것은, 죽어서도 어느 정도의 기간은 의식이 있다고 생각한 것이다.

👑 동양의 세 종교 유교 불교 선교

'유(儒)·불(佛)·선(仙)' 이 세 글자는 모두 '사람 인(人=亻)' 자가 들어간다. 사람이 어떻게 생각하고 행동하느냐에 따라 종교적 우주관이 달라진다는 뜻이다. 그 속에 담긴 사상과 실천강령은 너무 오묘해서 알기도 설명하기도 어렵지만, 그 요체를 간단히 말하면 다음과 같다.

유교는 조상과 나와 후손을 한 몸이라고 생각한다. 대를 이어가는 것이 영생이다.

먼저 유교는 대를 이으며 오래 살고자 한다. 부모의 몸이 죽더라도 내가 이어받았고, 나의 몸은 죽지만, 내 자식에게 연결되어 계속 살아간다. 이것이 유교의 영생방법이다.

유교의 '유'는 '사람 인(人)'+'기다릴 수(需)' 자로 되어 있다. 사람이 되기를 기다린다는 것이다. 사람으로 태어났는데, 왜 사람이 되라고 할까?

부모님께 생명과 몸을 받고 태어나서 올바른 삶을 살다가, 온전한 정신과 몸을 간직한 채 죽어야 한 사람으로서의 역할을 다했다고 본다. 그래야 영생의 긴 릴레이 경기에서 한몫을 한 것이다.

살면서 내내 "사람답게 살아라." 하는 말을 듣는다. 네 역할을 다하라는 것이다. 조상으로부터 정신과 몸을 받고, 그것을 내가 이어 살다가, 나의 후손에게 물려준다. 그러니 정신과 몸을 다치게 하지 말라는 것이다. 릴레이 경기에서 배턴을 넘겨주고 물러났지만, 물려받은 우리 편이 '또 다른 나'가 되어 뛰는 것이다.

불교는 영혼이 영생하고자 한다.

몸은 영혼이 수도하기 위한 도구이다. 영혼이 계속 살면서 몸을 바꿔가며 수도하는 것이다. 하지만 영혼은 몸을 얻어야만 수도를 할 수 있으니 아주 소중한 도구이다. 몸을 이용해 득도하면 부처가 되고, 그렇지 못하면 다시 윤회해서 다른 몸을 얻어야 수도를 이어갈 수 있다.

불교는 수도를 통해 득도한 영혼이 오래 살고자 한다. 영혼이 떠돌아다니다가 자신을 잘 길러줄 사람을 선택해서 그 몸에 깃든다. 그리곤 부처가 되려고 수도한다. 부처는 모든 환경에서 자유롭게 벗어나 영생할 수 있는 존재이다.

불교의 '불'은 '사람 인(人)'+'아니 불(弗)' 자를 쓴다. 사람이 아니라는 뜻이다. 왜 사람이 아닐까? 수도를 할 때 가족이 있으면 수도하기가 곤란하다. 인연이 만들어지기 때문이다. 그래서 부모를 멀리하고 자식을 만들지 않는다. 그러니 보통사람들이 볼 때, 사람이 아니라고 하는 것이다.

나의 몸이 죽더라도 다른 몸을 택해서 가고, 또 다른 몸을 택해서 가며, 부처가 될 때까지 새로운 몸을 택해서 간다. 나는 부처가 되기 전까지는 새로운 몸을 택해 삶을 이어가고, 그러한 삶을 부처가 되어서 영생할 때까지 지속할 것이다. 부처가 되면 완전한 몸으로 영생하는 것이니 더 바랄 것이 없다.

나는 다만 몸을 빌릴 뿐이지, 그 몸을 만든 사람하고는 될 수 있는대로 인연을 끊고자 한다. 공부할 때 연애를 하면 공부를 못 하듯이, 인연을 끊어야 부처가 되는 길이 쉬워진다.

물론 나 개인의 완벽함을 지상목표로 하는 나한의 수도가 있고, 모든 우주가 한 몸이므로 모두가 행복해야 완벽한 부처가 될 수 있다는 보살의 수도로 나뉘기는 한다.

선교는 자신이 오래 살고자 한다.

선교는 유교식으로 대를 이어가는 것을 영생으로 보지 않고, 또 불교식으로 영혼의 완전무결한 자유를 영생으로 생각하지도 않는다. 영혼과 몸이 하나가 되어 영원히 같이 지내는 것이다.

선교는 몸과 영혼이 함께 영원히 살고자 한다. '사람 인(人)'+'메 산(山)', 혹은 '사람 인(人)'+'하늘 천(天)' 자를 쓴다. 산에 사는 사람 또는 하늘에 사는 사람이라는 뜻이다. 하늘이나 산처럼 자유로운 환경에서 몸과 영혼이 함께 영원히 사는 것이다.

중국은 오래 사는 사람을 진인 또는 신선이라고 하며 추앙한다. 자신의 몸을 가지고 영혼과 함께 영생하는 것을 최고로 치는 것이다. 이 점 유교와 비슷하지만, 유교는 자신의 자식을 만들어서 대를 잇는 것이고, 중국의 선교(仙敎)는 자신이 영생하는 것이다. 그래서 선인(仙人)이라고 할 때도 '메 산(山)' 자를 쓴다.

반면에 우리나라는 정신과 몸이 같이 살되 몸을 업그레이드 한 사람을 신선이라고 하며 숭상한다. 도를 닦은 영혼이 몸을 환골탈태시켜서 같이 사는 것이다. 몸과 영혼이 같이 수련해서 영생의 영체를 만든 다음에, 몸을 환골탈태하고 새로운 공간을 만들어서 자유롭게 영생하는 것이다.

불교에서 득도해서 부처의 경지가 되는 것과 흡사하다. 이 경지가 되면 일체유심조라해서 마음 먹은대로 모든 것을 창조할 수 있으므로, 자기만의 세계를 건설한다. 그래서 새로이 창조된 세계(하늘)에서 산다는 뜻으로, '메 산(山)' 자 대신에 '하늘 천(天)' 자를 써서 신선(神仚)이라고 하는 것이다.

👑 죽은 사람의 안식처 산소

사람이 죽으면 무덤에 들어간다. 산에 있다고 해서 산소라고 한다. 화장 조장 풍장 수목장 수장 등등 여러 가지 장례방법이 있지만, 가장 보편적인 것이 땅속에 매장하는 것이다. 왜 땅속에 묻었을까?

산소자리를 쓰는 것은 효심에서 우러난 것이지만, 이왕이면 후손도 좋은 복을 받고 싶다. 좋은 자리에 모시면 조상의 신령이 평안하고 그 자손들도 번창하기 마련이다.

『역경』「계사전」에 장례풍속의 변천을 말하면서 "아주 오랜 옛날에는 부모님의 시신을 들판에 두고 그 위를 나뭇가지로 덮어서 가렸다. 그런데 비바람이 불어서 썩어가는 시신이 드러나고, 또 들짐승들이 파헤치며 시신을 훼손하였다. 그래서 슬픈 마음에 나뭇가지로 다시 덮고, 노출되면 또 덮고 해서 여러 번 장례를 치르게 되었다.

그러다가 땅 속에 묻을 것을 생각했다. 그냥 묻으면 돌이나 나뭇가지에 시신이 훼손될 것 같아서 관으로 보호하고, 봉긋하게 땅을 북돋아서 봉분을 만들어 짐승들이 훼손하지 못하게 하였다. 또 무덤의 위치를 알리고 지키는 나무도 심고 석물도 설치하게 되었다."고 하였다.

사람이 죽으면 혼백이 분리된다. 혼은 하늘로 올라가니 좋은 데로 잘 가시라 할 뿐이지만, 백은 지상에 남아 있으므로 땅속에 무덤을 만들어서 의지할 곳을 만들어 드리는 것이다.

♛ 좋은 산소의 조건

산소를 만들되, 이왕이면 돌 없고 수맥 없고 양지 바르고 안전한 곳에 잘 모신다. 그래야 백이 편안하게 쉬고, 후손들의 마음도 안심이 된다.

정자(정이, 이천선생)는 "땅이 좋으면 땅 색깔이 빛나고 윤택하며 초목이 무성하게 잘 자란다. 산소자리를 쓸 때 몇 가지를 고려해야 하니, 뒷날에 도로가 되는 곳, 성곽이 되는 곳, 권세가에 의해 빼앗기는 곳, 절대농지가 되는 곳을 피해야 한다.

또 광중을 팔 때 4~5자를 파서 돌이 나오면 다른 곳을 파야 되고, 습기가 많은 곳을 피해야 하며, 관곽을 송진으로 발라야 하고, 석회로 시신을 덮어서 광중의 입구를 봉하는 것이 그 대강의 요체이다."[13]라고 하였다.

여기서 중요한 말은 백이 편하기를 바라면서 산소자리를 정한다는 것이다. 죽어서도 의식이 있으며, 특히 백은 이곳에 남아있다고 믿은 것이다.

👑 후손에게도 복을 주는 명당
이렇게 산소자리를 쓰는 것은 효심에서 우러난 것이지만, 이왕이면 후손도 좋은 복을 받자는 것이다. 좋은 자리에 모시면 조상의 신령이 평안하고 그 자손들도 번성한다.

조상과 자손은 기운이 같으므로 조상이 편안하면 자손이 편안하고, 조상이 위태하면 자손이 좋지 않게 된다. 뿌리를 북돋고 지켜주면 가지가 무성해지는 것과 같은 이치이다. 앞서 말한 유교식 사고로, 후손에게 배턴터치를 한 뒤에도 뒤에서 응원하는 것이다.

곽박은 『금낭경』에서 "기운은 땅 속으로 흐르고, 사람은 부모로부터 몸을 받으니, 부모의 유골이 기운을 얻으면, 자손이 음덕을 받는다."고 했다.

자손이라고 다 똑같이 음덕을 받는 것이 아니다. 산소에 묻힌 조상과 가장 잘 닮은 사람이 그 기운을 받는 것이다. 이렇게 보면 명당을 잡아서 복을 받는다는 것은 매우 확률이 떨어지는 일이다.

👑 **탯줄산소를 만드는 풍속** 명당자리에 조상을 모시면 후손이 잘 된다는 것이 풍수이론이다. 그런데 명당자리에 모셨다고 그 후손이 모두 잘 될까? 명당자리에 모신 분과 비슷한 유전자가 많은 사람이 좀 더 유리하지 않을까?

명당자리에 모셨다고 그 후손이 모두 잘 될까? 한 부모의 자식이라도 잘 되는 사람이 있고 그렇지 못한 사람이 있기 마련이다. 그래서 보다 확실하게 하기 위해서 나를 묻는 것이고, 그것이 우리나라의 오래된 풍속이기도 하다.

아이를 낳으면 탯줄을 끊는다. 어미와 자식이 분리되는 것이다. 탯줄은 60㎝나 된다. 이 탯줄을 통해 혈액과 영양분을 공급받고 노폐물을 배출한다.

탯줄 안에는 여러 요소가 있지만, 특히 조혈모세포와 간엽모세포라는 줄기세포가 들어 있다. 이들은 면역체계도 만들고, 몸의 모든 기관 특히 오장육부로 분화도 가능하다. 아기의 뿌리가 되는 세포라는 뜻이다.

현재 탯줄은 아기가 암이나 기타 큰 병에 걸렸을 때를 대비해서 잘 보관한다. 그런데 좋은 용도가 또 하나 있다. 탯줄을 좋은 곳에 묻음으로써 아기의 미래가 잘 되기를 바라는 것이다. 부모와 자식을 연결해주고 생명을 이어준 탯줄, 인체의 뭐든지 될 수 있는 줄기세포가 있는 탯줄은 나의 분신이다. 나의 분신을 명당에 묻는 것이다.

"탯줄이 좋은 땅을 만나면 남자는 총명하여 학문을 좋아하고 벼슬이 높으며 병이 없게 되고, 여자는 얼굴이 예쁘고 단정하여 남에게 존경을 받게 된다." 당나라 때 천문 풍수 등에 능통한 일행(一行)스님의 말이다.

👑 김유신 장군에게 힘을 준 탯줄산소

탯줄을 묻어 잘 된 사람의 대표가 김유신 장군이다. 탯줄이 그렇게 큰 영향을 줄까? 적어도 김유신 장군의 부모는 철썩같이 믿어서 탯줄을 보호하는 산성까지 쌓았다. 1400년이 훨씬 지난 지금까지도 잘 보존되어 있는 것을 보면, 김유신 장군의 부모만큼은 아니더라도 그 후손들도 굳게 믿었나보다.

다른 태실(탯줄산소)과 다른 것은, 탯줄만 좋은 자리에 묻은 것이 아니고, 주변의 지형을 비보해서 탯줄로 좋은 기운이 모이도록 한 점이다.

김유신 장군의 태실은 진천읍 상계리 뒷산 태령산성의 정상부에 있다. 우리나라의 태실 중에서는 가장 오래 되었다. 태령산성은 태실을 보호하기 위해 태실을 에워싸며 만든 성이다. 산성의 한 가운데 태실이 있는 것이다. 그래서 이름도 태령산성이다.

김유신 장군의 태를 묻었다고 해서 산이름도 '탯줄 태, 신령할

령, 메 산' 자를 써서 태령산(胎靈山)이라고 부른다. 태실을 중심으로 돌담을 산성처럼 쌓은 것이 태령산성이다. 태령산이나 태령산성은 김유신 장군의 탯줄 때문에 생긴 이름인 것이다.

3단으로 쌓은 원형 석축 위에 산소처럼 흙을 둥그랗게 쌓아서 전체적으로는 거북의 형상처럼 보인다. 그냥 산소라고 해도 믿었을 것이다. 다만 김유신 장군의 탯줄을 묻었으므로 태실이라고 부른다.

어떤 사람은 산의 지세를 따라 산성을 만든 것이 아니고, 태아(胎兒)의 모양을 만들며 쌓았다고 한다. 상현달의 모양과도 흡사한데, 앞으로 커지면서 보름달이 될 것이라는 뜻도 담겨 있을 것이다.

그러니까 단순히 탯줄만 묻은 것이 아니라, 탯줄을 보호하고 기운을 모을 수 있게 주변 환경도 조성했다는 뜻이다.

👑 자식이 잘 되기를 기원한 태(胎) 항아리

김유신 장군의 부모가 아들을 위해서 대대적으로 태실을 만들었고, 우연인지는 몰라도 앞날이 번창하였다. 그래서 그런지 조선시대에도 탯줄을 묻는 풍속이 이어졌다. 좋다는데 안 해줄 부모가 없었던 것이다.

만인산(테봉산)에는 조선을 건국한 태조 이성계의 탯줄산소가 있었는데, 일제 때 조선의 정기를 훼손하기 위해 서삼릉으로 옮겨졌다. 또 세종대왕은 선석산 자락에 자신의 왕자 18명과 손자(단종이 세자로 책봉된 후에는 성주군 가천면 법전리로 이전) 등 총 19개의 태실을 조성하였다. 태실을 조성하는 풍속은 아주 오래된 전통인 것이다.

조선시대에는 왕자나 공주가 태어나면 태실도감(胎室都監)을 두고, 탯줄을 백자항아리에 담아 풍수학적으로 길하다고 알려진 방에 두었다. 그랬다가 좋은 곳이 결정되면, 좋은 날을 택해서 안태사(安胎使)를 파견하여 묻게 하였다. 이 무덤을 탯줄을 묻고 봉분을 했다고 해서 태봉(胎封)이라고 부른다.

임시적으로 길하다고 알려진 방에 두었던 아기의 탯줄을, 아기에게 좋다는 길일을 택하여 항아리에 넣고 밀봉한 뒤에 "모년 모월 모일 모시 태어난 ㅇㅇㅇ 아기씨 태"라고 써서 탯줄의 주인을 밝힌 다음에 묻는 것이다.

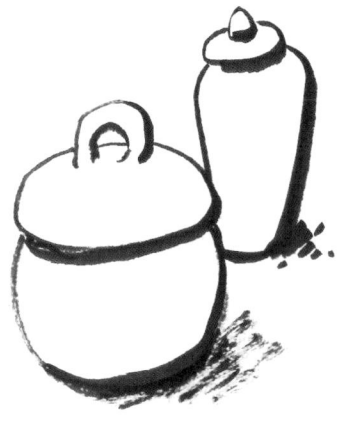

 이렇게 탯줄을 항아리에 넣어 보관하는 풍속은 왕자들만 행했던 것이 아니다. 집안이 넉넉한 일반 양반들에게도 유행했던 풍속이다. 내 자식을 위한 일이라는 것이다.
 앞서 말한 사주를 바꾸는 방법도 된다. 그러니까 태어난 날의 사주와 태봉을 한 날의 사주가 서로 보완하며 돕는 것이다.

♛ 조상 대신 나를 묻는다

태실을 만들 여유가 없는 사람은 어떻게 할까? 방법이 없을까? 그래서 생각한 것이 손톱 발톱 머리카락을 묻는 것이다. 비용도 얼마 안 들고 바로바로 효과를 볼 수 있는 방법이다.

옛날이야기에 회색쥐가 선비의 손톱과 발톱을 먹고 선비로 둔갑했다는 이야기가 있다. 또 과거에는 생식세포로만 자기복제가 가능했는데, 요즘에는 체세포로도 자기복제가 가능하다고 한다. 몸의 어떤 세포로도 자기자신을 복제하는 것이 가능하다는 이야기이다.

그렇다면 자신의 손톱 발톱 머리카락 등도, 탯줄만큼은 아니지만, 자기자신을 복제하는 것이 가능할 것이다. 손톱 발톱 머리카락 등을 모았다가 좋은 자리에 묻으면 직방으로 효과가 있지 않을까?

탯줄산소처럼 돈이 많이 들거나 몇 백 년 동안 자리를 차지하는 것도 아니고, 역할을 마친 뒤에 적당한 때 저절로 썩어 없어지니 공해를 유발하는 일도 아니다. 살아생전에 좋은 기운을 받아 영화를 누리면 그만인 것이다.

2부. 팔자 고치기

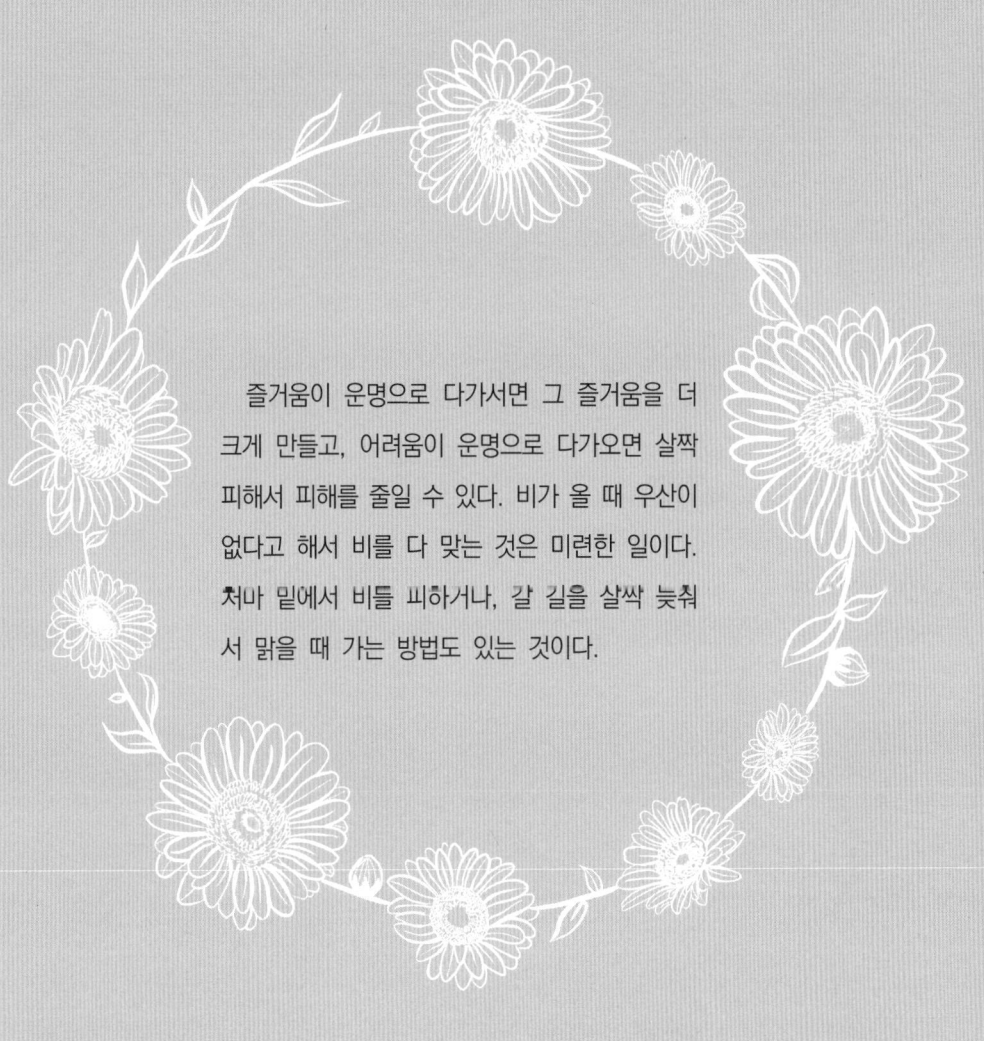

즐거움이 운명으로 다가서면 그 즐거움을 더 크게 만들고, 어려움이 운명으로 다가오면 살짝 피해서 피해를 줄일 수 있다. 비가 올 때 우산이 없다고 해서 비를 다 맞는 것은 미련한 일이다. 처마 밑에서 비를 피하거나, 갈 길을 살짝 늦춰서 맑을 때 가는 방법도 있는 것이다.

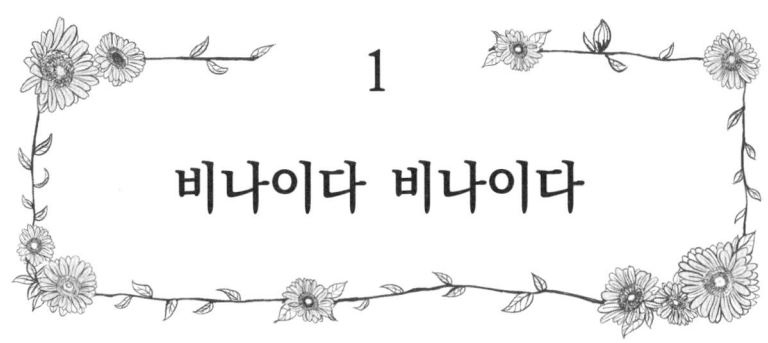

1
비나이다 비나이다

이른 아침과 으슥한 저녁은 서로 온도도 비슷하고 어둑어둑한 것도 비슷하다. 그런데 왜 새벽에는 밖으로 나갈 생각을 하고, 저녁에는 집으로 돌아올 생각을 하는 것일까? 새벽에는 점점 더 밝아지고 따뜻해질 것이라는 것을 알고, 저녁에는 점점 더 어두워지고 추워질 것을 아는 것이다.

이렇게 아는 사람이라면 미래를 알기 위해 신에게 물어볼 필요가 없다. 일의 추세를 살펴서 점점 잘 될 일인지, 아니면 점점 망할 일인지 아는 사람이라면 굳이 신에게 물어볼 필요가 없는 것이다.

하지만 새벽인지 저녁인지를 구분 못할 때는 어찌할 것인가? 마찬가지로 점점 잘 될 것인지, 점점 망하는 길로 갈 것인지 모를 때는 어찌 할 것인가? 바로 이럴 때 신에게 물어보는 것이다.

👑 하나님이나 부처님께서 뇌물을 받으실까?
큰 신은 우주 전체를 돌보아야 한다. 그래서 개인적인 이익을 부탁할 때 들어줄 수 없다. 큰 신에게는 개인적인 부탁을 할 수 없는 것이다. 또 개인의 이익을 묻는 점에 대답할 수도 없다.

행복하기를 바라는 마음에 신에게 부탁을 한다. 잘살게 해달라고, 성공하게 해달라고! 그런데 방법을 모르겠다. 어떤 신에게 부탁을 해야 하는지, 어느 정도를 부탁해야 될지, 어떤 방법으로 기도를 해야 할지!

그렇다면 사람의 질문에 답해주는 신은 누구일까? 부처님이나 하나님 같은 큰 신일까? 아니다. 큰 신이 미래를 가르쳐줌으로써 특정인에게 이익을 주는 일을 할 리가 없다. 가령 절이나 교회에 가서 돈을 낸 뒤에 "이번 ㅇㅇ시험에 합격하게 해주세요."라고 간절히 기도하면 들어주실까?

부처님이나 하나님께서 10만원을 받고 소원을 들어주셨다면 무슨 일이 벌어질까? 내가 합격할 실력이 있다면 모를까, 그렇지 않다면 나대신 누군가는 불합격시켜야 한다. 누군가의 행복을 빼앗아서 나에게 주었다는 말이다.

그렇다면 10만원을 뇌물로 받고 부정한 일을 저질렀다는 말인데, 과연 부처님이나 하나님께서 그런 일을 하실까? 모두가 내 자식이고 모두가 내 식구인데, 누가 용돈을 10만원 더 준다고 해서 다른 자식 것을 빼앗아 줄 수는 없는 것이다.

👑 하나님은 목사와 강도 중에 누구를 더 사랑하실까?

신의 마음은 선도 없고 악도 없다. 선이 다하면 악이 오고 악이 다하면 선이 온다. 마치 낮이 다하면 밤이 오고 밤이 다하면 낮이 오듯이 변해가며 이어지게 할 뿐이다. 그래야 이 우주가 오랫동안 유지될 수 있다. 신이 사람의 부모라면, 좋은 일을 한 사람이나 못된 일을 한 사람이나 다 내 자식이다. 누구를 미워해서 해치고 누구를 좋아해서 더 행복하게 할 수가 없다. 그저 내 자식을 잘 살게 하고 싶을 뿐이다.

40년 쯤 전에 책에서 읽은 내용이다. 저승 가는 길에 목사와 강도가 만났다. 이미 죽었으니, 전직 목사이고 전직 강도이다.

둘이 만나 서로 통성명을 한 뒤에 목사가 생각했다. "저 사람은 살아생전 못된 일만 했으니 지옥에 갈 것이다. 같이 만났으니 잘 가라고 기도나 해주어야겠다." 강도도 생각했다. "저 사람은 살아서 좋은 일만 했으니 천당을 갈 것이다. 나는 못된 일만 했으니 이제 뉘우쳐도 소용없다. 나도 좀 좋은 일을 하고 살 것을…."

한참을 가다가 길이 두 갈래가 나왔다. 한쪽은 편하게 갈 수 있는 평지였고 한쪽은 진흙 밭이었다. 목사는 "나는 천당에 갈 것인데, 가는 동안에 하나님의 시험을 한 번 더 받아야겠다."고 생각하고는 진흙 길로 갔다.

강도는 "나는 어차피 지옥에 갈 것인데, 가는 길이나 편하게 가야겠다."하고 평지 길로 갔다. 각자 다른 길로 한참을 갔는데, 또 다시 둘이 만났다. 강도가 먼저 아는 체를 하며 반가워했지만, 목사는 "그럴 리가 없는데."하고 고개를 갸우뚱거렸다.

이번에는 가시덤불 길과 평지가, 다음에는 자갈밭 길과 평지가, 이런 식으로 몇 번의 갈림길이 있었다. 그때마다 목사는 하나님의 시험을 생각해서 가시덤불 길과 자갈밭 길을 선택했고, 강도는 여전히 편안한 평지 길을 선택했다. 이렇게 헤어졌다 만나기를 반복하였다.

그러다 둘은 완전히 헤어졌는데, 목사는 예상대로 천당에서 아주 행복하게 지내게 되었다. 하나님의 시험을 모두 거친 목사답게 최상급의 대우를 받으며 지냈다. 그러다 "저 언덕 너머는 무엇이 있을까?"하고 궁금해졌다. 나는 지금 이렇게 평안하지만 다른 사람은 고생을 하고 있을 거야. 고생하고 괴로움에 몸부림치는 사람들을 찾아가서 하나님의 사랑을 전해주어야겠다.

그래서 길을 떠나 언덕 너머에 도착했다. 그런데 거기서 전에 만났던 강도가 아주 행복하게 지내면서 "어! 목사님."하고 반기는 것이었다. "이게 어쩐 일입니까? 어떻게 여기서 지내게 된 것입니까?"하고 물었더니, "글쎄요. 편안한 길을 따라 쭉 왔더니, 이렇게 좋은 세상에 오게 되었습니다. 하나님의 은혜에 감사드릴 뿐입니다."

그때부터 목사의 마음은 지옥이었다. 하나님의 사랑을 전파해야겠다는 숭고한 마음은 온데간데없이 사라지고, "나쁜 짓을 많이 하고 편한 길만 추구했던 저 강도가 어떻게 저렇게 평안할 수 있단 말인가?"하는 분노의 마음이 가득 채워졌다.

신이 사람을 낳고 기르는 부모라면, 좋은 일을 한 사람이나 못된 일을 한 사람이나 다 내 자식이다. 누구를 미워해서 해치고 누구를 좋아해서 더 행복하게 하지 않는다. 그저 내 자식들을 행복하고 풍요롭게 살게 하고 싶을 뿐이다.

👑 토지신은 뇌물도 받고 부탁도 들어준다

큰 신은 사사로운 부탁을 들어줄 수 없다. 하지만 중간신은 들어주기도 하고 안 들어 주기도 한다. 어떤 토지신은 많이 친하고, 많은 정성을 바치는 사람에게 더 친절하게 하고 미래에 대해서도 맞는 대답을 해 준다.

입시철에 왜 어머님들은 좋다는 명산대천의 절을 순회하시며 빌까? 한 곳에서 지극정성으로 빌어도 대자대비하신 부처님께서는 그 마음을 다 아실 텐데.

또 기독교 신도들은 왜 자기 교회에서만 예배를 보려고 할까? 집에서 예배를 보거나 혹은 다른 곳으로 여행을 왔다면, 그곳의 교회를 찾아 예배를 봐도 좋을 텐데. 혹 어디에서 기도해도 다 알고 누가 기도하는지도 다 아시는 전지전능하신 신을 믿지 못하는 것일까?

그렇다면 그동안 절이나 교회가 있는 토지신께 빌었던 것이 아닐까? 맞다. 그들이 기도하는 대상은 토지신이다. 전지전능하신 하나님이라면 어디서 예배를 보든 상관하지 않으실 것이고, 대자대비하신 부처님이라면 어디서 기도를 해도 다 들어주실 것이다.

그러나 토지신은 다른 곳에서 빌기보다 나의 영토에 와서 비는 것을 더 선호한다. 토지신은 큰 신이 아니고 중간신이다. 중간신이라면, 나한테 잘 하는 사람에게 좀 더 가산점을 준다. 손이 안으로 굽는다는 뜻이다.

우주 전체를 고려할 필요도 없다. 내가 다스리는 영토를 우선적으로 생각한다. 크게 잘못을 저지르는 일이 아니라면, 나에게 잘 하는 사람을 더 위해주는 것이다. 10만원을 받으면 10만원 이상의 가치를 그 사람에게 준다. 그래야 또 나한테 와서 빌 것이 아닌가?

♛ 점은 정확한가?

점은 불확실한 미래를 알기 위해서 친다. 확실한 일은 점치지 않는다. 미래를 확실히 안다면 점을 칠 필요가 없다. 불확실할 때 하는 수 없이 점을 치는 것이다. 분명히 말하지만 점은 자신의 판단이다. 길한 길로 갈 것인지 흉한 길로 갈 것인지, 자신의 책임아래 판단하는 것이다.

물건을 새로 만들어 팔 때 시장조사를 한다. 만드는 것이 목적이 아니라 파는 것이 목적이니, 살 사람들의 마음을 알아야 한다. 살 사람들의 마음이 확실하다면 그대로 밀고 나가면 된다. 그렇지만 아리송할 때는 어떻게 할 것인가?

신상품을 개발해서 제품으로 만들 때까지 많은 비용이 든다. 그 비용은 회사를 흥하게 할 수도 있고 망하게 할 수도 있다. 그런 모험을 쉽게 할 수 있을까? 신상품 만드는 것이 새벽에 해당할까? 늦저녁에 해당할까?

새벽에 해당한다면, 점점 밝아지고 따뜻해질 것이니 제품을 만들어 판매하면 흥한다. 하지만 늦저녁이라면, 점점 추워지고 어두위질 것이니 제품을 만들어 판매하면 망한다. 그래서 사람들은 점을 친다. 미래를 알기 위해서이다. 점을 치면 미래를 확실하게 알 수 있을까? 확실하다면 점 보다 더 좋은 것은 없다.

동양 고전 중의 고전인 『서경』「홍범」편을 보면 점에 대해서 설명해 놓은 곳이 있다. "먼저 네 마음에 물어봐라. 네 마음에서 확실하다고 생각하면 그대로 하라. 만약 의심이 있다면 가까운 신하에게 물어봐라. 그래도 의심이 된다면 백성들에게 물어봐라. 그래도 의심이 된다면 거북점을 치고 시초점을 쳐라. …, 점친 것 중에 다수결로 결정하라."

여기서 "네 마음에 물어봐라."하는 것은 자기자신의 결정이 가장 중요하다는 것이다. '아! 이 물건 만들기만 하면 대박이 틀림없어. 절대 잘못 될 리 없어.'라고 생각한다면 점칠 것도 없다. 그대로 밀고 나가면 된다.

하지만 미래가 확실한 일만 있는 것은 아니다. "가까운 신하에게 물어봐라."라고 한 것은, 주변의 친한 사람에게 의견을 물어보라는 것이다. 그 제품에 대해서 잘 알고, 나하고 친해서 나를 잘 아는 사람에게 물어보라는 것이다. 주변사람에게 객관적인 평가를 받아보는 것이다.

"백성들에게 물어봐라."는 것은, 여론조사나 시장조사에 해당한다. 불특정 다수에 대해서 샘플링해서 물어보라는 것이다. 여기까지가 사람에게 묻는 것이다. 사람의 마음이 중요하다는 것이다.

"그래도 의심이 된다면 거북점을 치고 시초점을 쳐라."라고 한다. 사람에게 물어봤는데도 잘 모르겠다. 그러면 점을 쳐보라는 것이다. 점을 친다는 것은 신에게 물어보라는 것이다. 미래의 일이므로 신이 잘 알 것이라는 것이다. 사람이 최선을 다했는데도 모를 경우, 그럴 경우 신에게 부탁하고 기도하라는 것이다.

그리고 그것도 다수결을 택하라고 하였다. 사람에게 묻는 것 세 가지와 신에게 묻는 두 가지 경우의 가부를 세어서 많은 쪽 의견을 택하라는 것이다.

이렇게 보면 옛 분들의 점에 대한 생각이 무척 합리적이다. 먼저 자신에게 묻는 등 사람들에게 물어 보다가, 그래도 의심이 들면 신에게 의지하는 것이다. 더구나 신과 사람 구별하지 않고 다수결을 택하라고 하였다.

일방적으로 신의 지시를 따르는 것이 아니라, 신과 의견을 조율해서 판단하는 것이다. 신이 인간을 좋은 방향으로 이끌어 행복하게 해주고 싶다. 그래서 미래에 대해 가르쳐주고 싶은 데, 다행히도 인간이 신에게 물은 것이다. 그래서 주역에서는 "점치는 것은 신을 돕는 행위"라고 하였다.

'점'을 '판단'이라는 말로 바꾸어 보면 된다. 여러 정보를 종합해서 판단하는 것이다. 여기서도 최종적인 판단은 내가 하는 것이다.

♛ 전5식은 본능

그러면 그 신은 무엇일까? 나를 예뻐해서 나에게 미래를 가르쳐 주는 신은 누구일까? 그런 신이 있다면 정말 친해져야 한다. 먼저 신의 단계에 대해서 알아보자.

유식론에서는 사람의 의식을 8단계로 나눈다. 이 중에 1~5단계에 해당하는 것을 전5식이라고 하는데 사람의 감각기관을 말한다. 본능적으로 느끼는 감각으로, 눈, 귀, 코, 혀, 그리고 몸의 촉감이라는 다섯 가지이다.

여기서 '단계'라고 표현했지만 이들의 수준은 똑같다. '전5식'이라고 해서 '앞 전(前)' 자를 붙인 것은 '의식 이전의 생각' 즉 본능적 감각이라는 뜻이다.

♛ 6식은 아주 작은 개인신

전5식 다음 단계는 두뇌이다. 전5식에서 인식한 본능적 감각을 종합해서 판단하는 두뇌를 여섯 번째 식, 즉 의식이라고 한다. 그러니까 의식부터 인간의 생각이라고 할 수 있다. 6단계의 신이다. 본능(전5식)을 종합해서 판단하는 신이자, 모든 이성적인 생각, 판단의 주체가 되는 신이다.

신은 6식부터라고 하지만, 실은 '전5식'도 중요한 신이다. 이

'전5식'은 에고(자아)가 없다. 그런 면에서 최고수준의 신인 8식이나 그 이상의 식과 유사하다. 8식 이상의 신도 에고가 없기 때문에 서로 잘 통하는 것이다. 미생물이나 벌레 등 하등동물이 큰 신과 잘 통하는 이유이기도 하다.

👑 7식은 고집이 센 개인신

두뇌 다음의 신이 7식이다. 7단계의 신이다. 두뇌는 보편적인 생각을 하지만, 제7식은 자신의 경험과 자신만의 개인적인 고정관념으로 판단을 한다. 자아(自我)라고도 하는데, 사고, 감정, 의지 등 여러 작용의 주관자이다.

7식 즉 일곱 번째 의식은 말라식이라고 한다. 영어로 표현하자면 에고(ego)이다. 객관적이지 못한 자기위주의 왜곡된 의식이다. 외부와의 경험을 주관적으로 해석한다. 이 일곱 번째 의식이 전5식을 통해서 얻은 정보를 두뇌(6식)가 종합할 때 제멋대로 해석하게 한다.

"나 그거 맛있어. 혹은 나 그거 하고 싶어. 내 경험상으로 볼 때 틀림없어. 요번에는 촉이 와. 엄청 좋다는 느낌이 오는데. 등등." 우리의 생각을 왜곡시키는 것이다.

7식은 우리가 합리적인 생각을 못하게 하는 가장 중요한 원인이다. 근거 없는 자신감, 또는 근거 없는 불안감 등등을 불러오기도 한다. 선입관도 여기에 포함된다.

👑 8식은 우주신과 통하는 개인신

7식 다음은 8식이다. 8단계의 신이다. 우주의 모든 정보와 서로 주고받을 수 있으며, 우주관적인 입장에서 보편타당한 판단을 한다. 하지만 6식인 두뇌에게 그 생각과 판단을 전할 언어가 없는 것이 문제이다.

여덟 번째 의식은 무엇인가? 아뢰야식이다. 아주 고대로부터 몸속에 유전자적으로 심어진 의식, 불교식으로 치면 전생에서부터 알고 있는 의식이다.

아주 경험이 풍부하고 객관적이기 때문에 초합리적이고, 또 다른 개체의 8식과 소통을 잘 하는데다 과거와 미래를 다 안다. 사람들이 이 8식과 소통할 방법을 모르기 때문에 무의식이라고도 한다.

8식은 우주와 자유로이 소통하기 때문에 초합리적이고, 과거와 미래를 자유로이 오고가는 능력이 있다. 그런데 7식에 막혀서 자기 의견을 제대로 펼치지 못한다. 6식과 소통도 잘 못한다.

예를 들어 똥과 오줌은 옛날에는 아주 좋은 것이었다. 채소를 키울 때 거름으로 쓰면 몇십 배의 수확을 얻게 해준다. 그래서 8식이 우리에게 "그거 계약하면 좋아. 참, 너는 내 말을 못 알아듣지. 그래 꿈에 똥을 한무더기 보여주자." 그래서 똥꿈을 꾸게 한다. 그렇지만 6식이 그 말을 제대로 알아듣지 못한다.

　7식이 한마디 보탠다. "아, 더러워. 오늘 재수 없겠는데. 그래, 그 계약 포기하자." 8식이 "안돼~!" 하고 말리지만 말릴 방법이 없다.

　그래서 우리는 꿈 해몽법을 공부하는 등 8식의 언어를 이해하려고 노력한다. 8식은 '기쁨, 소름' 등 느낌을 통해서 "위험해, 좋아." 등등의 정보도 넣어준다. 그래도 7식의 방해를 받아 그 경고를 못 받아들이는 경우가 많다.

　그런데 6식이 8식과 소통하는 방법이 있다. 점을 치면 된다. 점을 쳐서 제 3의 부호로 서로 대화하면 된다. 8식이 부호로 표시하면 6식이 그 부호를 해독하는 것이다.

　다만 조건이 있다. 8식의 정보를 부호로 표시해 달라고 점을 칠 때 공정무사한 마음이 되어야 한다. 우주와 똑같이 특별히 좋아함도 없고 특별히 싫어함도 없이, 그저 평안하고 잔잔한 마음이 되어야 한다. 그래야 8식이 7식의 방해를 이기고 나와서 대답을 해 줄 수 있다.

　7식의 방해를 받지 않는 유일한 조건은, 욕심을 부리지 않고 가장 객관적이며 공정한 마음이 되어야 한다는 것이다. 이 객관적이지 못하며 불공정한 마음이 7식이기 때문이다.

마음이 평안하고 잔잔해서 움직이지 않는 물처럼 고요해야, 비로소 8식이 알고 있는 우주의 정보를 말해줄 수 있는 것이다. 아무 욕심도 없고 무엇을 꼭 하려고 하는 마음이 없을 때 우리는 꿈을 꾼다. 바로 그러한 상태를 만들어야 한다. 나도 없고 너도 없는 상태를 만들어야 하는 것이다.

결국 점을 친다는 것은 우리의 마음속 깊이 있는 8식(아뢰야식)에게 물어보는 것이다. 7식에게 방해받지 않기 위해서, 순수하고 공정하고 또 우주의 모든 정보와 친하게 지내는 8식에게 물어보는 것이다.

8식만이 우리에게 정확하고도 합리적인 대답을 해준다. 점치는 목적은 신과의 대화이다. 신의 명령을 듣는 것이 아니다. 서로 대화를 해서 합리적인 방법을 찾는 것이다.

8식은 우리 몸에서 가장 객관적이고 우주의 마음과 같아질 수 있는 신이다. 8식이 한 차원 더 나아가서 9식이 되면, 우주의 마음이 되고 우주와 하나가 되는 신이 된다. 너도 없고 나도 없는 진정한 자유의식이 된다.

👑 9단계 10단계의 자유자재한 대우주신

신의 경지는 10단계로 나눌 수 있다. 1~5단계는 본능이다. 눈과 귀 등 감각기관으로 느끼는 신이다. 6단계는 두뇌이다. 1~5신을 종합하는 신이다. 7단계는 자의식의 신이다. 자기가 생각하고 싶은대로 판단하는 경향이 있다. 배우면 배울수록, 늙으면 늙을수록 7단계의 아집이 강해진다. 8단계는 자의식이 없는 신이다. 세상은 모두 한 몸이요 한 마음이라는 의식을 가지고 있다. 하지만 아주 약간의 자의식이 남아 있다. 9단계는 8단계와 10단계의 중간이라고 보면 된다. 토지신 같은 중간신이다. 10단계가 되어야 자의식이 하나도 없는 큰 신이 된다.

8단계 신은 개인신, 9단계는 개인신 보다 좀더 뛰어난 지역신으로 볼 수 있고, 10단계 신은 우주전체를 상대하는 큰 신으로 보면 된다. 아마 뇌물을 받고 도움을 주었다면 9단계 신일 것이다. 10단계는 잘하고 못하고가 없고, 내 편 네 편도 없기 때문이다.

신은 나무가 자라는 모습이라고 생각하면 된다. 1~6단계신은 나뭇잎이고, 가지는 7단계이고, 줄기는 8단계이고, 뿌리는 9단계이고, 나무도 아니고 뿌리도 아니고 땅도 아니면서, 이들을 모두 조화시킨 것이 10단계이다. 결국 10단계의 신은 모두 한 몸인 것이다.

우리의 기도를 들어주는 신은 대부분 9단계 신이다. 10단계 신은 세상 모든 사람을 한가족으로 보기 때문에, 특정인이 잘 되게 해달라는 부탁을 들어줄 수 없기 때문이다.

👑 9단계 10단계 신과 친해지는 방법

그렇다면 9단계 신 또는 10단계 신하고 친해지는 방법은 무엇일까? 감사, 겸손, 통일, 균형이다. 모든 일에 감사한다, 모든 일에 겸손한다, 모든 일에 통일적인 규칙을 추구한다, 모든 일에 균형과 배려를 추구한다.

특히 감사하고 겸손하는 마음속에는 자기의 능력을 자랑하는 마음이 없다. '누구보다도 내가 뛰어나므로 당연히 합격하는 거야.' 이렇게 생각하면 감사할 수가 없다. 어떤 일을 하기에 모자란데 성공하니 감사하는 것이다. 아니 성공하게 해주니 감사한 것이다.

이 '감사'라는 표현을 입밖에 내는 순간, 곧바로 9단계 신과 하나가 되고 동시에 10단계 신과도 아주 가까워진다. 나의 힘과 남의 힘을 구별하지 않고, 하나의 협조된 힘으로 보기 때문이다. 마치 창문을 열자마자 외부의 공기와 실내의 공기가 하나가 되는 것과 같다. 그래서 더 행복해지기 쉽고 성공하기 쉬워진다.

왜 그럴까? '내가 잘해서 성공했다.'가 아니라, '다른 이들이 나를 도와주어서 성공했다.'가 되기 때문이다. 성공의 주체가 '나'에서 '우리들'이 되고, '우리들'에서 '우리 모두'가 되면서 이 '우주'가 하나가 될 사다리를 놓은 것이기 때문이다. 그 창문이, 그 사다리가 바로 '감사'라는 표현이다.

👑 화신에게 기도하는 법

사람 몸에는 화신(化神)이 있다. 집중력이 뛰어난 사람일수록 화신이 많다. 자기 몸을 제어하는 정신이 한 곳에 집중할 때, 자기도 모르게 생겨서 돌아다니는 정신들이 화신이다. 또 화신은 얼마든지 많이 생겨난다. 본인은 그 화신이 얼마나 많은지, 또 어디에서 무슨 일을 하고 있는지도 모른다. 득도한 사람의 화신일수록 숫자가 많고 능력도 뛰어나다.

화신은 본인도 모르게 만들어져서 돌아다니며 사람들의 소원을 들어준다. 그러므로 부처나 예수 또는 부탁하고 싶은 사람을 만날 수 없을 때, 그 대상을 생각하면서 소원 들어주기를 기도하면, 부처나 예수 또는 부탁하고 싶은 사람도 모르게 나에게로 와서 도움을 주는 것이다.

중국 광동성의 만행스님이 동굴에서 1차 무문관 수련을 할 때 이야기다. 세 달 정도 동굴에 들어가서 수련을 하다가, "견딜만 하니 입구를 봉쇄해 달라."고 하였다. 하루에 밥 한 그릇 들어갈 정도의 구멍만 남기고 입구를 막는 것이다.
또 수련을 하다가 혹시나 자기도 모르게 눕는 경우가 생길까 봐, 동굴천장에 동아줄을 매달고 목을 걸었다. 동굴은 습기가 많고 보온이 제대로 안되어 있으므로 누워서 자면 기맥이 막혀 죽기 쉽다. 그래서 동굴에서 수련할 때는 눕지 않고 정좌를 한 채로 참선에 들어가는 것이다. 너무 힘들면 일어나서 동굴 안을 걸어 다니면 된다.

수련은 항상 죽느냐 사느냐의 기로에 있다. 어차피 이 세상에 태어났다가 죽을 몸, 부처가 되려고 도를 통하는 수련을 하다가 죽으나, 온갖 물욕을 다 누리다가 죽으나 마찬가지라고 생각했다고 한다.

2년여의 수련을 하다가 타의에 의해 밖으로 나왔을 때, 산 아래에 사는 사람들이 "서죽사 뒤에 있는 동굴 안에 신선이 사시는데, 동굴에다 향불을 피우고 기도하면 어떤 병이든 다 낫는다."고 소문이 났다고 한다.

그런데 정작 만행스님 본인은 신선으로 받들어지는 것도, 사람들이 자신을 향해 향불을 피우는 것도, 또 그들이 기도한대로 병이 낫는지도 몰랐다고 한다.[14]

만행스님도 모르게 만행스님의 화신이 소원을 들어준 것이다. 또 사람들은 동굴 안에서 소원을 들어주는 사람이, 만행스님인지 산신령인지 구별하지 않는다. 그저 동굴을 향해 기도하면서, 그 안에 '산신령, 신선, 부처, ….' 등이 있다고 믿는 것이다. 믿는 사람과 믿음을 받는 사람이 일치하지 않아도 되는 것이다.

물론 동굴 안에 있는 사람은 뛰어난 능력이 있어야 한다. 도와줄 힘이 있어야 부탁을 들어줄 수 있는 것이다. 당시 만행스님은

2년여의 집중수련으로 아라한 이상의 경지에 갔다고 한다. 그러니 화신이 분출해서 기도하는 사람을 도울 수 있었던 것이다.

👑 서영훈 선생님의 화신되기
나에게 힘이 없어도 옆 사람이 대신 돕고, 나에게 돈이 없어도 옆 사람이 대신 돕는다. 자진해서 기분 좋게 도우면 그 돕는 사람이 나의 화신인 것이다.

고 서영훈 선생님은 기독교장로이고, 흥사단 이사장, KBS 사장, 신사회공동선운동연합 상임대표, 대한적십자사 총재, 새천년민주당 대표, 국회의원 등등을 역임하셨다.

시민운동을 많이 하셔서 직책을 맡은 것이 셀 수 없다. 서영훈 선생님께서 오는 사람을 마다 않고 힘닿는 데까지 잘 도와주셨기 때문에 정재계뿐만 아니라 시민운동가, 중소기업가 등등 많은 사람들이 찾아왔다.

특히 한 달에 한번 이루어지는 등산모임은, 등산하는 동안 선생님과 많은 대화를 나눌 수 있어서 인기가 좋았다. 대화뿐 아니라 소위 눈도장을 찍으러 오는 분들도 많았다.

등산하는 초입에는 많은 노점상들이 있기 마련이다. 시골할머니들이 나물이고 밤 대추 등등을 놓고 파는데, 선생님은 그중 한 할머니를 택해서 값을 물어보고, 물건이 좋다고 하시며 대화를 나누신다. 그리고 물건 몇 봉지를 사시고 지갑을 꺼내려고 하면,

"그 값은 제가 치르지요."하면서 돈을 먼저 내는 분이 있었다.

그러면 옆에서 과일을 파는 할머니가 "내 것도 좀 보고 가요." 한다. 그러면 선생님이 "그러지요."하고 옆으로 자리를 옮기신다. 그러면 또 옆의 할머니들도 "내 것도, 내 것도"하면서 합창을 한다. 선생님은 값을 물으시고, 돈은 또 다른 옆의 분이 내고, 젊은 사람은 그 물건을 자기 배낭에 넣고 이렇게 삼인일조가 되어서 골고루 팔아준다.

할머니들은 물건 팔아서 좋고, 서영훈 선생님은 여러 사람 만족시켜서 좋고, 돈을 낸 사람들은 서영훈 선생님 앞에서 좋은 일 해서 좋고, 젊은이는 서영훈 선생님 앞에서 짐드는 일을 맡아서 좋다. 모두가 기분이 좋고 행복해졌다. 그러니까 돈 내는 사람과 짐 드는 사람이 서영훈 선생님의 화신 역할을 한 것이다.

👑 우리에게도 화신이 있을까?   사람은 영이 뛰어난 존재이다. 갑자기 누가 생각이 나면, 그 사람도 내 생각을 하고 있는 경우가 많다. 서로 간에 영적인 교류를 하고 있는 것이다. 내가 누구에게 무슨 부탁을 할 때도, 그 사람과 좋게 지냈던 과거를 떠올린 다음에 부탁을 하면 잘 들어준다.

"요즘 보형은 잘 사나?" "잘 살겠지요? 딸 학업을 위해서 좋은 데로 이사 갔다고 하잖아요?"

보형은, 대유학당에서 몇 개월 근무하다가 무릎도 아프고 딸 교육문제도 있고 해서 그만 둔 직원이다. 그만 둔지 8개월이 다 되도록 소식이 없다. 무소식이 희소식이라는 말만 믿을 뿐이다. 그러던 중 안사람과 태백산에 갔다 오다가 차안에서 문득 생각이 난 것이다.

그런데 다음날 전화가 왔다. 딸 학교 때문에 정규직으로 일정하게 취직할 수는 없고 임시직으로 살아왔는데, 이젠 딸 학교문제도 해결 되었고, 마침 집 앞에 공단이 있는데, 청소년 공부방 운영관리 직원이 필요하다고 해서 지원한다는 것이다.

말하자면 '공부방 총무' 자리인데, 대유학당에서 '출판사 편집, 수강생 회원 관리 및 총무'의 역할을 한 것으로 경력증명서를 떼어달라는 것이다.

이메일을 보니 아래와 같은 편지도 한 장 들어 있었다.

"안녕하세요. 중전 선생님! 너무 오랜만에 연락드리게 되었는데 반가운 목소리를 들려주셔서 정말 감사드립니다. 그 동안 제 생각까지 해주셨다고 하니 몸 둘 바를 모르겠습니다. 마음이 참으로 따뜻해집니다. …. 평상시 연락을 못 드리다가 제가 필요한 일이 생겨 연락드리게 되어 송구하고 죄송합니다.….”

대유학당과 보형이 좋게 헤어졌지만, 서로간의 삶이 바빠서 오랜 기간 연락을 못했다. 그러다가 불쑥 이런 부탁을 하려니 조금은 쑥스러웠을 것이다. 쑥스러운 생각을 하면서 "어떻게 말을 꺼내지?" 하는 걱정과 망설임의 마음이 우리 부부에게 전달되었을 것이다.

그래서 보형이 생각이 났고, 한참 동안 우리 부부의 화제에 올랐다. 그리고 오늘 아침 이메일과 함께 전화가 오니, 반가운 마음에 원하는 대로 바로 서류를 만들어서 준 것이다.

이것이 화신을 이용하는 방법이다. 우리 부부와 보형의 생각은 서로 다르다. 한 쪽에서는 통상적인 걱정을 한 것이고, 한 쪽에서는 경력증명서라는 구체적 요구사항을 생각한 것이다.

그리고 우리 부부가 생각하는 보형과 보형이 생각하는 우리 부부의 마음도 차이가 있다. 우리 부부의 마음에는 착하고 일 잘하는 직원이었고, 보형은 월급 제 때 주고 말하면 잘 들어주는 사장 내외였다.

이렇게 본신(本身)과 꼭 자주 교류하며 친할 필요도 없다. 그저 막연히 친했었지, 착했었지 등등 좋은 감정이 있으면 좋다. 그리고 그것이 연상되도록 생각을 하면, 저절로 연결되어 원하는 바를 이룰 수 있는 것이다.

♛ 눈 앞에 있는 것처럼 상상하라

관상(觀相)은 최고의 기도법이다. 자신이 어떤 목표를 두고 소원할 때 막연히 소원대로 되게 해달라고 비는 것은 초보적인 기도법이다. 그 소원이 이루어지는 과정을 관상하면서 기도해야 이루어지기가 쉽다. 관상법을 배우면 원하는 것을 모두 이룰 수 있다.

절에는 부처님상을 조형해 놓고, 교회에는 예수님상을 조형해 놓는 이유가 무엇인가? 기도할 때 마음속에 구체적으로 형상짓기 쉽게 하기 위해서이다. 사진이라도 봐야 그 사람을 떠올릴 것 아닌가? 내가 소원을 빌 사람의 완전한 형상을 떠올릴 수 있다면, 찾아가 뵈며 부탁하지 않고도, 생각만으로도 물어보고 도움을 받을 수 있는 것이다.

불교에서는 '일체유심조(一切唯心造 : 세상 모든 것이 마음으로 만들고 형상화한 것이다)'라고 한다. 부처님이 사시는 극락도 부처님의 마음이 만들어낸 공간이라는 것이다.

부처님께 절을 할 때 일반 절하고는 다른 동작을 한다. 무엇인가? 관상하며 절을 하는 것이다. 어떤 관상인가?

엎드려 절을 할 때 두 손으로 부처님의 두 발을 받들어 올린다고 생각한다. 받들어 올리고 있으면 부처님의 광명이 나의 몸을 두루 다 비춰주고, 부처님께서 자비의 마음을 담은 감로수를 나의 몸에 뿌려준다고 관상하는 것이다.

우리는 종종 "염불에는 마음이 없고 잿밥에만 마음이 있다."라는 말을 쓴다. '염불'은 무엇인가? '생각할 념, 부처 불'이니, 부처님을 생각하는 것이다. 그 생각하는 방법으로 '부처님의 이름을 부르고, 부처님의 모습을 생각하고, 부처님의 언행을 생각하며, 부처님의 자비로움을 생각' 하는 것이다. 생각할 때 집중도를 높이기 위해서 목탁도 치고 부처님이름도 부르고 하는 것이다.

'잿밥'은 무엇인가? '재계할 재(齋)'에 '음식을 뜻하는 밥'이 합쳐진 말이니, 명복을 비는 불공 때 쓰는 음식이다. 돌아가신 분의 명복을 빌며 부처님의 자비로움으로 극락왕생하기를 기도해야 하는데, 기도는 뒷전이고 그 때 차려진 맛있는 음식에만 관심을 가진다는 것이다.

이런 재계가 소원한 대로 이루어 질 리가 없다. "잘 차려진 음식을 부처님과 돌아가신 분이 같이 나누어 먹으면서, 이 세상에서 산 행복했던 일 어려웠던 일을 서로 이야기 하며 서로의 마음을 풀고, 부처님의 인도로 살기 좋은 극락으로 왕생해서 간다." 이런 정도는 생각해야 돌아가신 분이 기분 좋게 극락으로 갈 것이 아닌가?

이 때 부처님의 형상을 아주 분명하게 떠올려야 한다. 동시에 그 부처님의 이름을 소리를 내서 불러야 한다. 그 상태에서 소원을 빌면서 동시에 소원이 이루어지는 과정을 관상해야 한다. 만약 잡념이 들어서 부처님의 형상이 없어지면, 처음부터 다시 부처님의 형상을 관상하면서 부처님의 이름을 불러야 한다.

부처님께 절하고 기도하는 것을 예로 들었지만, 상황에 따라서는 그 대상이 부모님이 될 수도 있고, 판사가 될 수도 있고, 국회의원, 대통령 등등이 될 수도 있다.

👑 관상으로 치유하기

생각은 인체의 세포와 유전자를 변화시키고, 나아가 세상을 바꾸는 무한한 가능성이 있다. 이런 사실을 이용해서 병을 고칠 수 있다.

먼저 자신이 건강하다는 관상을 한다. 거울치료와 비슷한 원리이다. 건강한 모습을 떠올리면서 건강했을 때 어떤 운동을 할 수 있고, 기분이 어떻게 즐거워지는지를 상상하는 것이다. 구체적으로 몸의 특정부분이 아프다면, 아프지 않고 건강할 때의 움직임과 그로 인한 기쁨을 상상하는 것이다. 그러면 치유가 된다.

과학적으로는 우리의 두뇌가 현실과 상상을 잘 구분하지 못하므로, 상상의 기쁨을 실제라고 믿고 도파민, 엔도르핀, 엔케팔린, 세로토닌, 옥시토신 같은 신경전달물질과 호르몬을 생산한다. 이들 생화학물질이 온몸으로 전달되고 백혈구를 강화하여 면역력을 증진하는 생리적 변화를 낳는다. 즐거운 상상이 곧 생화학 변화를 통해 치유작용을 촉진하게 되는 것이다.

상상치유는 외국의 의학계에서는 많이 사용되고 있는 치료법이다. 다른 약물적인 치료없이 상상만으로 불치병을 치유한 임상사례도 많다. 일체유심조(一切唯心造)의 원리를 과학적인 도움을 받아 적극적으로 활용하고 있는 것이다.

상상치유의 원리는 간단하다. 우리가 아주 맛있는 음식을 먹는다고 상상하면, 입안에 곧바로 침이 고이는 원리이다. 목이 마를 때 아주 신 매실을 상상하는 것으로 갈증을 해결할 수도 있는 것이다.

관상의 기법은 이 치료를 더 빨리 낫게 만든다. 만약 자주 긴장을 하거나, 구토, 설사, 탈장, 요실금, 요폐증 등이 있으면 간경락에 이상이 있는 것이다. 한의사라면 엄지발가락의 태돈혈부터 시작하여 가슴아래 기문혈까지를 침이나 뜸으로 치료할 것이다.

관상치유는 이러한 치료에 상상력을 더하는 것이다. 태돈혈부터 기문혈까지 간경락의 혈들이 차례로 기운을 통하는 과정을 관상하는 것이다. 그러니까 단순히 상상하는 것이 아니라, '차례, 순서, 순차적'이라는 기법을 동원하는 것이다. 물론 현대과학의 총아인 양자역학에 의하면 이러한 순서도 순식간에 이루어지는 것이지만.

👑 신을 내 편으로

기회는 준비한 사람에게 온다. 평소 열심히 산 사람은 기회 앞에 당당할 수 있다. 기회가 왔을 때 나의 신(神)을 집중해서 기회를 잡으면 부귀가 찾아온다.

예로부터 우주와 통하는 안테나가 높으면 높을수록 고귀한 사람이라고 생각했다. 우주의 고급정보를 알 수 있기 때문이다. 그 안테나를 각자의 목표에 미리 맞추어 놓아라. 그러면 그 방면의 고귀한 사람이 된다. 신과 하나로 통하면서, 목표를 향한 신통한 사람이 되는 것이다.

그리고 신과 하나가 될 수 있도록 주문을 외운다. 주파수를 맞추는 것이다. 그리고 틈나는 대로 우리는 한편이고, 한 몸이라는 것을 강조하며 주문을 외워 주파수를 맞추는 것이다.

👑 혹 떼고 부자된 혹부리 영감

도깨비는 중간신, 즉 9단계에 간신히 합격한 작은 신이다. 작은 신은 욕심이 남아있기 때문에 뇌물을 주고 원하는 것을 얻을 수 있다. 욕심이 있는 한, 월등하게 뛰어난 사람이라 해도 어리석은 허점에 빠지기 마련이다. 이 어리석음이 바로 나의 편이 되어 나를 돕게 만드는 허점이다.

옛날 옛날에 마음씨 착한 혹부리 할아버지가 살고 있었다. 나무를 하다가 어두워져서 산속에서 길을 잃고 헤매게 되었다. 무서움을 잊으려고 노래를 불렀는데, 노래 소리에 반한 도깨비가 혹부리 영감에게 말을 걸었다.

"할아범은 볼에 커다란 혹이 있어서 말도 잘 할 수 없을 것 같은데, 어떻게 그런 맑은 소리가 나오지?" 큰 혹이 매달려 있어서 평소 남보기가 걱정스러웠는데, 도깨비가 혹에 대해서 물어오니 기분이 안 좋았다.

하지만 얼른 임기응변이 나왔다. "고운 노래 소리는 이 혹에서 나온다네. 자네도 이 혹만 있으면 나처럼 노래를 잘 부를 수 있지."하고 대답했다. 도깨비는 노래가 잘 나오는 혹이 부러워서 금은보화를 주고 할아버지의 혹과 바꿨다. 혹도 떼고 부자도 된 것이다.

도깨비는 마음대로 금은보화를 만들고 그밖에 신통방통한 재주도 많은 능력 있는 신이다. 하지만 아름다운 노래 소리에 홀려서 사리판단을 제대로 하지 못한 것이다. 혹에서 아름다운 노래 소리가 나올 리가 없는데도 그냥 속아 넘어간 것이다. 이렇게 특정한 것에 욕심이 생기면 합리적이지 못한 판단을 하기 쉽다. 욕심이 이성을 마비시키는 것이다.

♛ 그저 웃으면 복이 온다

웃으면 복이 온다. 웃을 일이 없어도 웃으면 복이 온다. 웃는다는 것은 '기분 좋다, 만족한다, 성공했다, 행복하다' 등등의 긍정의 마음이 몸 밖으로 표출된 사인이다. 신이 볼 때도 '아! 저 사람! 기분 좋구나, 만족했구나, 성공했구나, 행복하구나'를 인정하고, 그렇게 살도록 만드는 것이다.

웃으면 이런 긍정의 사인이 몸 안팎으로 전해진다. 그 사인을 받은 몸은, 또 긍정의 마음을 몸 구석구석으로 보내며 긍정을 재창출한다. 그래서 내 몸 전체가 윤이 나면서 무엇이든 성공할 수 있다는 자신감이 넘치게 된다. 내 몸 밖에서 이 긍정의 사인을 본 사람들도 내게 "아! 이사람 잘 될 사람이구나." 하는 긍정의 사인을 하며 돕게 된다.

주변 사람들도 긍정의 마음이 되어 돕는다. "웃는 얼굴에 침 못 뱉는다."는 말도, 긍정의 사인을 본 사람의 마음도 저절로 긍정의 마음으로 바뀐다는 뜻이다. 나의 신을 비롯해서 다른 사람의 신까지 모두 긍정의 마음으로 변한다. 신들이 내 편이 되는 것이다.

거울을 보고 웃는 것을 연습하자. 그리고 시시때때로 웃어보자. 나의 몸을 웃기고, 나의 마음을 웃겨보자. 그 마음이 주변을 모두 웃게 만든다. 그러면 나도 너도 '기분좋다, 만족한다, 성공했다, 행복하다, 자신감이 넘친다' 등등의 긍정의 마음이 된다. 성공하는 것이다. 행복해지는 것이다.

마음이 변하면 몸이 변한다고 한다. 몸이 변해도 마음이 변한다. 처음에는 웃고 싶지 않은 마음이었지만, 몸이 웃으면 마음도 웃게 된다. 왜 웃느냐고요? 웃음이 행복을 만들고, 웃으면 기분이 좋아지고, 웃으면 성공하니까요.

👑 신과 주파수 맞추기
부처님 머리를 보면 정수리가 두툼하다. 정륜이 열린 것이다. 이곳이 바로 우주와 소통하는 안테나에 해당한다. 이곳에서 법신이 나와 설법을 하고, 이곳에서 화신이 나와 세상을 구제한다. 이 두툼함이 크고 높을수록 크게 도통한 사람으로 존경받는다.

어린아이는 이곳이 열려 있어서 숨을 쉴 때마다 볼록거린다. 그래서 숨골이라고도 한다. 이곳이 볼록거리며 부드럽게 움직일 때는 어린애도 신통력이 있다.

흔히 말하기를 세 살 이하의 아이에게 "네 엄마 뱃속의 아이가 꽃이냐, 고추냐?"하고 물으면 정확히 맞춘다고 한다. 아이의 눈에는 엄마 뱃속의 아이가 보이는 것이다. 그러다가 이곳이 굳게 닫혀서 여물게 되면 아이의 신통력이 없어진다.

옛날 유교식으로 하면 이곳이 상투자리이다. 우주와 통하는 안테나 자리이다. 상투가 높을수록 귀한 신분을 상징한다. 그만큼 신통력이 있는 분이라는 뜻이다. 임금님의 상투가 제일 크고 높으며, 그 다음이 양반이고, 그 다음이 중인 평민 순이다.

상투 위에 쓰는 관모도 임금님 것이 제일 높고, 평민은 패랭이 갓처럼 높이가 낮았다. 여인들도 가채(加髢)를 크고 높게 만들어 쓰면 지체가 높은 사람이었다.

말하자면 고귀한 사람일수록 우주와 통하는 안테나가 높다는 뜻이다. 그래서 부처님 정수리가 두툼하고, 자아를 없애는 수련을 한 수도자의 정수리가 두툼하게 돋아나는 것이다. 여기가 두

틈할수록 8식을 돌파해서 9식, 10식으로 다가서는 사람인 것이다.

♛ 목표에 안테나를 맞춰라
보석을 좋아하는 사람은 보석을 많이 가지고 있기 마련이고, 먹을 것을 좋아하는 사람은 음식에 대한 자료가 풍부하기 마련이다. 어떤 것에 관심을 가지면, 그것에 대한 정보가 들어왔을 때 오감이 작동하면서 빨리 받아들인다.

목표를 세우는 것이 중요하다. 일단 세웠다면 반은 성공한 것이다. 누구보다도 더 관심있게 그 목표로 갈 것이기 때문이다.

명예를 얻으려면 명예에 안테나를 맞추고, 돈을 벌려면 돈에 안테나를 맞춰라. 안테나를 맞추면, 그에 대한 정보가 흘러들어 온다. 관심이 없으면 흘려들었을 내용이지만, 관심이 있는 사람에게는 아주 귀중한 정보가 되기 때문이다.

1994년부터 2008년까지 마석에서 10여 년을 살며 서울로 출퇴근을 했다. 마석에서 서울로 가려면 구리, 평내, 호평, 금곡 등등 중간 도시를 거쳐야 하는데, 왜 그렇게 아파트를 많이 짓는지? "왜들 이곳에 집을 짓느라 교통체증을 일으키는지 몰라!"하는 생각만 했다. 아마 수만 가구 아파트를 지었을 것이다.

나중에 아이들 학교문제로 서울로 이사 가려고 했더니, 마석집을 팔아도 서울 전세도 못들어 간단다. 그 중간에 있는 구리, 평내, 호평, 금곡 등등을 다 돌아 다녀도 그 돈으로 살 수 있는 집은 없었다.

그런데 산속 구석구석까지 아파트가 참 많았다. "이렇게 구석구석 많이 짓느라고 그렇게 교통을 막히게 했구나."하는 생각은 잠깐이었고, "이렇게 상전벽해가 될 때까지 무엇을 했단 말인가?" 하는 생각이 들었다.

아파트 분양을 받아도 되었고, 아파트 시세를 알아서 미리 돈을 준비해도 되었다. 그런데 아무 생각도 없다가, 아니 교통체증만 짜증을 내다가 갈 데가 없게 된 것이다.

만약에 아파트 분양에 조금이라도 관심이 있었다면, 매일 오고가며 다녔으니 남보다 더 많은 정보를 가지고 있었을 것이고, 그 정보를 활용해서 싼 가격에 아주 좋은 곳을 유리하게 분양 받을 수 있었을 텐데.

아파트 분양에 안테나를 세우지 않았으니, 아파트에 대한 정보가 교통체증으로만 연결된 것이다. "아파트 단지를 만들고 아파트를 짓는다 → 나도 좋은 곳과 가격을 알아봐야 겠다."로 연결되는 것이 아니라, "아파트 단지를 만들고 아파트를 짓는다 → 아! 길 밀려서 짜증나!"로 바뀐 것이다.

비나이다 비나이다

♛ 목표를 세웠다면 주문을 외워라
목표를 정해놓고 그 목표를 항상 입으로 되새기면 주문이 된다. 주문을 외우면 자신부터 변한다. 이어서 주변을 변하게 하고, 주문의 리듬에 공명하는 많은 사람을 변화시킨다.

주문(呪文)의 사전적 의미는 '매혹하다, 마법을 걸다'이다. 특정한 글귀를 반복적으로 외움으로써 주술적인 효과가 있다고 생각하는 것이다.

"나는 행복하다."하고 반복적으로 되뇌이면 행복해진다.

"나는 할 수 있다." 이것도 자기 자신을 매혹시키는 좋은 주문이 된다.

"나는 재미있는 사람이다." 이것도 자기 자신에게 행복한 마법을 거는 좋은 주문이다.

플라시보효과를 계속 요구하는 것이다. 책의 마음에 드는 구절을 골라 주문으로 삼을 수도 있다. 짧아도 좋고 길어도 좋다. 리드미컬하고 중독성 있는 글이면 더욱 좋다.

대유학당에서 주역강의를 할 때 동네에서 부동산 중개업을 하는 분이 수업을 들으러 왔다. "평소 주역에 관심이 있었는데, 요즘에는 한가하기도 하고…." "왜 사업이 잘 안되나요? 그럼 주역에 있는 이 경문 구절을 외어보세요. 하루에 한 30분 정도를 소리를 내서 읽으시는데, 너무 크지 않게 리드미컬하게 읽으시면 됩니다. 외우시면 더욱 좋고요."

두 달쯤 수업을 듣던 분이 세 달째부터는 나오지 않았다. 이유를 물었더니, "요즘, 너무 바빠서 수업 들으러 갈 시간이 없습니다. 죄송합니다."하는 것이다. 이것저것 걱정도 되고 그래서, 틈나는 대로 선생님이 적어준 경문 구절을 외웠는데, 그 효과인지는 몰라도 계속 손님이 몰려온다는 것이었다.

👑 모자란 사람끼리 윈윈

옛날에는 부잣집 아들이 밥투정을 하며 밥을 잘 먹지 않으면, 가난하면서도 복스럽게 밥을 잘 먹는 아들 또래의 친구를 맞아 같이 밥을 먹게 했다. 둘이 경쟁을 하면 밥을 잘 먹게 되고, 또 옆에서 맛있게 먹는 모습을 보면 먹고 싶은 생각이 저절로 들기 때문이다. 부잣집 아들은 밥을 잘 먹어서 좋고, 가난한 집 아들은 밥을 먹을 수 있어서 좋다. 그래서 둘 다 건강해진다. 모자란 사람이 서로 합하면 충족한 사람이 된다. 서로 자기에게 없는 것을 택하는 것이다. 서로 단점을 감싸주는 것이다.

경상도 안동에서 능참봉을 하는 권씨 노인이, 마음은 그지없이 착했으나 아내를 잃고 자식도 없이 쓸쓸하게 지내고 있었다. 서울에서 김우항(金宇杭, 1649~1723년)이란 관리가 능이 제대로 관리 되는가를 보러 내려왔다.

그때 마침 초라한 복장에 비쩍 마른 젊은이가 끌려왔다. 능원 안에 있는 나무를 베었다는 것이다. 능의 나무를 베는 행위는 사형에 해당하는 중죄였다.

말없이 고개만 떨구고 있는 젊은이에게 사연을 물어보니, 몰락한 양반의 후손이었다. 집에는 73세의 노모와 35세의 시집 못간 누님이 불도 못 때는 방에서 굶고 있다는 것이다. 그래 생각다 못해서 중죄를 받을 것을 각오하고 나무를 하러 왔다는 것이다. 그 사연을 듣고 능참봉과 김우항이 못 본 체 용서해 주기로 하였다.

그런데 이틀 후에 또 그 젊은이가 끌려왔다. 이번에도 몰래 나무를 하다가 걸렸다는 것이다. 자신이 나라에 잡혀 죽더라도 늙으신 어머니가 추위에 떠는 것을 차마 볼 수가 없었다는 것이다.

김우항이 묘책을 내놨다. 지금 집에서 굶고 있는 노처녀 누이와 여기에 있는 능참봉과 혼인을 시키자는 것이었다. 부유한 능참봉이 너희 가족을 잘 부양할 것이니, 너희 노모를 비롯한 가족은 굶어죽거나 추위에 떨 염려가 없고, 능참봉은 60이 넘은 나이에 처녀장가를 들고 외로운 삶에 가족이 생기니 서로 좋은 일이지 않느냐는 것이다. 서로 없는 것을 보완하자는 것이다.

👑 절실한 소원의 위력

요즘 요양원에서 생을 마감하는 분이 늘었다. 처음에는 텔레비전이라도 보지만, 더 늙으면 그것도 볼 수 없다. 잘 들리지도 보이지도 않는 것이다. 이때 자식은 자주 찾아뵙는 효도를 다하고, 늙은 부모님은 돌아가실 때까지 자손 잘 되기를 주문하는 것으로 소일거리를 삼으면 어떨까? "내 자손 아무개 잘 되게 하소서!" 이건 정말 효과 100%의 주문이다.

세월이 흘러 김우항이 임금을 모시는 비서관으로 있을 때의 일이다. 임금이 김우항을 불러 조용히 이야기 하였다. "요즘 나의 꿈에 백발노파가 나타나 '김ㅇ행이 정승되게 해주소서.' 하며 정안수를 떠놓고 비는데, 그 노인이 누구며 '김ㅇ행'이 누구인지 알 수가 없겠는가?" 하고 은근히 묻는 것이었다.

김우항이 임금 앞에 무릎을 꿇고 엎드려서 "소신을 용서하소서!" 하는 것이다. 임금이 깜짝 놀라 연유를 물으니, "신이 안동부사일 때 그 노파를 만난 적이 있습니다." 하는 것이었다.

김우항이 안동부사일 때, 예전에 혼례를 주선한 그 능참봉이 찾아와서, 덕분에 행복하게 살고 있다고 감사하며 자신의 집에 초청했을 때 그 노파를 보았다는 것이다.

　능참봉 말로는 그때 새장가를 들었을 때부터 장모가 방안에 정안수를 떠놓고 "김우항이 정승되게 하소서!"하고 비는데, 하루도 거르지 않았다는 것이다. 지금은 정신도 없어서 밥도 잘 못 드시는데, 그저 낮이나 밤이나 깨어있을 때면 "김우항이 정승되게 하소서!"하고 비는 것이 일이라는 것이다. 그 소원을 비는 것이 절실해서 임금의 꿈에까지 나타난 것이다.

　서로 원원한 것이다. 기도의 힘인지는 몰라도 김우항은 숙종 때 좌의정까지 되었다.

👑 플라시보 효과(placebo effect)

긍정적인 생각을 갖고, 긍정적인 말을 하며, 긍정적인 행동을 하는 사람은 성공한다. 잘 사는 사람은 부정적인 말을 사용하지 않는다.

"내가 무엇을 도와주면 되지? 어떻게 참여하는 거지?" 이렇게 적극적인 참여의사를 보이면, 그 일은 틀림없이 성공한다는 뜻이다. 반면에 "잘 될 거예요. 앞으로 잘 되겠지요." 이렇게 말하는 것은 들을 가치도 없고 또 실패할 일이라는 뜻이다.

긍정적인 말과 행동은 성공의 가능성을 높인다. 못사는 사람이 자기 돈을 내고 먹는 술자리에서, 공연히 정치인이나 제3자의 욕을 하며 기분 나빠하는 법이다.

👑 **신용은 자신을 믿는 것부터** 사람은 신용이 중요하다. 그 신용은 자신에 대한 믿음으로부터 시작한다. 내가 먼저 나를 믿어야 한다. 그래야 남도 나를 믿을 수 있다.

암탉이 사랑하는 수탉의 씨를 받아 자식을 낳았다. 병아리를 낳았으면 좋았을 텐데, 안타깝게도 수탉하고 전혀 닮지 않은 알을 낳았다. 알을 본 수탉의 심사가 편치 않았다. 자신을 전혀 닮지 않은 것이다.

"너 누구하고 바람을 폈냐?"하며, 암탉을 한참 구박하고는 쌩하니 나가버렸다. 아무리 생각해도 바람 핀 적이 없는 암탉으로서는 억울하기 짝이 없었지만, 자기가 보아도 전혀 닮지 않았다.

그래도 내가 낳은 자식이 추울까봐 품에 꼭 안고, 갖다 버리라는 수탉의 온갖 구박을 견디면서 그렇게 3×7일을 품고 있었더니, 예쁘고 예쁜 병아리가 나왔다. 그런 마음이 바로 자신에 대한 믿음이다. 누가 뭐라고 해도 자신을 굳게 믿는 믿음이다.

긍정의 힘은 자기 믿음에서부터 온다. "나는 된다. 성공한다. 행복해진다. 합격한다. …." 주변에서 부정적인 시선을 보내도 나 자신이 굳게 믿고, 그 믿음을 주변에 전파시키는 것이다.

♛ 이 약을 먹으면 반드시 낫는다
플라시보 효과(placebo effect)는 위약 효과이다. '거짓 위, 약 약' 즉 가짜 약을 주어도 환자가 병이 낫는 효과가 있다는 뜻이다.

다시 말해서 병과 전혀 상관없는 약을 투여하면서 "이 약을 먹으면 점점 호전되다가 100% 낫는다."고 믿음을 주는 것이다. 그러면 실제로 환자의 병이 낫는다. 주로 심리적인 병, 소화불량 등 소화기 계통의 병에 잘 듣지만, 일반 병도 잘 낫는다.

2차대전 때 약이 부족할 때 썼던 방법이지만, 우리나라에서도 "할머니 손은 약손"하고 썼던 방법이다.

이때 약은 별 효과가 없어도 상관이 없다. 이미 환자의 마음속에 좋은 약이고, 이 약을 먹으면 병이 낫는다는 신념이 굳게 자리 잡고 있기 때문이다.

👑 **옮기기만 하면 50금** 새로운 일을 시작하려면, 새로운 일을 시작하는 사람끼리 새로운 일이 좋은 일이며, 또 반드시 성공한다는 믿음이 있어야 한다.

상앙(위앙)이 진(秦)나라 임금(효공)에게 부국강병의 계책을 말하였다. 연좌제를 만들고, 거짓말을 못하게 하며, 개인적인 싸움을 못하게 하였다. 또 힘을 합해 밭갈고 베짜게 하고, 게으르거나 가난한 자는 노비로 삼는 등 새로운 법률을 완성하였다.

진나라 임금이 그 새 법률을 보고는 만족을 했다. 이대로 하면 나라가 강성해질 것 같았다. 다만 문제는 백성들이 새로운 법률을 믿고 지키냐 하는 것이었다.

상앙이 또 계책을 내었다. 사람들이 많이 다니는 도성의 남대문 앞에 큰 나무를 세워놓고, 이 나무를 동대문으로 옮기면 10금을 주겠다고 하였다.

1금이 16근이라는 설도 있고, 말 한필 값이 100금이라는 설도 있으니 꽤 큰돈인 것만은 틀림없다. 이렇게 큰돈을 상금으로 걸었지만, 사람들은 서로 힐끔거리며 눈치만 볼 뿐 나무를 옮기려 하지 않았다. '설마 저까짓 것 날랐다고 그런 큰돈을 주겠어?' 하고 생각하는 것 같았다.

백성들이 수군거리기만 하고 옮기겠다고 나서는 사람이 없자,

대유학당 온라인 영상 강의

2020년 4월 이후 대유학당 강의를 모두 영상으로 보실 수 있습니다. 수업 참석이 어려운 분들께 추천합니다. 시간과 장소에 구애 받지 않고 어디서나 반복해서 들을 수 있으므로 효과적으로 공부할 수 있습니다.

대유학당 온라인 강의

Q 어떻게 신청하나요?

A 대유학당 홈페이지(www.daeyou.or.kr)에서 신청하시거나, 02-2249-5630으로 전화 주세요. 결제 후 수업 영상 링크를 보내드립니다.

Q 어떻게 받을 수 있나요?

A 현장강의 촬영 영상을 유튜브 대유학당tv에 업로드 후, 해당 '링크'를 보내드립니다. 편의에 따라 문자메시지, 카카오톡, 이메일로 받으실 수 있습니다. 링크를 누르면 별도의 로그인 없이 시청이 가능합니다. 복잡한 절차 없이 간편하게 수강할 수 있어요! (※ 영상 링크가 있어야만 시청이 가능하며, 소실 시 접속이 불가합니다.)

Q 수강료는 어떻게 결제하나요?

A 한 달 단위로 구매 가능 합니다. 4주(회 당 2시간) = 총 8시간

수강료는 오프라인 수업과 동일합니다. 수강료는 대유학당 홈페이지, 혹은 블로그(blog.naver.com/daeyoudang)를 참고해주세요,

국민은행 805901-04-370471 (주식회사 대유학당)로 계좌이체,

혹은 홈페이지나 전화로 카드 결제 가능합니다.

Q 수업은 언제까지 볼 수 있나요?

A 수강 신청 기간만큼 시청 가능합니다. (예: 1개월 수강 / 1개월 동안 시청 가능)
정해진 기간 동안은 무제한으로 열람이 가능하나, 이후에는 불가합니다.

🔴 **주역**(윤상철 선생님) – 원전강의(15개월), 스토리 주역(10개월),
　　　동양천문(3개월), 주역점법(3개월)

🔴 **사주명리**(박창원 선생님) – 1년과정(사주 구성원리, 신살, 육친, 격과
　　　용신), 구성입문(3개월), 구성명리(3개월), 구성취기(3개월)

🔴 **자연명리**(윤상흠 선생님) – 재관보는 법(20주)

🔴 **타로**(노선희 선생님) – 주역타로(20주), 동양타로, 룬스톤, 오쇼젠

🔴 **육임**(이수동 선생님) – 입문(2개월), 중급(2개월), 실전(6개월).

🔴 **홍국기문**(정혜승 선생님) – 기초(진가원칙, 팔문팔괘 구성팔장, 일주론,
　　　중궁론 / 실전반(10주특강, 대운과 소운, 직업 찾기)

🔴 **자미두수**(이연실 선생님) – 입문(5개월), 중급(5개월), 대운(9개월)

🔴 **자미두수**(백옥숙 선생님) – 실전자미두수 해설(15개월). 직업별 수업

🔴 **자미두수**(윤은현 선생님) – 북파자미

자세한 내용은 대유학당 블로그를 참조하세요.
유튜브 대유학당 TV(www.youtube.com/@daeyoudang)에서 샘플 강의를 들으
실 수 있습니다.
강의와 교재는 대유학당 쇼핑몰(www.daeyou.or.kr)에서 구매하세요.

대유학당 도서목록 주역 ▌ 주역입문, 대산주역강의, 주역전의대전역해, 주역인해
주역활용 ▌ 황극경세, 하락리수, 매화역수, 대산주역점해, 주역점 비결, 육효증산복
역, 대산석과, 우리의 미래, 후천을 연 대한민국, 시의적절 주역이야기, 초씨역림, 팔
자의 시크릿 **자미두수** ▌ 별자리로 운명 읽기 1~5, 자미두수입문, 자미두수전서, 중
급자미두수1,2 실전자미두수, 자미심전1,2 **육임** ▌ 육임입문123, 육임실전, 육임필법
부, 대육임직지 **음양오행** ▌ 어디 역학공부 좀 해 볼까?, 운명 사실은 나도 그게 궁
금했어, 오행대의, 연해자평, 박창원의 구성학 강의, 기문둔갑신수결 **전문가용 프
로그램** ▌ 하락리수, 자미두수, 육임　　　대유학당 **02-2249-5630**

대유학당 출판물 안내
(2024년 6월~)

- **블로그** : http://blog.naver.com/daeyoudang   **유튜브** : youtube.com/@daeyoudang
- **카카오톡 채널** : '대유학당'을 검색해서 친구 추가해 주세요. 다양한 혜택이 쏟아집니다.
- **프로그램 자료실(웹하드)** : www.webhard.co.kr 아이디 : daeyoudang 패스워드 : 9966699
- **문의** 02-2249-5630   010-9727-5630

- **입금계좌 국민은행 805901-04-370471**
  예금주 (주)대유학당
- 대유학당 도서구매
  www.daeyou.or.kr 10% 할인 + 3% 적립

- **대유학당 후원회원 모집**
  1년 회비 100,000원 6가지 회원특전
  ❶ 대유학보 1년분 / ❷ 개인운세력
  ❸ 도서할인 20% / ❹ 프로그램할인 20%
  ❺ 수강료 할인 20%

강의안내

요일	월(타로)	화(기문/주역)	수(육임/구성)	목(관상/사주)	금(자미/육임)
강좌명 시간		수상 11:00~1:00			자미두수 11:00~1:00
강좌명 시간	타로 1:30~3:30	주역원전 2:00~4:00	육효 2:00~4:00	투자법 2:00~4:00	실용육임 2:00~4:00
강좌명 시간	관상 4:00~6:00	홍국기문 5:00~7:00	명리&구성 4:00~6:00	오운육기 4:30~6:30	

2020년 4월 이후 수업했던 대유학당 강의를 모두 영상으로 보실 수 있습니다. 코로나 19 장기화로 대면 수업이 어려운 분들께 추천합니다. 시간과 장소에 구애 받지 않고 어디서나 반복해서 들을 수 있으므로 효과적으로 공부할 수 있습니다. (육효/ 북파자미/ 성명학/ 주역점법/ 육임기초)
수강료는 오프라인 수업과 동일합니다. 현재 진행중인 강의는 현장수업에 참여하셔도 됩니다.

점

▶ 팔괘카드 셋트 22,000원(구성:카드 8장+설명서+나전케이스) ▶ 설시용 서죽 8,000원(구성:50개+2) **누구나**
▶ 주사위 셋트 5,000원(구성:팔면 주사위 2+육면 주사위 1) ▶ 척전 동전 10,000원(구성:동전 3개)

찾아오는길

동양학문으로 세상을 밝히는
대유학당

서울시 성동구 아차산로17길 48. SK V1 센터 1동 814호 (우 04799)
- 화양사거리에서 영동대교로 가는 방향 우측에 있습니다.
- 2호선 성수역 → 4번 출구로 나와 성동 10번 탑승 → 4 정거장 후 성수대우 프레시아 아파트 하차 / 7호선 어린이대공원역 4번 출구 하차
- 버스는 302, 3220, 3217, 2222번을 타고 화양사거리 하차.

오행

▸ **오행대의**(五行大義) 상 하

· 16×23㎝ 양장 / 상 384쪽 22,000원 하 378쪽 22,000원 / 김수길·윤상철 共譯 / 20년 8월 수정 4쇄

수나라 이전의 모든 전적들을 망라하여 정리한 오행학의 필독서이다. 봄에는 목의 기운을 받아 모든 만물이 자라기만 해야 하는데, 왜 냉이 같은 풀은 하얗게 시들어 죽는가? 등등에 관한 획기적인 해결책을 제시.

중급

기문

▸ **이것이 홍국기문이다 ①②** 직업상담편 / 직업찾기편
· 16×23㎝ 양장 본문2도 384쪽, 23,000원 448쪽, 30,000원 / 정혜승 / 2021년 9월 2쇄 / 2022신간

우리나라 기문인 홍국기문을 포국법, 해석법, 실례편을 들어 설명한 책이다. 특히 학운과 직업보는 법, 오행의 왕쇠에 따른 직업분류를 만들었다. 2권에서는 기문을 배우지 않은 분들도 직업을 찾아 활용할 수 있도록 분류하였다.

중급

▸ **서산 스님의 기문이야기**

· 16×23㎝ 양장 본문4도 / 432쪽 30,000원 / 서산스님 / 23년 9월 신간

기문의 기초 지식과 프로그램 활용법이 자세하게 나와 있어, 기문을 차근히 공부하고 싶은 분들에게 유용하다. 유튜브를 통해 책의 내용을 들을 수 있다. 4부의 용어풀이는 기문의 장벽을 허물어 주었다.

중급

작명

▸ **작명연의**(作名演義)

· 19×26㎝ 본문2도 / 288쪽 25,000원 / 최인영 / 20년 10월 2쇄

인생을 좌우하는 이름 짓기 『작명연의』삼원오행과 81수리의 원문과 해석을 담아 이름을 지을 수 있는 지침을 전하는 책. 이름을 지을 때 필요한 사주와 한자에 대해 설명.

누구나

사서

▸ **집주완역 대학/ 중용**
· 16×23㎝ 양장 본문2도 / 대학/494쪽 25,000원 중용/상 528쪽 25,000원 하 496쪽 25,000원 / 김수길 譯 / 19년 10월 개정

국내 최초로 주자장구는 물론 주자문인들의 소주까지 현토완역하고, 備旨와 퇴계 율곡 등의 주석 역시 현토완역 하였다. 인용선유 성씨들의 약력을 부록에 넣었다.
이 한 권의 책으로 大유학자 50여 명의 해설을 모두 볼 수 있음.

중급

전자책

인기도서와 품절도서를 만날 기회

교보문고에서 구매하세요.

주역
▸ 대산주역강해 1~3 각 20,000원
▸ 손에 잡히는 주역인해 8,000원
▸ 팔자의 시크릿 1 11,200원
▸ 주역점비결 20,000원
도덕경 음부경
▸ 동이음부경 강해 20,000원
▸ 손에 잡히는 도덕경 10,000원
육임
▸ 육임실전 1 24,000원
▸ 육임실전 2 24,000원

자미두수
▸ 핵심쏙쏙 북파자미 28,000원
▸ 심곡비결 30,000원
▸ 중급자미두수 3 20,000원
▸ 자미심전 1 20,000원
▸ 자미심전 2 25,000원
▸ 별자리로 운명읽기 1 15,000원
▸ 별자리로 운명읽기 2 20,000원
▸ 어디 역힉공부 좀 해 볼까? 15,000원
기문
▸ 기문둔갑신수결 16,000원

"옮기기만 하면 50금을 주겠다."고 하였다. 상금을 다섯 배 올린 것이다. 그랬더니 혹시나 하고 어떤 사람이 나무를 옮겼다.

상앙이 "나라의 신용은 이와 같다."고 하며, 그 자리에서 상금으로 50금을 주었다.

그 사람은 별 일도 아닌 것을 하고 50금이라는 거금을 상으로 받았다. 그 소문은 빠르게 전파되었다. "나라에서 50금을 상금으로 준다고 해서, 혹시나 하고 날랐더니 곧바로 주더라." 이 소문은 긍정의 힘만 가져온 게 아니다. 만약 법을 어기면 곧바로 처형하겠다는 협박이기도 하였다.

결국 상앙이 만든 법률은 성공적으로 지켜졌고, 그 덕분인지 진나라는 중국에서 가장 강대한 국가가 되고 중국을 통일하게 된다. 가장 후진국이고 가장 힘이 없던 나라가 다른 선진국을 모두 합병한 것이다.

👑 독선은 나를 죽이는 독
모두에게 완벽을 추구하면 망할 수 있다. 적당히 빠져 나가며 숨 쉴 공간을 열어주어야 한다. "완벽해야 한다."라는 함정에 빠지면 인심을 잃고 망하는 것이다.

진나라 효공에게는 성격이 활달한 태자가 있었다. 지금 임금을 이어 다음 임금이 될 것이므로 그야말로 금수저 중의 금수저였다.

성격이 활달한 탓인지 금수저라는 자부심 때문인지 법을 자주 어겼다. 벌을 주어야 하는데, 다음 세대 임금이 될 사람이었다. 그렇다고 벌을 주지 않으면 법을 집행하는 상앙의 위엄이 서지 않았다.

그래서 "법이 행해지지 않는 것은 윗사람이 어기기 때문이지만, 태자는 임금을 이을 사람이므로 직접 벌을 줄 수는 없다. 대신 태자를 잘못 가르친 태자의 스승에게 곤장을 때리고 얼굴에 묵형을 주겠다."하고는 태자의 두 스승에게 벌을 주었다.

태자 대신에 태자의 스승에게 벌을 준 것이다. 그 결과 백성들이 "앗 뜨거워라."하고 법을 잘 지켰다. "태자도 벌을 주는데 우리같은 서민이야 말할 것도 없다."고 하며 더욱더 법을 잘 지켰던 것이다. 물론 이 일로 태자와 스승에게 원한을 맺게 되었다. 그래서 태자가 임금이 된 뒤에 곧바로 복수를 당해 죽게 되었다.

약속대로 실천하는 것은 중요하다. 하지만 인간이 하는 일이므로 사정을 봐주어야 할 때가 있다. 이 인간적이란 면을 무시할 때 큰 화가 돌아오기 쉽다.

진나라가 빨리 성공하고 빨리 망한 것도, 긍정과 부정을 극단적으로 썼기 때문이다. "잘하면 상을 준다. 승진시킨다."까지는 좋았는데, "잘못하면 벌을 준다. 죽는다."가 있었던 것이다. 플라시보 효과는 자신도 속이는 대긍정의 힘이다. 그런데 상앙의 방법은 "해야 된다. 안하면 안된다."는 이성으로 계산하여 얻은 힘이다. 긍정의 힘이 아니라, 긍정과 부정 중에 어떤 것이 이익이냐를 따지는 방법이었던 것이다.

진나라가 7국을 통일할 때는 긍정의 힘이 더 크게 작용했다. 통일 전쟁을 하는 동안에는 상을 주고 승진시키는 일이 많았던 것이다. 그러나 통일 이후에는 벌을 주고 죽이는 일이 많게 되었다.

성장할 때는 긍정의 일이 더 많았지만, 수성하며 지킬 때는 부정의 힘으로 견제하고 괴롭혔던 것이다. 결국 여기저기서 반란이 일어나 망하게 되었다.

👑 노시보 효과(nocebo effect)

노시보 효과는 플라시보 효과와 반대 개념이다. 어떤 것이 해롭다는 암시나 믿음이 약의 효과를 떨어뜨리는 효과를 말한다. 플라시보 효과와 함께 인간의 심리가 실제 현실보다 중요하다는 증거가 된다.

간단한 실험을 예로 들어보자.

34명의 대학생에게 "지금 여러분의 머리 위로 전류가 지나가는데, 그 전류가 두통을 일으킬 수도 있습니다."라고 하였다. 실제로는 전류가 흐르지 않았는데도 그 중 2/3 이상이 두통을 호소했다. 심리적으로 압박을 받기만 해도 몸에 영향을 준 것이다.

뿐만 아니라 실제 현실보다 심리적 작용이 더 크게 작용하기도 한다.

이전에 옻나무에 닿았거나 음식을 먹고 알러지 반응이 일어났던 사람들을 상대로 노시보 효과를 실험하였다. 사람들의 눈을 가린 뒤 한 쪽 팔에는 옻나무 잎을 문지르면서 체스트넛 나무잎이라고 하고, 다른 팔에는 체스트넛 잎을 문지르면서 옻나무 잎이라고 말했다.

몇 분 후, 옻나무 잎을 문질렀다고 말을 들은 사람의 팔이 빨갛게 변하고, 군데군데 발진이 생겼다. 반면에 진짜 옻나무 잎을 문지른 팔은 거의 반응하지 않았다. 심리적 작용이 더 크게 작용한 것이다.

👑 정성을 다하겠다는 약속, 부적쓰기

부적(符籍)은 재앙을 막고 악귀를 쫓는 글이라고 알려졌지만, 원래는 옥황상제 또는 부처님 같은 큰 신이 내리는 일종의 명령서이다. 어떤 일을 경영할 때 약간 모자란다고 생각하면 부적을 활용하는 것도 좋다.

부적을 믿고 부적대로 될 것이라고 굳게 믿으면 부적만큼 좋은 것은 없다. 노시보 효과를 없애는 것은 물론이고, 플라시보 효과도 가져오는 것이다.

큰 신의 명령서이니 당연히 부적대로 될 것이다. 신을 믿어도 좋고, 앞서 말한 플라시보 효과가 단단히 나타나는 것이라고 보아도 좋다. 사람이 하고자 하는 일에 '+변수'를 하나 더 만들자는 것이다.

옥황상제는 동서남북중앙의 5제에게 명령을 하고, 5제는 그 밑의 신들에게 명령을 한다. 그 명령을 부적의 형태로 하는 것이다. 따라서 모든 신들은 옥황상제의 명령을 듣듯이 부적에 쓰여진대로 말을 들어야 한다.

부적은 한지에 괴나무(또는 회나무) 꽃으로 누렇게 물을 들인 뒤에, 경명주사의 붉은 글씨로 신주(神呪)를 쓰거나 그림을 그려서 명령의 내용을 기록한다. 주로 동짓날 한 밤중에 만들지만, 급할 때는 때를 가리지 않고 만들기도 한다.

"집 빨리 팔게 해달라, 대학교 합격하게 해달라, 승진하게 해달라." 사람의 소원은 각양각색이다. 이런 소원을 담아 부적을 쓴다. 실은 옥황상제 등 큰 신께 청탁을 하는 것이다.

"이러저러한 소원이 있으니, 소원이 이루어질 수 있도록 담당 신에게 명령을 내려주소서. 제가 마음이 급해서 옥황상제님의 명령서를 흉내 내서 써보았습니다. 죄송합니다. 하지만 온 정성을 다 들였고 진심으로 기도하오니 제발 들어주십시오." 이 정도의 청탁이다.

예를 들어 집을 빨리 팔게 해달라고 아래와 같이 부적을 쓴다. 차가 한 대만 가도 빠른데, 81대가 동시에 운행하니 엄청 빠를 수밖에 없다. 그렇게 빨리 팔아달라는 것이다. 또 비행기 사진에다가 "급급여율령(急急如律令, 옥황상제님의 율령과 같이 급급하게 처리해 주십시오)"이라고 쓰면, "비행기가 가는 속도만큼 빨리 팔아달라는 뜻이 된다. 이렇게 빨리 움직이는 것을 그리거나 사진을 구해서 "급급여율령"이라는 글과 함께 소원을 비는 것이다.

車	車	車	車	車	車	車	車	車
車	車	車	車	車	車	車	車	車
車	車	車	車	車	車	車	車	車
車	車	車	車	車	車	車	車	車
車	車	車	車	車	車	車	車	車
車	車	車	車	車	車	車	車	車
車	車	車	車	車	車	車	車	車
車	車	車	車	車	車	車	車	車
車	車	車	車	車	車	車	車	車

급급여율령(急急如律令, 옥황상제님의 율령과 같이 급급하게 처리해주십시오)

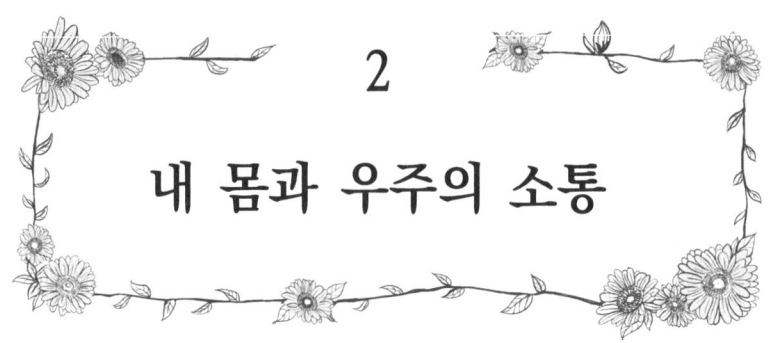

2
내 몸과 우주의 소통

사람의 몸에서 나오는 파장은 우주와 소통을 한다. 생각을 하면 곧바로 몸을 변화시키고, 변화된 몸의 떨리는 파장은 우주에 영향을 준다. 우주와 나는 한 몸인 것이다.

생각을 소리로 내면 그 영향력이 더욱 커진다. 소리를 듣는 귀는 우주의 모든 정보가 돌아오는(귀歸) 소중하고 귀한 곳이라고 해서 귀라고 한다. 그러니까 '돌아올 귀'와 '귀할 귀'가 합쳐진 말이다.

나의 소원을 이루고 싶으면, 소원을 담은 소리를 내면 된다. 나의 소리를 들은 내 몸이 변화를 하고, 나의 소리를 들은 우주 역시 변화하며 소원을 이루게 하는 것이다. 나의 마음 변화에 따라 우주가 출렁이며 춤추고 노래를 하는 것이다.

👑 귀는 지혜와 기억력의 상징
신장이 건강한 사람의 귀는 윤기가 있고 살이 쪄있다. 반면에 신장이 건강하지 않은 사람의 귀는 쭈글쭈글하고 윤기가 없다. 신장의 외부기관이 귀이기 때문에 귀가 늙는 것이다.

내 몸은 작은 우주이다. 자기 소리를 자기가 듣는 것은 소우주를 만드는 일이다. 자기순환을 하는 것이다. 일종의 자기만의 순환우주를 만들어서 소우주의 왕이 될 수 있다. 건강과 복을 받는 것은 부수입이다.

소리 내어 글을 읽으면 호흡이 길어진다. 물론 자기 소리를 자기가 듣게 되니 신장도 튼튼해진다.

사람의 이목구비 중에 귀가 제일 먼저 발달하고 제일 늦게 죽는다. 귀는 오장 중에 신장과 연결되었고, 신장은 오장 중에 가장 먼저 발달하는 장부이다. 그래서 그런지 귀는 태어나기 전에 완벽하게 발달하는 유일한 감각기관이기도 하다.

태어난 지 얼마 안 된 아기도, 큰 소리에 놀라 우는 것을 볼 수 있다. 또 자궁에 있을 때부터 들었던 엄마의 목소리는 물론 음악이나 소리의 높낮이까지 구별해 낼 수 있다.

태어난 지 이틀 된 아기의 귀에 대고 딸랑이를 흔들었는데, 오른쪽에서 딸랑이를 흔들면 오른쪽으로 고개를 돌리고, 왼쪽에서 흔들 때는 왼쪽으로 고개를 돌린다. 주변의 소리를 들을 수 있을 만큼 청각이 발달되었음을 의미한다. 아기는 귀를 통해서 대부분의 교육을 소화해 낸다.

　남자나 여자나 변화의 시작은 신장의 발달에 따른다. 오장 중에서 신장이 가장 소중하고 영향력이 크기 때문이다. 남자는 8의 배수로 변화를 갖고 여자는 7의 배수로 변화를 갖는다. 8이나 7이 신장의 성장주기이다.

　그래서 남자는 8살에 이를 갈기 시작하고, 16살에 정자를 만들기 시작한다. 소위 이팔청춘(2×8=16)이다. 여자는 조금 빨라서 7살에 이를 갈기 시작하고 14살에 월경을 함으로써 임신할 몸을 만들기 마련이다. 이때 사람의 귀도 윤기가 있고 살집이 있게 된다.

　여자는 7×7=49세가 되면 폐경을 맞으며 늙어가고, 남자는 8×8=64의 나이가 되면 폐경을 맞으며 늙어간다. 몸이 늙기 전에 신장이 먼저 늙는 것이다. 신장이 늙으면 총기가 없어지고, 기억력도 없어진다. 이때부터 귀도 쭈글쭈글해지며 윤기가 없어진다.

　평소에 아래 허리 뒤쪽에 있는 신장을 맛사지 하고 귀를 주무르는 등 신장을 자극해 주는 것이 좋다. 그래야 건강한 기억력과 건강한 삶을 살 수 있다.

　총명하다는 글자도 '귀밝을 총(聰), 눈 밝을 명(明)' 자를 쓴다. 정월 보름날 새벽에는 귀밝이 술을 마신다. 정월은 1년 중에 귀가 발달하기 시작하는 좋은 때이고, 특히 달이 보름일 때 신장이 최고조로 컨디션이 좋을 때라는 것이다. 또 똑똑하지 못한 사람을 '총기가 없다'고 하는 것도, 귀가 어두워지면 기억력도 사라지고 사물에 대한 판단력도 흐려지기 때문이다.

사람을 한자로는 '인간(人間)'이라고 한다. '사람 인, 사이 간'이다. 다른 사람과 서로 관계를 맺고 소통하며 사는 것이 인간이라는 뜻이다. 사람은 무엇으로 다른 사람과 소통할까? 오감이 다 중요하지만, 특히 눈으로 보고 귀로 듣는 것에 크게 의지한다. 잘 보지 못하면 사이가 멀어지고, 특히 듣지 못하면 대화에 참여할 수가 없다.

사람과 사람의 모임, 특히 대화에 참여하지 못하면 급속도로 늙는다. 치매에 걸리고 자기 생각에 빠져 들어가며 힘들어 한다. 그래서 늙을수록 서로 마주 보고 대화하는 것이 중요한 것이다.

👑 **자신의 소리로 건강해지기** 자기 소리를 자기가 들으면 건강해진다. 귀로만 듣는 것이 아니고, 온 몸에 있는 털구멍을 통해서 소리를 듣는다. 일종의 자기만의 순환우주를 만들고 키우게 되어서, 점점 더 영역이 커지고 기운이 세지는 소우주를 만드는 것이다.

옛날 농촌에서 자급자족하는 것을 생각해보자.

> 채소가 자란다.
> → 사람이 채소를 먹는다.
> → 오장에 영양분을 주어 건강해진다.
> → 소화를 시키고 용변을 봐서 채소에 거름으로 준다.
> → 채소가 건강하게 잘 자란다.

이런 주기를 반복한다. 이 주기를 반복하면서 사람도 건강하고 자연도 건강해진다.

이런 주기를 글 읽는 것으로 바꾸어 생각해 보자.

> 사람이 소리를 낸다.
> → 자기 소리를 듣는다.
> → 오장에 건강한 기운을 준다.

> → 오장이 튼튼해진다.
> → 다시 소리를 낸다.

이것이 자급자족하는 소리의 순환이다. 이런 소리의 순환을 통해서 귀가 밝아지고 몸은 더욱더 건강해진다.

소리 내어 글을 읽으면 자기 소리를 자기가 듣게 된다. 소리를 들으면 오장이 자극되고, 자극된 오장이 더 좋은 소리를 내게 된다. 일종의 자기순환이 이루어지는 것이다. 자기순환이 이루어진다는 것은, 그 자체로 하나의 소우주를 만들었다는 뜻이다. 생명의 순환고리를 만든 것이다.

더구나 자기순환이 원활하게 이루어지면 호흡이 길게 된다. 호흡이 길어지면 배짱과 여유가 생기고, 생각이 치밀해져서 인생이 바뀐다. 전체를 볼 수 있는 시야를 가질 수 있다.

호흡이 길면, 나의 느긋함으로 상대의 급함을 상대하게 되고, 전체를 파악한 내가 한쪽 측면 밖에 못 보는 사람과 상대하게 된다. 당연히 내가 성공한다.

👑 새벽에 소리 내어 글 읽기   나의 몸을 소우주로 만들었으면, 영역을 넓혀서 나의 가족이 있는 집을 소우주로 만들어라. 나와 가족이 모두 행복하고 기운이 넘칠 것이다.

내가 좋아하는 글을 소리 내서 읽으면 내 몸이 그 음성에 진동되면서 통일이 된다. 약 30분 정도 이렇게 읽으면 온 몸이 리듬을 타게 되고 순환이 잘 된다. 매일 반복하기를 오랫동안 하면 음파에 몸이 통일되고 기를 방출하게 된다.

그러면 그러한 음파와 기를 좋아하는 사람이나 동물과 식물들이 호응하게 된다. 이른바 인기가 높아지는 것이다. 사업이 잘 안 되는 사람도 3개월 정도 꾸준히 반복해서 실천해 보면, 그 효과에 무릎을 치며 감탄할 것이다.

하지만 새벽에는 소리를 내기 어렵다. 목소리뿐만 아니고 관악기를 불 때도 소리가 잘 나지 않는다. 아직 오장육부가 제대로 활동하지 못하기 때문이다. 음식을 할 때도 프라이팬이나 석쇠가 적당히 달구어진 다음에야 조리할 음식물을 올려놓는다. 그래야 맛있게 요리가 되기 때문이다. 내 몸을 연주할 때도 준비시간이 필요하다. 잠에서 깨어난 몸이 바로 활동하기는 어려운 것이다. 대개 저녁이 되면 제대로 된 소리가 나온다.

👑 이봉(종이 대롱)으로 뜸뜨기

귀에 이물질이 있거나 병들면, 잘 들을 수가 없는 것은 물론이고 정보가 왜곡되어 들어온다. 그러므로 평소에 잘 관리할 필요가 있다. 잠에서 깨어나거나 잠을 자기 전에 귀를 주무르고 맛사지를 해야 하고, 그래도 병이 들 조짐이 보이면, 이봉으로 뜸을 떠서 습도를 조절하고 이물질을 제거해서 병들 여지를 없애는 것이 좋다.

사람은 우주의 정보를 받아들이며 소통을 해야, 우주의 일원으로서 귀한 대접을 받을 수 있다. 그런 면에서 귀는 아주 소중하다. 귀는 우주의 정보가 돌아오는(귀歸) 소중하고 귀한 곳이라고 해서 귀라고 한다. 그러니까 '돌아올 귀'와 '귀할 귀'가 합쳐진 말이다.

그런 귀에 이물질이 있거나, 변형되거나, 혹은 병균이 침투해서 곪게 되면 제기능을 발휘하지 못한다. 귀가 제기능을 발휘하지 못하면, 뇌가 잘 들으려고 노력하다가 급속도로 피곤해지고 결국 뇌기능을 상실하고 만다. 귀가 안들리면 치매가 될 확률이 2배 이상 높아지는 이유이다.

그런데 침과 뜸을 강조하는 한의원에서도, 귀에는 직접 뜸을 못뜨게 한다. 귀는 뇌하고 직접 연결되어 있어서 세균이 침입하면 치명적인데다가, 귓속은 습도에 예민해서 건조하거나 습기 차는 것을 아주 싫어하기 때문이다.

 그래서 우리 조상님들은 간접 뜸을 연구해 내셨다. 종이를 빨대처럼 둥그렇게 말아서 대롱을 만든 다음에, 한쪽 끝을 귓속에다 꽂고 다른쪽 끝에 불을 지펴서 귓속에 간접적으로 열을 전하는 것이다. 서서히 열이 전달되면서 귓속의 습기는 마르고, 귓속에 있던 세균과 이물질은 종이대롱을 타고올라가 없어지는 것이다.

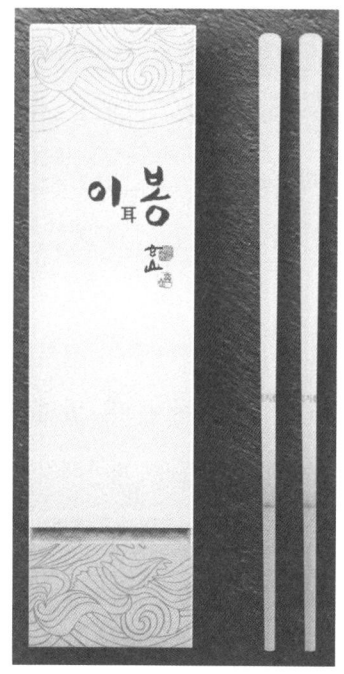

 귓속에 직접 닿는 것이므로 대롱을 만들 종이가 좋아야 한다. 질이 좋은 한지로 만들고, 꾸지뽕이나 산수유 창포 쑥 등 귀에 좋은 약물에 담궜다가 말린 다음에 종이대롱을 만들면, 이봉으로 간접 뜸을 뜰 때 좋은 약물이 귀에 스며드는 효과가 있어서 더욱 좋다.

 이봉을 써서 귀를 깨끗이 하면, 귀의 압력은 물론이고 뇌의 압력이나 눈의 압력을 정상적으로 만들어서 몸과 마음을 편안하게 한다. 특히 사람은 좌우균형을 이루려고 하는 특성이 있으므로, 양쪽 귀를 고루 잘 들리게 한다.

이것은 무척 중요하다. 인체가 좌우균형이 되면, 최고 수준의 생체적 활동을 할 수 있다. 즉 좌우불균형으로 인한 불안감을 없애고 집중력을 높임으로써, 최고의 컨디션을 발휘할 수 있는 것이다.

♕ 내 몸을 연주해서 인기 높이기

노래를 부르고 춤을 추게 되면 몸과 마음에 막힌 곳이 없어지게 된다. 막힌 곳이 없어지면, 생각도 자유롭고 행동도 자유로워져서 명랑한 사람이 된다. 성공하고 행복할 준비가 된 것이다.

내 몸은 살아있는 악기이고, 우주와 통하는 송신기이자 수신기이다. 내 몸을 연주하는 방법을 알고, 우주와 교신하는 방법을 알면 인기가 높아지고 행복해진다.

사람은 호흡을 하면서 생명을 영위한다. 호흡(呼吸)은 '숨을 내쉴 호' 자에 '숨을 들이 쉴 흡' 자를 쓴다. 말 그대로 들이쉬고 내쉬는 것을 말한다. 들이 쉬고 내쉴 때 그 숨을 이용해서 피리를 불면 피리소리가 나고, 색소폰을 불면 색소폰소리가 난다. 그런데 악기를 불지 않아도 소리가 난다. 바로 말소리이고, 시를 읊는 소리이고, 가락에 맞춰 부르는 노래소리이다.

바로 이런 소리를 내게 되면 내 몸이 울리게 된다. 특히 일정한 가락에 맞춰 소리를 내면 더욱더 잘 울리는데, 이 울림에 따라 오장육부가 같이 진동하고 나아가 몸 전체가 진동하게 된다.

　이러한 진동은 내 몸의 순환을 돕는다. 막혔던 기운을 풀어주고 혈관을 열어주며, 근육과 힘줄을 부드럽게 만들어준다. 옛날 선비들이 걷기운동조차 잘 하지 않으면서도 건강을 유지했던 비결이 여기에 숨어있는 것이다.

　시를 읊고 글을 가락에 맞춰 소리 내서 읽는 동안에 온 몸이 운동되는 것이다. 운동이 될 뿐만 아니라 내 몸이 하나의 리듬에 통일됨으로써 머리가 맑아지고 신령스러워진다.

　내 몸을 악기 삼아서 소리를 내고 연주하라! 그러면 온 몸의 기혈의 순환이 원활해지는 것은 물론 정신도 맑아지게 된다. 정신이 맑아질 뿐 아니라 그 소리에 공명되는 다른 사람하고 교감을 이룸으로써 인기가 쌓이고 높아지게 된다.

　내 몸을 연주하는 동안 공명하고 교감되기 때문에, 즐겁고 신나는 노래를 하면 즐겁고 신나는 일이 찾아오고, 슬프고 외로운 노래를 하면 슬프고 외로운 일이 찾아오는 것이다.

👑 호흡으로 말더듬이 고치기
말은 나를 표현하는 것으로, 나의 마음을 외부에 알리는 것이다. 그럴 때 자신이 없으면 말이 떨려서 나를 제대로 알릴 수 없다. 뱃심을 기르면 자신감이 생긴다. 자신감이 생기면 긍정적이 되고 일을 성취하기 쉽다. 뱃심을 기르자.

선생님을 모시고 주역공부를 할 때다. 선생님께서는 화요일만 되면 동숭동에 있는 흥사단 대강당에 가서 일반인들을 대상으로 주역강의를 하셨고, 나도 따라가서 이것저것 도우면서 강의를 듣곤 하였다.

그런데 2층의 작은 방에서 아이들이 말을 연습하는 소리가 들렸다. 궁금하기도 하고 가서 보니, 말더듬이 교정하는 곳이었다. 70대 중반의 노인 한 분이 말더듬이 학생들을 교정해 주셨는데, 그 분 말씀이 호흡만 잘 하면 말더듬이가 금방 고쳐진다는 것이다.

"말을 왜 더듬는지 알아? 숨을 내쉴 때 말을 해야 하는데, 들이쉴 때 말을 하기 때문이야. 말을 더듬으니까 당황해서 호흡도 짧아지지. 호흡이 짧아지니까 더욱 더듬는 거야. 나는 학생들이 숨을 내쉴 때 말을 하도록 가르치고, 윗몸 일으키기 등을 시키며 뱃심 기르는 연습을 시키지. 그러면 일주일 안으로 고치게 돼.

그 다음에는 사람이 많은 곳으로 데리고 나가. 이를테면 전철 같은 곳이지. 거기서 사람들에게 양해를 구하고, 1분 정도 스피치 하도록 하는 거야. 그렇게 사람 많은 곳에서 더듬지 않으면,

다시는 더듬지 않게 되는 거지."

할아버지 말씀을 요약하면, 내쉴 때 말을 하도록 하고, 호흡을 길게 하고 뱃심을 기르게 하는 것이다. 오장육부에 병이 있어서 말을 더듬는 것이 아니고, 그저 숨쉬기와 말하기의 순서를 바꿔서 그렇게 더듬는 것이기 때문이다.

말을 더듬지 않게 된 다음에는 대인공포증으로부터 멀어지는 경험을 하게 한다. 지하철 같은데서 짧은 스피치를 하게 하는 것이다. 물론 이러한 실천 이면에는 '호흡을 길게 하고, 뱃심을 기르게 하는 것'이 필요하다. 언제 어디서나 당황하지 않고 여유있게 대화를 하게 하는 것이다. 더듬지 않는 경험을 하게 되면, 그 경험을 자꾸 반복해서 자신감을 붙이는 것이다.

👑 나의 몸을 우주와 소통하는 소리통으로

나를 포장하는 것 중에 최고는 건강이다. 건강미를 보이면 배우자를 얻기 쉽다. 둘이 오랫동안 행복할 수 있으며, 좋은 자식을 낳아 잘 기를 수 있다는 신호를 주는 것이다. 건강하고 인기도 누리는 비법이 있다. 바로 내 몸을 연주하는 것이다. 내 몸을 악기로 만들어서 연주함으로써, 몸을 진동시켜 정신과 몸을 하나로 통일시킬 때 인간은 잠재력을 발휘할 수 있다. 신이 되는 것이다. 그런 상태를 신기가 발동했다고 한다.

『주역』에는 "고동시키고 춤추게 해서 각자의 몸에 있는 신명을 다 발동시키게 한다(고지무지鼓之舞之 이진신以盡神)"이라는 말이 있다. 인간은 하늘로부터 받은 성품이 있다. 그 성품을 다 발동하며 사는 것이 자신의 이익이 되고 우주 전체의 이익이 된다. 각자 자기가 처한 환경에서 최선을 다하는 것이다.

그렇다면 어떻게 고동시킬까? 동양의 고전 중에 『시경』이 있다. 고대로부터 내려오는 시를 공자님이 정리한 책이다. 이 책에는 국가의 안녕과 번영을 걱정하는 시부터, 시골 여자의 사랑과 이별을 담은 시까지 다양한 시가 실려 있다. 근엄해야 할 선비가 이 『시경』에 나오는 시를 소리 내어 읊으며 흥겨워 한다.

"꺼엉 꺼엉 우는 저 물수리/ 하수의 물가에 있도다/ 요조숙녀는/ 군자의 좋은 배필이로다"라고, 물새가 짝지어 노는 모습을 이끌어, 군자와 숙녀가 사귀는데 비유하며 읊는다.

또 "요조숙녀를/ 자나깨나 구하노라/ 구해도 얻지 못해서/ 자나깨나 생각하고 그리워하네,/ 어쩔거나 어쩔거나/ 이리뒤척 저리뒤척 하네," 군자가 자신의 배필이 될 사람을 밤잠 안자고 이리뒤척 저리뒤척 하면서 만나기를 원한다는 것이다.

왜 이런 시를 소리 내어 읊을까? 소리 내서 읊음으로써 내 몸을 연주하는 것이고, 나의 감정을 풀어내서 몸의 맺힌 곳을 풀어주고, 상대방의 감정을 풀어냄으로써 인간끼리 서로 기운을 통하기 위해서이다.

한이 맺히면 몸이 굳어지고, 몸이 굳어지면 나쁜 독기를 내뱉게 된다. 심하면 암도 걸리고 죽음에 이르기도 한다. 소리를 읊어서 몸의 맺힌 곳을 풀어주면, 나의 몸이 건강해지는 것은 물론이고, 상대방과 잘 소통하는 인기 있는 사람이 될 수 있는 것이다.

👑 내 몸을 고동시키는 금강송

소원하는 내용을 다섯 자 내외의 글귀로 만들어서 고동시켜라. 이를테면 불교신도들은 '옴마니반메훔'의 여섯 자를 고동시키면 신심이 깊어지며, 우주와 하나가 되어 평안해지는 자기자신을 느낀다고 한다. 3개월 이상을 고동시키면, 우선 뱃심이 두둑해져서 언제 누구를 만나더라도 자신감이 생기고, 얼굴엔 윤이 나면서 원하는 바가 하나하나 이루어지는 것을 느낄 것이다.

내 몸을 악기로 만드는 것은 몸 전체를 고르게 운동하는 방법이다. 악기로 만든 다음에는 고동을 시켜야 한다. 어떻게 고동시킬까? 가장 쉬운 것은 절이나 교회의 종소리처럼 고동시키는 방법이다.

종을 치면 '대애~앵~'하고 마냥 울린다. 그 종소리를 듣고 있노라면 우리의 마음을 울리고, 우리의 전신을 울려서 몸과 마음을 편안히 만든다. 특히 저녁에 해가 기울어질 때 산에서 듣는 종소리는, 세상의 온갖 고뇌와 근심을 잊게 해준다.

이 종소리를 기억했다가 일상생활 속에서 나를 고동시키며 울리는 것이다. 바른 자세로 편안히 앉은 다음에 소리를 낸다. 먼저 몸속 깊이 숨을 들이 쉰 다음에 잠시 멈췄다가 '옴~'하고 길게 소리를 내고, 또 숨을 들이 쉰 다음에 잠시 멈췄다가 '마~', '니~', '반~', '메~', '훔~' 하고 소리를 길게 내는 것이다. 이때 혀를 입

천장에 가까이 붙일수록 정수리(정륜)가 잘 진동되어서 효과적이다.

소리는 숨을 참을 수 있을 만큼만 내고, 다시 숨을 깊이 들이쉬었다가 똑같은 방법으로 소리를 내기를 반복한다. 한번에 30분쯤 하면 크게 효과가 있다. 몸과 마음이 가벼워지고 집중력과 기억력이 상상할 수 없을 정도로 좋아진다. 이렇게 소리내는 것을 몸을 금강석처럼 단단하게 하고 뜻을 확실하게 이룰 수 있다고 해서 '금강송(金剛誦)'이라고 한다.

'옴~'하고 소리를 낼 때 받침을 'ㅁ'으로 하면 소리가 몸 아래로 내려가서 하단전을 울리고, 받침을 'ㅇ'으로 하면 소리가 위로 올라가서 정수리를 울린다. 받침을 'ㅇ'으로 할 때는, 기운이 코로 가서 코를 울리지 않도록 주의해야 한다. 코로 가면 콧소리가 되어서 성욕만 발달한다. 소리를 정수리로 가도록 해야 정신이 맑아진다.

각자 단련하고 싶은 곳에 따라 받침을 달리하면 된다. '옴~'하면 하단전이 단련이 되어서 몸 전체가 안정이 되고, '옹~'하면 정수리가 단련되어서 두뇌가 총명하게 된다.

♛ 우주와 하나되는 신들림 현상
내 몸을 소리로 고동시키면 온 몸의 순환이 잘 된다. 또 나의 언행에 힘이 생기게 된다. 주문 외에도, 일정한 리듬에 나를 통일시키면 좋은 것이다.

내 몸을 연주하다 보면 그 소리의 진동에 내 몸이 통일된다. 온 몸의 세포가 소리의 진동과 주파수를 맞추면서 하나가 되는 것이다. 이른바 신명이 통했다는 것인데, 이 상태가 되면 우주와 정보를 교환할 수 있게 된다.

택시 기사들이 운전하다 보면 신들림 현상을 겪기도 하는데, 이것은 자동차 엔진의 떨림에 내 몸의 세포주파수가 동화되었기 때문이다.

무당이 본격적인 굿을 하기 전에 '둥둥둥둥'하는 잔잔한 북소리에 자기 몸을 맡기면서 신을 부른다. 북소리의 일정한 리듬에 자신의 몸을 맡기다 보면 서로가 공명을 하게 되어서 신들림 현상이 있게 되는 것이다. 신들림 현상을 종교적인 현상으로 볼 수도 있지만, 한 번 더 생각하면 내 몸과 정신이 하나로 통일되는 현상이다.

혼자 하는 것보다 여럿이 하는 것이 더 효과적이다. 부흥회에서 여럿이 모여 "믿습니다…. 할렐루야!"를 외칠 때 신심이 더 깊어지고 하나가 되는 것을 느낀다. 또 콘서트장이나 야구장에 가서 같이 노래하고 춤추며 하나가 되어 응원하면 일체감을 느끼는데, 이것도 하나로 통일되는 느낌의 체험이다.

'정신일도 하사불성(精神一到 何事不成)이리오?'이다. 정신이 하나로 통일되면 무슨 일인들 이루지 못하겠는가? 몸과 마음이 하나로 통일된 상태에서는 초인적인 힘이 나온다. 무당이 시퍼런 작두를 맨발로 타고 올랐는데도 멀쩡할 수 있는 것도 다 정신이 통일되었기 때문이다.

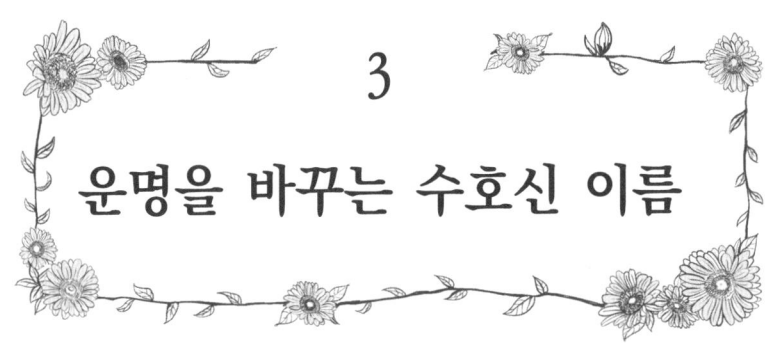

3
운명을 바꾸는 수호신 이름

아무리 작은 소리로 불러도, 자기이름 세 글자를 부르면 "나를 불렀소?"하며 돌아본다. 세상 그 어떤 소리보다도 친밀하고, 나를 가장 잘 평가하는 소리라서 그 효과가 큰 것이다. 그러니 내게 필요한 파장이 있다면, 그 파장소리를 이름으로 만들어서 내 것으로 삼는 것이 좋은 것이다.

👑 이름은 나의 수호신

옛말에 "땅은 이름 없는 풀을 기르지 않는다."고 했다. 이름 있는 좋은 풀만 기른다는 것이 아니고, 모든 만물에는 이름이 있다는 뜻이다. 만물의 영장인 사람은 물론이고, 이름 없는 잡풀이라 할지라도 우리가 이름을 모르거나 혹은 잘 몰라서 이름을 짓지 못했을 뿐이다. 무명초(無名草)도 다 이름을 가질 자격이 있고, 또 이름을 부르면 반갑게 대답하는 것이다.

이름은 사주팔자에 새로운 음양오행의 기운을 보태준다. 그것이 나에게 도움이 되는 기운인지, 아니면 해가 되는 기운인지에 따라 나의 운명이 바뀌는 것이다. 뿐만 아니라 내가 나아가야할 방향과 목표를 설정해주기 때문에, 나의 미래에 미치는 영향은 엄청나다고 할 것이다.

이름을 지을 때, 사주팔자를 보고 그 사람의 장점을 발휘하게 하는 이름을 짓든가, 혹은 모자라는 단점을 채워주는 이름을 쓴다. 둘 중에 어느 쪽이 본인에 유리할까를 생각해서 이름을 결정하는 것이다. 잘하는 것을 더욱 잘하게 하는 것도 이름이고, 모자란 것을 보완해서 모자라지 않게 하는 것도 이름이다.

또 목적과 처한 환경에 따라 이름이 필요하다. 붓글씨를 쓸 때 이름이 필요하고, 소설을 쓸 때 필명이 필요하고, 배우로 나설 때 예명이 필요하다. 붓글씨를 쓸 때는 점잖고 품위 있는 이름을 선호하고, 예명을 쓸 때는 남의 눈과 귀에 확 뛰는 이름을 선호한다.

이름은 일종의 수호신이다. 나의 단점을 보완하고, 장점은 더욱 더 뛰어나게 하기 때문이다.

♛ 나의 또 다른 이름, 자와 호

이름을 보완하는 호칭으로 자와 호가 있다. 이름은 한 번 지으면 평생토록 고치지 않지만, 인생을 살다보면 그때그때 도움이 되고 필요한 호칭이 있다.

이름은 평생토록 쓰는 것이니, 그 사람의 평생을 대표한다. 하지만 사람의 인생은 굴곡이 있어서, 어떨 때는 넘쳐나서 행복하고 어떨 때는 모자라서 아쉽다. 그래서 보완하는 이름이 필요하다. 그것이 호(號)이고, 자(字)이다.

좋은 뜻을 담아 이름을 지었지만, 어른의 이름을 함부로 부를 수가 없다. 이미 누구의 남편이 되고 부모가 되며, 사회적으로도 귀한 사람이 되었기 때문이다. 그래서 자(字)를 짓고 호(號)를 짓는다.

꽃과 열매는 나이고, 가지와 잎새 등은 나를 건강하게 하고 빛나게 하는 호와 이름 그리고 자이다.

자는 성인이 되었을 때 짓는다. '자식(子)이 커서 갓(宀)을 썼다'는 글자가 '자(字)'이다. 그러므로 자는 결혼을 했거나 20살이 넘었을 때 쓴다. 물론 40살이 넘으면 자를 고친다. '백(맏이), 중(중간), 계(막내)' 등등 집안에서의 지위를 나타내는 글자를 넣어서 짓는 것이다. 집안의 어른으로 당당히 자리 잡았다는 뜻이다.

또 자는 이름 글자와 연관성을 갖고 짓는다. 예를 들어 공자님의 첫째 아들은 첫째라는 뜻의 '백' 자를 써서 '백어'라고 했다. 백어의 이름은 '린(잉어 린鱗)'이다. 임금님이 백어가 태어난 것을 축하해서 잉어를 선물로 하사했기 때문에, 그 일을 기념해서 '린'이라고 지었다. 그 '린(잉어)'과 연관지어서 '어(잉어 어, 물고기 어

魚)'를 쓴 것이다. 그러니까 첫째라는 뜻에서 '백'을 쓰고, 이름의 '린'에서 '어'를 연관지어서 '백어'라고 자를 지은 것이다.

또 호는 자신에게 새로운 목적이나 계기가 생겼을 때 짓는다. 퇴계 이황선생만 하더라도 본명(황滉), 자(경호景浩), 호(퇴계退溪·퇴도退陶·도수陶搜·도옹陶翁) 등등 7~8가지의 호칭을 썼다.

퇴계라는 호는 관리생활에서 물러나 후학을 가르치겠다는 의지가 담겨있다. 고향에 흐르는 개천이름이 토계인데, '토'를 '물러날 퇴'로 고침으로써 고향으로 물러난다는 뜻을 담은 것이다.

그러니까 옛 사람은 불리는 이름이 네다섯 씩 되었던 것이고, 용도에 따라 지위에 따라 그리고 나이에 따라 맞게 부름으로써 무병장수, 관직승진, 지위, 체면, 삶의 목적, 하고 싶은 일의 성공 등등의 목적을 달성했던 것이다.

♛ 이름이 바뀌면 운명이 바뀐다
자신에게 좋은 파장이 있으면 그에 해당하는 소리를 자꾸 되뇌이거나 들으면 좋다. 아침저녁으로 소리 내어 발성하고, 녹음기를 틀어놓고 듣는 것이다. 그러면 파장이 파장을 부르고 서로 호응하며 어울려서 운명을 바꾼다.

이름을 바꾸면 자신의 몸과 마음을 고동시키고 변화시킴으로써 원하는 바를 이룰 수 있게 된다. "그런데 굳이 개명까지 하며 이름을 바꿀 필요가 있을까?"하고 묻는다.

있다. 왜 그럴까? 사람은 자신의 이름에 민감하게 반응한다. 멀리서 불러도 알아듣고, 작은 소리로 속삭여도 알아듣는다. 다른 소리라면 못 알아들었을 소리지만 자신의 이름을 부르는 소리에는 반응한다. 그것이 자기를 부르는 소리임을 알기 때문이다. 이름이 이미 나의 몸과 하나가 된 것이다. 내 몸 전체에서 느끼고, 내 마음 깊숙한 곳에서 느끼고 알아채는 것이다.

그래서 아무리 작은 소리로 불러도 그 세 글자를 부르는 소리에 "나를 불렀소?"하며 돌아본다. 그러니 내게 필요한 파장이 있다면, 그 소리를 이름으로 만들어서 내 것으로 삼는 것이 좋은 것이다.

👑 아이의 이름과 어른의 이름
성인이 되면 성인에 맞게 새로운 이름을 짓는다. 그 사람의 덕과 능력, 그리고 목표를 담아서 이름을 짓는 것이다. 그러면 이름의 뜻대로 운이 바뀌어간다.

안중근 의사의 이름은 '중근'이지만, 어렸을 때 이름은 '응칠'이다. 안중근 의사가 태어날 때 등에 일곱 개의 점이 있었는데, 그 형태가 마치 북두칠성 같았다고 해서 '북두칠성과 서로 호응한다'는 뜻으로 '응칠(應七)'이라고 했던 것이다.

또 옛사람들은 자식을 귀하게 여기면 온갖 잡귀신이 시샘하여 병들고 죽을 수도 있다고 생각했다. 귀한 자식을 낳았는데 병들고 죽어버리면 큰일이다.

그래서 대원군도 고종 황제를 낳고 '개똥이'라고 불렀다. 왕족의 후손을 천하고 흔한 '개똥'으로 불렀던 것이다. 황희 정승은 '도야지(돼지)'라고 불렀다고 한다. 양반집에서 자신의 귀한 자식을 돼지라고 부르고 싶었을까? 그런데도 부모가 앞장서서 '개똥이', '돼지' 등 천한 물건이나 동물의 이름으로 불렀다. 그래야 귀신들이 시샘하지 않아서 무병장수 할 수 있다고 믿었기 때문이다.

이렇게 어렸을 때 무병장수를 기원하고, 혹은 태어났을 때의 모습이나 상황을 빗대서 부르던 이름을 아명(兒名)이라고 한다. 이러한 아명은 목적을 완수하면 그 용도가 폐기된다. 아무리 무병장수한다 해도 어른을 '개똥이'라고 부를 수는 없지 않은가!

아기가 성장해서 귀신의 시샘이나 주변의 악담을 이겨낼 수 있다고 생각되면, 아명을 버리고 정식 이름을 짓는다. 정식 이름도 용도에 따라 우선 짓는 이름이 있다.

아명처럼 '개똥이', '도야지', '갓난이' 등등으로 천하게 짓지 않고 '응칠', '수로(황희 정승)' 등등 격식을 다 갖춰서 지은 이름을 초명(初名)이라고 한다. '처음 지은 이름이고, 인생초기에 지은 이름'이라는 뜻이다. 황희 정승의 초명 '수로(壽老)'는 '늙을 때까지 장수한다'는 뜻이다. 다른 것은 그만두고 튼튼하고 오래 살라는 염원이 담긴 이름이다.

초명을 지어서 살다가, 아이가 성장해서 품성이 드러나면 정식 이름을 짓는다. 품성에 걸 맞는 이름을 짓는 것이다. 그것이 본명이다. '황(滉)'은 퇴계 선생의 본명이다. '황'은 '물 깊고 넓을 황'이니 '깊이 생각하고 폭넓게 알되 물 흐르듯이 살라'는 뜻으로 학자에게 어울리는 이름이다.

또 '이(珥)'는 율곡 선생의 본명이다. '귀고리 이, 햇무리 이'의 뜻을 가졌다, 옥을 다듬어서 귀고리를 만들어 귀에 걸치고 다니면 귀가 빛나고 얼굴이 햇무리처럼 빛나게 된다. 훌륭한 분은 적게 말하고 많이 듣는다. 귀가 햇무리처럼 빛날 정도면 이야기를 잘 듣는 사람이라는 뜻이다. 많은 사람의 말을 듣고 생각을 많이 하는 정치가이자 학자에 어울리는 이름인 것이다.

👑 자조하는 이름 김삿갓
자조하는 이름도 있다. 자신을 아무 것도 아니라 하며 자신을 부정하며, 더 나아가 자신을 학대하는 이름이다. 이런 이름은 마이너스의 손이다. 자신을 파멸시킬 뿐이다.

김삿갓의 본명은 김병연이다. 선천 부사로 있던 할아버지 김익순이 군사가 부족해서 홍경래에게 항복했는데, 그 죄로 가문이 멸족을 당해 남자들은 다 죽고 그의 형제만 노복의 도움으로 간신히 살아났다.

그의 대에 와서 사면되어서 과거를 보았는데, 그의 할아버지 '익순'을 조롱하는 글을 써서 장원급제를 하였다. 어머니로부터 "네가 조롱한 그분이 바로 네 친조부이시다."라는 말을 듣고, "나는 조상을 욕한 죄인이기 때문에 하늘을 보고 살 수 없다."고 하며 삿갓을 쓰고 다녔다.

그래서 김병연이라는 이름보다는 김삿갓으로 더 알려져 있다. 한자로는 '삿갓 립(笠)' 자를 써서 김립(김삿갓)이다. 말하자면 김삿갓은 "나는 하늘을 볼 수 없는 죄인이니, 이제부터 하늘을 보지 않겠다."라는 결심을 담은 이름이다.

이런 이름을 짓고 살면 명예로울 수도 없고 부귀로울 수도 없다. 자기 자신부터 자기를 못났다고 탄핵하였기 때문이다.

♛ 호를 짓고 이름을 바꾸면

이름과 자는 한 번 지으면 바꾸기 어렵다. 그래서 필요에 따라 쓰는 호칭으로 호를 지어서 쓴다. 호(號)로 자기의 장점을 드러내고, 단점을 보완하며, 자신의 마음을 드러내고, 목표를 밝히는 것이다. 앞으로의 목표를 밝히는 호가 있고, 합격하거나 승진하기 위한 호가 있고, 서예가로서의 호가 있으며, 사회에서 은퇴하려는 마음을 드러내는 호도 있다.

이름에 얼마든지 좋은 뜻을 담을 수 있고, 좋은 음양오행의 기운을 넣을 수 있다. 하지만 본인이 소화할 수 있는 정도만 넣어야 된다. 본인의 능력과 노력을 통해 목표를 소화할 수 있는 이름이 좋은 이름이고, 소화불량이 되는 이름은 해가 되는 나쁜 이름이다.

이름에는 그 사람의 장점과 단점 등 특성이 드러나 있다. 잘하는 것을 더욱 잘하게 하고, 모자란 것을 보완해서 모자라지 않게 하기도 한다.

살다가 보면 행복하고 자랑스러울 때도 있고 어려울 때도 있다. 자랑스러운 것을 더욱 자랑스럽게 하고, 어려움을 보완해서 이겨나갈 수 있는 힘도 얻어야 한다. 그때마다 개명할 수는 없고, 호를 지어서 보완하면 좋다.

'이름 명(名)' 자는 '저녁 석(夕)' 자 밑에 '입 구(口)' 자가 숨어 있다. 저녁이 되었으니 말을 하지 말라는 것이다. 그러니 입으로 부르지 말라는 뜻이 강하다. 그래서 어른의 이름을 '휘(諱:피할 휘, 꺼릴 휘)한다'고 해서 "'ㅇ자, △자'를 쓰십니다."하고 이름을 함부로 부르지 않은 것이다. 'ㅇ△'라고 부르면 이름의 뜻이 살아나지만, 'ㅇ자, △자'로 분리하면 그냥 낱글자가 되므로, 어른과는 별 상관이 없게 되는 것이다.

그러나 '부를 호(號)' 자는 '입 구(口)' 자가 위로 불쑥 나와 있다. 누구나 부르라는 뜻이다. 그래서 우리가 '이황, 이이'는 몰라도 '퇴계, 율곡'이라는 호는 잘 알고 또 잘 부른다.

또 호는 자신이 처한 환경이나 목표에 따라 여러 개를 쓸 수 있다. 추사 김정희는 서예가, 금석학자, 정치가, 실학자 등 많은 활약을 했고, 그에 따라 추사(秋史) · 완당(阮堂) · 예당(禮堂) · 시암(詩庵) · 과노(果老) · 농장인(農丈人) · 천축고선생(天竺古先生) 등등 많은 호를 썼다. 그때그때 필요에 따라 호를 짓고 쓴 것이다.

필요할 때 나에게 부족한 기운을 주고, 또 앞날의 목표를 주문처럼 외우고 들으며 나를 북돋는다. 또 주변 모두 그렇게 되라고 호를 부르며 응원한다. 그러므로 호를 지어서 쓴다는 것은, 나를 보호하는 또 하나의 수호신을 얻는 것이라고 볼 수 있다.

👑 놀림을 극복하고 출세한 이름

이름을 '부를 호(呼), 저울질 할 칭(稱)'을 써서 '호칭'이라고 하는 것도 그 사람을 저울질해서 그에 맞는 이름으로 부른다는 뜻이다. 그래서 이름을 부르면 그 사람이 떠오르기 마련이다. 그런데 사람과 이름이 어울리지 않으면 나에게도 좋지 않을 뿐만 아니라 놀림감이 된다. 하지만 놀림을 극복하면 크게 성공할 수 있다. 놀림을 극복하면서 힘이 길러지기 때문이다.

박정희 전 대통령이 결혼식을 할 때 사회자가 큰 실수를 했다. "육영수군과 박정희양의 결혼식이 있겠습니다."라고 하면서, 신랑과 신부의 성별을 바꿔서 소개한 것이다.

'정희'는 여자이름 같고, '영수'는 남자이름 같았기 때문이다. 특히 '정희'라는 이름은 어린 시절 많은 놀림감이 되었을 것이다. 그렇지만 '정희'라는 이름은 대통령이 되었고, '영수'라는 이름도 영부인이 되었다.

'정희'라는 이름을 언뜻 들으면 여자이름 같지만, '바를 정(正)'

에 '빛날 희(熙)'니, 바르게 비춰준다는 뜻이 된다. 가정을 바르게 비춰줄 수도 있고, 사회와 국가를 바르게 비춰줄 수도 있는 것이다. 놀림을 받을 때, "그게 아니다. 내 이름이 여자이름 같지만, 실은 온 세상을 바르게 잘 비춰주라는 뜻이 들어있다."하는 극복의 말과 자부심이 생기면 이름과 본인이 맞는 것이고, 놀림을 당할 때마다 울고 짜면 이름에 진 것이다.

　이름은 뜻과 기상이 중요하다. 소중한 나의 자식이므로, 세상에서 가장 귀한 글자를 넣어서 이름을 짓고 싶다. 하지만 아무리 뜻이 좋아도 여러 사람이 놀리고 또 그 놀리는 말에 기가 죽으면 나쁜 이름이 된다. 물론 이름의 주인공이 그런 놀림을 이겨나갈 능력과 기질이 있다면, 얼마든지 크고 귀한 이름을 지어도 좋은 것이다. 그러한 능력과 기질은 본인이 타고난 사주팔자를 보고 판단한다. 결국 사주팔자를 보완하기도 하고 북돋아주기도 하면서, 될 수 있는 목표를 설정해 가며 이름을 짓는 것이다.

👑 **취직을 도와준 호** 호가 사람의 운을 다 바꾸지는 못해도, 약간의 모자라는 힘을 보태줄 수는 있다. 장거리 달리기를 해서 마지막 고비를 만나 힘들 때, 뒤에서 바람이 불어주면 훨씬 수월하게 뛸 수 있는 것과 같다.

홍길동(가명)은 20여 년 전에 다니던 직장에서 프레스에 깔려 하반신을 크게 다쳤다. 뼈가 여기저기 부러져서 15군데를 철심으로 이어서 간신히 다리형태를 유지했다. 담당의사는 그냥 누워서 지내는 것이 좋겠다고 하였다.

평생을 하반신을 못 쓰는 그런 환자로 지내라는 것이었다. 집안 형편상 병원에 누워있을 처지는 못 되고, 퇴원해서 집에서 환자노릇을 하고 있었다.

그때 같이 산에 다니던 선배가 바깥바람이나 쐬어보자고 하며, 차에 어찌어찌 태워서 도봉산 밑에 내려놓았다. 그리곤 일으켜 세워 보조기에 걸치게 한 다음에 걸어보라고 하였다. 자기 힘으로 앉지도 못하고, 혹 누구의 도움을 받아 앉더라도 엄청 큰 고통이 따랐다. 그런데 땅바닥을 딛고 서는 것도 힘든데, 거기에 더해 걸으라고 하니 불가능에 가까운 일이었다.

그 선배가 "지금 네 나이가 37살 밖에 안 돼. 앞으로도 40년을 더 살텐데 누워서 살 거냐? 지금 당장은 네 부인이 돌봐준다고 하지만, 그것도 2~3년이지, 얼마나 더 돌봐줄 거 같냐? 세상은 혼자 사는 거야. 힘들어도 네가 서고, 힘들어도 네가 걸어야 해."

하고 악을 썼단다.

그래서 뼈가 어그러지는 고통을 참고 한 걸음, 그 다음날에 또 한 걸음 걸어서, 20여 년이 지난 지금은 보통사람에게 뒤처지지 않게 등산을 할 정도까지 되었다. 물론 아직 뛰는 것은 어렵다고 한다.

그 선배님의 충고대로 이것저것 자격증을 땄는데, 취직이 잘 안된다고 했다. 그래서 "그 정도의 의지로 노력하고 열심히 사는 사람이라면 당연히 취직이 되겠는데, 2% 부족해서 그러니 내가 힘을 쓰겠다."고 하고 호를 지어주었다.

홍길동이란 사람은 강인한 의지로 어려움을 이겨내고 노력도 많이 했지만, 본인은 물론 주변이 어려워서 잘 웃지도 못하고, 또 원망은 하지 않지만 그렇다고 긍정적이지도 않은 성품이었다. 성품과 어려운 환경으로 인해 굳어진 인상을 바꿀 필요가 있었다.

"평소 더 이상이라고 할 수 없게 강인한 의지와 겸손한 방법으로 살았다. 하지만 겸손하게 했다는 것조차 느끼지 못할 정도로 겸손함의 달인이 되어야 성공한다."라고 하며 호를 '달겸(達謙)'이라고 짓고, 7언 절구로 호를 칭송하는 글과 해석을 곁들였다.

"이 호와 해석을 매일 읽고 그 뜻대로 실천하면 머지않아 좋은 소식이 올 겁니다."하고 A4 용지 두 장에 걸쳐 호를 풀이해 주었다. 그 호 덕분인지 취직할 운이 도래해서 그런지, 아주 편하고 보수도 괜찮은 곳에 취직이 되었다.

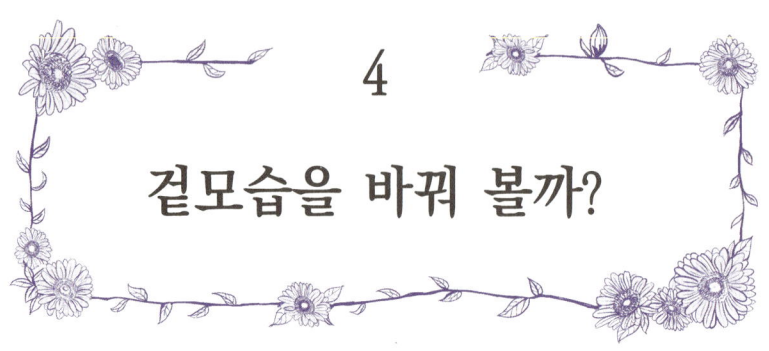

4
겉모습을 바꿔 볼까?

사람은 멋있게 보이고 예뻐 보이기 위해서 화장을 한다. 자신을 꾸미는 것이다. 화장을 잘하면 스스로 만족을 얻고 상대방의 호감을 얻게 된다. 화장을 했다고 해서 본질이 바뀌지는 않는다. 그렇지만 일시적인 효과를 얻을 수 있다.

더구나 자기만족을 하게 된다. 마음이 만족되면 그 기쁨은 몸을 안정시킨다. 진짜로 예뻐지기도 한다는 것이다. 조금만 바꾸고 조금만 꾸며도 그 결과는 상상 이상의 대성공을 거둔다.

좋은 마음으로 좋은 일을 해서 마음을 화장하면 얼굴이 빛나게 되고, 얼굴이 빛나게 된 다음에는 온 몸으로 그 밝은 기운이 퍼진다. 이렇게 몸으로 윤기가 퍼져서 몸과 마음이 환해지면 하는 일이 잘 된다. 나도 기분 좋고, 상대도 나를 적극적으로 도와주게 되기 때문이다.

👑 가장 큰 복을 짓는 것은 억울함을 풀어주는 것

 최고로 마음을 예쁘게 화장하는 방법은 억울하게 죽는 사람을 살리는 것이다. 부모님께 효도를 다하고 어른을 공경하는 것은 사람이라면 당연한 일이다. 까마귀나 까치도 하는 일이다. 하지만 억울함을 면하게 해 주는 것은 하느님도 깜짝 놀라며 감탄하는 큰일이다. 그래서 억울함을 풀어주는 사람에게는 반드시 분명한 복을 주신다. 작게는 당대에 나타나고, 크게는 후손 대대로 영화를 보게 해주는 것이다.

 후한의 화제 때 초왕 영(英)의 역모사건이 있었다. 다섯 명을 밀고하면 풀어준다는 관리의 말에, 서로서로 밀고하다보니 감옥에 수천 명이 갇히게 되었다. 그들의 죄를 판단하는 총책임자는 태수인 원안(袁安)이었는데, 감옥에 갇힌 사람들이 역모에 가담하지 않은 것을 잘 알고 있었다.
 하지만 서로 고발을 해서 잡혀온 것이기 때문에 취조를 해야 하고, 취조를 하다보면 상황이 애매한지라 모두 사형을 시켜야 했다. 감옥에 갇힌 사람들이 자신의 죄 없음을 주장하며 울고불고 야단이었다.
 원안이 한 밤중에 그들을 모두 풀어주고 멀리 도망가라고 하였다. 그리고 자기도 태수의 관복을 벗고 흰옷을 입은 채 벌을 내려달라고 청하였다. 당시 황제(명제)는 자신의 안위를 돌보지 않고

현명하게 판단한 원안을 승진시켰다. 하남윤을 시작으로 해서 태복 사공 사도 등으로 계속 승진하는 동안, '오로지 덕으로 다스리겠다.'는 마음으로 일관해서 많은 사람들의 존경을 받았다.

사람들은 원안이 억울한 사람의 목숨을 구해줬기 때문에, 본인은 물론이고, 그 후손이 엄청 잘되었다고 한다. 후손 중에서 네 명의 장로와 다섯 명의 공과 제후를 배출하고, 원소와 원술에 이르러서는 황제를 참칭할 정도로 번창했다는 것이다. 다만 극도로 번창했던 가문이 망한 것은, 원소와 원술 대에 이르러 욕심이 지나쳐서 그 악행이 넘쳤기 때문이라고 하였다.

♛ 작은 생명체를 구하는 것도 큰 복을 짓는 것이다

사람의 마음이 올바르면 온 몸에 빛이 나게 된다. 마음이 예쁘면 얼굴이 빛이 나며 예뻐지고, 얼굴이 예뻐지면 아무런 옷을 입어도 환히 드러나며 광이 나는 것이다. 그러면 무슨 일을 하더라도 도와주는 사람이 많아진다. 예쁜 옷을 입는 것보다 몸매 가꾸는 것이 더 좋고, 몸매를 가꾸는 것 보다 마음을 가꾸는 것이 더 좋다는 것이다.

송교(후에 송상宋庠으로 개명함)의 자(字)는 공서(公序)이다. 송나라

인종 때 아우 송기(宋祁)와 함께 과거시험을 보아서, 형제가 함께 과거에 합격한 것으로 유명하다. 형제 모두 시(詩)와 부(賦)에 능한 학자이자 정치가였다. 특히 송교는 인덕이 훌륭하여서 검약하고 화를 내지 않았으며, 늙어 죽을 때까지 독서하는 것을 게을리 하지 않았다고 한다.

송교는 동생 송기와 우애가 돈독했는데, 하루는 같이 놀러 나갔다가 관상을 잘 보는 스님과 마주치게 되었다. 그 스님이 "송교는 얼굴색과 목소리가 그렇게 좋은 편은 아니니 과거에 합격하기 어려울 것이다. 하지만 동생 송기는 얼굴의 기색이 좋아 과거에 합격할 뿐만 아니라 반드시 장원으로 급제할 것이다."라고 하였다.

형제의 관상이 서로 다른 것에는 여러 이유가 있겠지만, 동생의 이름을 형보다 뛰어나게 지은 것도 한 이유가 될 것이다. 동생의 이름은 '번성한다'는 뜻을 쓰고(성대할 기, 많을 기), 형의 이름은 '변두리'라는 뜻을(교외 교, 국경 교, 도성 바깥 교) 쓴 것이다. 일반적으로 동생의 이름이 형의 이름보다 고귀할 때는 형의 운세가 안 좋게 된다.

10년쯤 뒤에 또다시 길에서 그 스님을 만나게 되었는데, 그 스님이 깜짝 놀라면서 "자네의 풍모가 아주 특별하게 달라졌는데, 혹시 그동안 수만 명의 생명을 살리는 공덕을 쌓았는가?"하니, 송교가 "소생은 가난하고 나이도 어린데 어찌 그런 일을 했겠습니까?"

스님이 "아니다. 잘 생각해봐라."

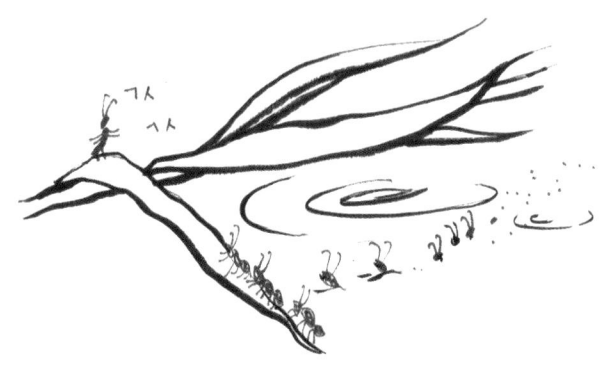

송교가 한참을 생각한 뒤에 "집의 북쪽에 개미굴이 있었는데, 갑자기 비가 와서 수만 마리가 물에 잠겨서 허우적거렸어요. 그래서 급히 물억새를 꺾어서 다리를 만들어 피신하게 해주었는데, 설마 이것을 말하는 것은 아니겠지요?"

스님이 "그럼 그렇지. 바로 그거다. 어허! 참 기연이로구나! 기색이 밝아지고 목소리가 맑아져 아주 상서롭게 변했으니, 자네가 수만의 목숨을 살려줬기 때문에 그 자비행이 관상으로 나타난 것이네. 앞으로 자네의 복덕이 무량할 것이네." 하고 무릎을 쳤다. 그러면서 "자네 동생은 이번 과거에 반드시 장원급제할 것이고, 자네는 그 보다 더 관상이 좋아졌으니, 이번 과거의 결과가 어떻게 나올지 자못 기대가 되네." 하였다.

두 형제가 같이 시험을 보았는데, 스님의 예언대로 동생이 장원급제하였다. 그런데 인종의 태후인 장헌황후가 "동생이 형보다 앞설 수는 없다."고 하면서 형을 장원급제 시키고 동생을 10등으로 합격시키게 했다.

그 후로 송교는 71세의 천수를 누리고 벼슬이 사공(삼공의 하나)에 오르는 등 홍복을 누렸다.15)

착한 마음으로 개미를 살려주었다. 그 마음이 개미를 감동시키고 송교의 얼굴을 밝게 만들었다. 후천적으로 좋아진 형의 관상이, 선천적으로 뛰어난 동생의 관상보다 좋아진 것이다. 땅에 떨어져 다리가 부러진 제비를 살려주고 복을 받은 흥부와도 같다고 할 것이다.

👑 좋은 것을 나눠야 복이 오지

좋은 것은 나눠 가질수록 복이 된다. 나의 주변 사람들이 모두 즐거우면 얼마나 좋을까? 좋은 정보가 있을 때 주변에 알려주어 함께 성공하는 것이다.

이 책의 내용도 기쁜 일은 더 기쁘게 하고, 힘든 일은 반으로 줄어들게 하는 내용이다. 알면 실천하게 되고, 실천하다보면 행복해지는 것이다.

이렇게 좋은 내용을 혼자만 알고 실천해서 혼자만 행복해지면 안 된다. 10권 이상 사서 주변 사람에게 선물을 해야 한다. 경제적으로 여유가 없으면 이 책의 내용을 열 사람 이상에게 가르쳐 주는 것도 좋다. 주변 사람이 어려움을 이겨내고 행복하게 살게 하는 것도 큰 복을 짓는 것이 되기 때문이다.

👑 살생을 많이 하면 단명한다

제갈공명(181~234년)은 중국 삼국시대 촉나라의 승상(국무총리)이다. 후방을 안정시켜야 삼국을 통일할 수 있다고 생각해서 남만을 평정하러 갔다. 남만왕 맹획을 일곱 번 사로 잡고 여덟 번 놓아주었다고 해서 '7전 8기'란 고사성어를 만들 정도로 유명한 전쟁을 했지만, 그 전쟁에서 무수한 사람을 죽였기 때문에 단명을 했다고 한다.

남만왕 맹획이 10만 병사를 일으켜 촉나라 경계를 침범하고 약탈하자 제갈공명이 이를 토벌하러 가서, 맹획을 사로잡고 놓아 주기를 일곱 번을 거듭했다. 이렇게 여러 번 풀어준 것은, 맹획의 완전한 항복과 남만국 전체의 항복을 얻기 위한 것이다.

맹획도 마지막이라고 하면서, 오과국이라는 나라에 가서 등나무로 만든 갑옷을 입은 등갑군 3만을 빌려와서 최후의 결전을 펼쳤다. 등갑이 단단해서 활과 칼이 튕겨나가고, 또 가벼워서 활동이 자유로웠기 때문에 제갈공명의 군사가 그들을 이기지 못하고 매번 패하였다.

그러자 제갈공명이 반사곡에 화약과 기름을 잔뜩 실은 수레를 매복시켜 놓고, 위연에게 등갑군을 그 골짜기로 끌어들이게 했다. 그런 다음 골짜기의 출입구를 봉쇄하고 산 양쪽에서 횃불을 던져 남만의 병사와 등갑군 3만명을 모두 타죽게 하였다.

제갈공명이 처참하게 불에 타죽는 적병들을 보고 눈물을 흘리며 "국가를 위해 공은 세웠으나 이런 참혹한 짓을 했으니 나도 오래 살지 못하리라."하고 탄식하였다.

그래서 그런지, 제갈공명은 음식을 잘 소화시키지 못하고 간신히 연명할 정도로만 먹다가 54세라는 젊은 나이에 죽고 말았다.

살생을 많이 하면 단명을 하고 후손이 줄어드는 등 죗값을 치른다고 한다. 그래서 될 수 있으면 살생을 하는 직업을 피하는 것이고, 피치 못해서 살생을 할 때도 마음으로부터 좋은 데로 가기를 빌어주어야 하는 것이다.

👑 북두칠성신께 삶을 연장해달라고 빈 제갈공명

　북두칠성 신은 죽음을 관장하고 남두육성 신은 새 생명을 태어나게 한다고 한다. 그래서 자식을 낳게 해달라는 기도는 남두육성에게 하고, 수명을 늘려달라고 하는 기도는 북두칠성을 보고 하는 것이다. 제갈공명은 북두칠성신께 더 살게 해달라고 빌었다. 하지만 제갈공명을 도우려는 분위기 보다 해치려는 분위기가 더 많았다. 그래서 항상 내 편을 만들어야 하는 것이다.

　제갈공명이 하늘의 장군별을 보고 자신의 수명이 다했음을 직감했다. 죽음은 무섭지 않았지만, 한(漢)나라를 부흥시키겠다는 꿈과 어린 임금 유선의 울먹이는 얼굴이 교차되면서 죽음을 연기했으면 하는 생각이 들었다. 그래서 북두칠성께 빌기로 하였다.
　북두칠성의 일곱 별을 상징하여 사방으로 일곱 개씩 28개의 촛불을 켠 단을 쌓고, 그 단을 사방으로 돌아가며 각기 일곱 명씩 모두 스물여덟 명에게 북두칠성이 그려진 깃발을 들고 지키게 하였다. 자신은 검은 도복을 입고 풀어헤친 머리로 입에 쌀알과 칼을 물고 절을 하며 기도하였다. 아마 49일을 무사히 넘겼으면, 그 정성을 가상히 여겨 수명이 연장되었을 수도 있었을 것이다.

　그런데 적군이 쳐들어오는 것을 보고 다급해진 부하장수 위연이 단 위로 뛰어 오르며, "승상! 적이 쳐들어옵니다!"하고 알려왔다. 그냥 알리기만 했으면 좋으련만, 급하게 막사 안으로 들어오면서 정성을 들이고 있던 단을 발로 차서 단 위의 촛불이 넘어져 꺼지고 말았다.

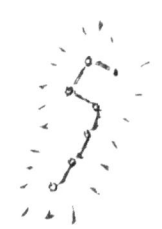

당황해하며 어쩔 줄 몰라하는 위연을 제갈공명이 위로하며,
"이것도 하늘의 뜻이다. 각자 맡은 지역으로 돌아가 방비하라!"
하였다.

사실 간밤에 적장인 사마의가 천문을 살폈는데, 장군별이 지상으로 떨어지는가 싶다가 다시 올라가고, 떨어지는가 싶다가 다시 올라가기를 반복하다가 결국 떨어지는 것을 보고, 제갈공명의 죽음을 확신하고 쳐들어 왔던 것이다.

그러고 보면 위연이 실수해서 촛불을 꺼버렸기 때문에 '죽음을 늦춰 달라'는 기도가 틀어졌다기보다, 그 이전에 장군별을 지상에 떨어지게 함으로써 '생명연장 불가'의 결정을 보여준 것이다.

뒤에서 다시 언급하겠지만, 소년이 부탁할 때도 북두칠성신은 거절을 하려 했고, 제갈공명의 기도도 들어주지 않은 것을 보면, 북두칠성신은 객관적이고 공정하며 냉정한 성격일 것이다. '차라리 세종대왕처럼 남극노인성에게 빌었으면 좋았을 것을….'

한편으론 제갈공명이 한나라를 부흥한다는 명분 아래, 무리하게 전쟁을 치르다가 많은 사람을 죽였기 때문인지도 모른다. 적이 많았던 것이다.

임진왜란 때 서산대사가 막내 제자 편양을 전쟁터에 못나가게 하면서, "아무리 국가를 위해서 적군을 죽인다고 하지만 살생은 살생이다. 살생을 하면 자손이 못 살게 되는데, 스님에게는 제자가 자손이다. 나의 제자들이 다 전쟁터에 나가 살생을 하면 전쟁이 끝난 뒤에 누가 불교를 펼칠 것인가? 나라를 구하는 사람도 필요하고 나라를 건설하는 사람도 필요하다. 앞으로 너의 제자들이 조선불교를 번성하게 할 것이다."라고 한 말의 뜻이 그것이다. 어떤 이유가 되었든 남의 마음을 아프게 하면 그 대가를 받게 된다는 것이다.

👑 겸손은 나를 지키는 보물

겸손한 사람은 인기가 많다. 겸손은 자기를 낮추는 것이며, 최상의 마음화장법이다. 겸손하면 사람들이 좋아하며 모여드는 것이, 마치 낮은 곳으로 물이 흘러드는 것과 같다. 아무리 능력이 많아도 겸손하지 못하면 사람들이 싫어한다. 설사 성공하더라도 그 성공을 지킬 가능성이 희박한 것이다.

옛날 옛날에 마당에서 한가로이 쌀 낟알을 쪼아 먹고 있는 닭을 보고 황소가 따졌다. "매일 뙤약볕 아래서 땀을 뻘뻘 흘리며 농사를 짓고 무거운 짐을 나르는 나도 겨우 콩 껍데기나 마른 짚풀을 먹는데, 너는 하루 종일 놀면서 맛있는 쌀알만 먹으니 잘못되지 않았는가?"

닭이 황소를 비웃으며 "정말 그 이유를 모른단 말이야? 너는 배운 게 없어서 그런 거야. 네가 비록 비를 맞아가며 혹은 뙤약볕 속에서 고생스럽게 일을 하지만, 그건 아무나 힘만 있으면 할 수 있는 일이고, 내가 하는 일은 쉬운 것 같지만, 학식이 높지 않으면 할 수 없기 때문에 귀하게 대접 받는 거야."

황소가 긴가민가하고 있는데, 옆에 있던 개가 아니꼽다는 듯이 말했다. "흥! 자식이 잘난 체 하기는…. 나도 밤잠을 못 자고 도둑을 지키면서도 겨우 먹다 남은 밥이나 먹는데, 도대체 네가 배운 학문이라는 것이 무어냐?"

그러자 닭이 거만을 떨며 말했다. "이 세상에 새벽을 여는 일을 하지. 내가 시간을 알려야 세상이 깨어나니, 몸을 써서 일하는 너희들과 같겠니? 내 일이 중요하기 때문에, 이렇게 비단옷을 입고 머리에는 붉은 관을 쓰고 눈 밑에는 붉은 옥관자를 붙이면서 격식을 차리는 거야. 너희같이 아무런 격식 없이 하는 일하고 어디를 비교하냐?

너희들은 까막눈이라서 모르겠지만, 내가 먼동이 틀 때마다 '꼬끼오~'라고 외치는 것도 '알릴 고(告)', '그 기(其)', '중요할 요(要)'라고 하는 거야. '그 중요한 것을 알립니다.' 즉, '지금부터 하루가 시작됩니다.'라는 거지. 이러니 내가 양반 중에서도 양반인 거야. 너처럼 아무 뜻도 없이 '개소리 멍멍'하는 것과는 차원이 다른 거야."

화가 난 개가 "너를 팔면 한 냥 값도 못 되지만, 나를 팔 때는 두 냥 반이나 받으니 내가 더 귀한 양반이다."고 대꾸하니 닭이 조롱하며 말했다. "별소릴 다 듣겠다. 그럼 개장수한테 팔려 갈 때에야 양반(개 값이 두 냥 반이라고 했다. '두 냥'은 '양(兩)'이고 '반 냥'은 '반'이므로, 합해서 '양반'이다)이 된다는 뜻이구먼. 한심하다 한심해."

그러자 머리끝까지 화가 난 개가 닭한테 달려들어 닭의 벼슬을 물어뜯었다. 닭이 얼른 지붕 위로 쫓겨 가며 "야! 이 무식한 자식아. 말이 막히니 폭력을 쓰냐? 이리로 올라와 봐라. 너 같은 놈은 이렇게 높은 데는 한 번도 못 올라와 봤지? 그러니 세상 넓은 줄도 모르고…."

 이렇게 하고 싶은 말을 다 했지만, 그렇게 학식 높고 귀한 일을 한다고 자랑하던 닭의 벼슬은 개한테 물어 뜯겨서 울퉁불퉁하게 되었고, 개 역시 화를 삭일 길 없었지만 '닭 쫓던 개 지붕만 쳐다본다.'가 될 수밖에 없었다.
 닭이 조금만 겸손했다면, 주변에 사는 소와 개하고도 친하게 잘 지냈을 텐데, 그만 그 입으로 자기 공을 다 깎아먹은 것이다.

입으로 자기 자랑을 하면서 상대방에게 나를 이해하고 존경하라고 할 수는 없다. 또 일도 하지 않으면서 맛있는 것을 독점하는 지위를 달라고 떼를 쓸 수도 없다. 자기의 최선을 다하고 겸손하게 처신해야 존경도 받고 오랫동안 행복할 수 있는 것이다.

♛ 거머리를 삼켜서 목숨을 구해준 혜왕
남을 위한 배려, 이보다 훌륭한 공덕은 없다. 내가 다치더라도 상대방을 위해 살신성인하는 마음이 가장 귀한 것이다.

『신서(新序)』에 초나라 혜왕의 음덕(蔭德) 이야기가 나온다. 초나라 혜왕이 채소를 먹다가 거머리가 나왔는데, 잠시 생각하다가 거머리를 삼켜버렸다. 결국 복통이 나서 드러눕게 되었다. 거머리가 뱃속을 여기저기 헤치며 다닌 것이다.

재상이 들어와 문병을 하니, "내가 채소를 먹는데 거머리가 보였다. 나라의 법대로 하자면, 음식을 조리한 사람은 물론이고 감독한 사람까지 모두 죽여야 한다. 차마 그럴 수 없어서, 씹지도 못하고 그냥 모른 체 삼킬 수밖에 없었다."

재상이 자리에서 일어나 두 번 절을 하고는 "하늘은 특별히 예뻐하는 사람이 없고, 오직 덕이 있는 사람을 돕습니다. 왕께서 어진 덕이 있으시니, 병이 오늘 저녁 안으로 나을 것입니다." 과연 그날 저녁으로 병이 나았다.

거머리를 보면서 먹고 싶은 생각이 들 사람은 없을 것이다. 더구나 그 거머리가 몸속에 들어가서 이리저리 다닐 것을 생각하면 끔찍하다. 그런데 거머리가 임금의 수라상에 올랐다는 것을 밝히면 더 끔찍하다. 역적모의를 했다고 부풀려서 수많은 사람들을 죽음으로 내몰 수도 있다. 자기 몸을 희생해서 여러 명의 목숨을 살린 것이다.

♛ 양두사를 죽인 덕으로 재상이 된 손숙오

초나라 장왕 때 영윤을 지낸 손숙오가 뱀을 죽여서 묻은 공으로 큰 인물이 되었다고 한다. 마음이 예뻤고, 예쁜 마음이 자라서 주변 모두를 감화시킨 것이다. 그 이야기가 『설원(說苑)』에 전한다.

손숙오가 어렸을 때에 밖에 나가 놀다가 머리가 둘인 뱀을 보았다. 그 뱀을 죽인 다음에 땅에 묻고는 집에 들어와 서럽게 울었다.

손숙오의 어머니가 그 이유를 물으니, "머리가 둘인 뱀을 보았기에 죽을까봐 무서워서 그래요." 어머니가 "그 뱀이 어디에 있니?"하고 물었다. 손숙오가 "머리가 둘인 뱀을 보면 본 사람이 죽는다고 하잖아요. 그래서 다른 사람이 보고 죽을까봐 제가 죽여서 땅에 묻었어요."

어머니가 "걱정하지 말아라. 너는 죽지 않는다. 내가 듣기로 음덕이 있는 사람은 하늘이 반드시 복을 준다고 하였다."

혹여 다른 사람이 뱀을 보고 해를 입을까봐, 떨리는 손으로 뱀을 죽여 땅에 묻는 모습이 눈에 선하다. 그런 마음이 있었기에 초나라를 강대국으로 만들 수 있었다.

그는 "명예가 높아질수록 더욱 겸손하게 살고, 직책이 높아질수록 더욱 조심하며, 월급을 많이 받을수록 더욱 주변에 많이 베풀어야 한다."는 세 가지를 명심하며 살았다 한다.

혜왕과 손숙오는 모두 살신성인의 덕을 실행한 사람들이다. 덜덜 떨면서도 옳다고 생각한 것을 실천한 것이다. 그들이라고 자신의 목숨이 아깝지 않았을 리 없지만, 혹 타인이 해를 당할까봐 자신을 희생시킨 것이다. 그 희생이 바탕이 되어서 아름다운 세상이 이루어졌고, 주변 사람들이 행복했던 것이다. 마음을 예쁘게 화장시켰고, 그 빛나는 윤기가 온 몸에 퍼져서 흐르고, 주변 사람들을 즐겁게 한 것이다.

👑 삼시충을 길러서 나를 조심시키자

방만하게 행동하는 자유인은 폭망하기 딱 알맞다. 아무도 뭐라고 하지 않고 제어할 규칙도 없기 때문에, 제멋대로 하다가 망하는 것이다. 그래서 무병 장수하지 말고 일병 장수하라고 하지 않는가? 아픈 병이 하나 있으면 조심하며 오랫동안 건강하게 살아갈 수 있는데, 병이 하나도 없으면 안심하고 살다가 갑작스레 병을 얻어 죽게 되기 쉽기 때문이다.

삼시충(三尸蟲)은 팽거·팽질·팽교라고 불리는 세 마리 벌레이다. 사람 몸속에 살면서 사람의 삼관(三關)을 막고, 삼명(三命)의 뿌리를 자르며, 신선이 되는 공부를 못하게 기맥을 막는다고 한다.

또 사람은 120살이 천수인데도 일찍 죽는 것은, 삼시충이 하느님께 올라가 그 죄상을 보고함으로써 벌을 받아 수명이 줄어들기 때문이라고 한다. 따라서 이 삼시충을 없애면 도통할 수 있고 옥황상제가 있는 삼청(三淸)의 세계로 갈 수 있다고 한다.

경신일(庚申日)이 되면 사람이 잠든 틈을 타고 빠져나가서 하느님께 보고한다. 그래서 삼시충이 빠져나가 죄상을 보고하지 못하도록, 정기 보고일인 경신일에 밤을 새우는 것이 바로 수경신(守庚申) 행사이고, 경신일이 1년에 모두 여섯 번 있으므로 6경신 행사라고도 한다.

송나라 때 광양에 살던 언화(彦華) 역시 삼시충을 없애려고 온갖 처방을 다 썼는데, 어느 날 꿈에 의관을 갖춰 입은 세 사람이 나타나 이별을 고하였다. 바로 언화의 몸속에 살던 삼시충이었다.16)

언화가 "나의 덕택으로 내 몸 안에 살면서도, 내 정신을 혼미하게 해서 나를 해치고, 또 경신일이 되면 하느님께 올라가 잘못을 과장되게 보고하여 재앙을 내리게 하니, 어찌 올바른 행동이랄 수 있겠는가?"하며 꾸짖었다.

삼시충이 "우리들도 음과 양의 정수를 받고 태어나서 위로는 태허궁(太虛宮)과 연결되었으니, 어찌 함부로 남의 몸에 들어가 잘못을 저지르겠습니까? 다만 새로 태어나는 인간의 몸속에 들어가 잘잘못을 기록하여 보고하라는 명령을 받아 행할 뿐입니다.

만일 선비님께서 수양을 잘 하시어 하늘의 도를 따르고 사람의 도리를 잘 지킨다면, 우리들도 120년의 세월을 즐겁게 지내면 그뿐입니다. 그렇지만 대부분의 인간은 하늘이 부여한 성품을 온전히 간직하지 못하고, 점점 분수를 잊고 온갖 욕심에 휩싸이게 됩니다. 밤낮없이 욕심을 부리며 잘못을 저지르니, 그 잘못을 기록하느라 잠을 자고 쉴 틈이 없습니다.

그래서 우리가 '이 인간은 본성을 회복할 가능성이 없다. 이 인간이 120살이 되기 전에 우리가 먼저 지쳐 죽겠다. 그러니 잘못을 저지를 때 더욱더 욕심을 부려 더 큰 잘못을 저지르게 하고, 하느님께 보고할 때도 잘못을 과장하여서 큰 벌을 받도록 하자'

고 한 것입니다.

　사람들은 우리들을 내쫓고 온갖 나쁜 짓을 다 하며 120살의 수명을 편안하게 누리려고 합니다. 선비님께서도 우리를 내보내고 마음껏 욕심을 부리려고 한 것이 아닙니까?"

　언화가 부끄러워하면서 "내가 잘못 생각했다. 우리 함께 살아 보자. 만약 내가 잘못을 저지른다면 가차없이 꾸짖어 주게나!"하며 화해를 하였다.

　사람들은 무병 장수를 바란다. 그러나 100세 시대를 살면서 무병하기란 참 어려운 일이다. 무병하다가도 잠시 방심하는 틈을 타고 죽음이 찾아온다.

　그래서 '1병 장수' 또는 '2~3병 장수'라는 말을 한다. 몸에 하나 둘 정도 병을 안고 살면 병이 도지지 않도록 조심을 하기 마련이다. 그 조심하는 마음을 유지하면 갑자기 큰 병이 생기고 죽음을 맞이하는 일이 없다는 뜻이다. 조금씩 긴장하고 경계하는 마음이 겸손의 실천이고, 나를 안전하게 만드는 것이다.

👑 성형수술로도 운이 바뀐다

화장보다 장기적인 효과를 얻는 것이 성형수술이다. 얼굴을 바꾸고 몸의 체형까지도 바꾼다. 어떤 사람은 성형한다고 해서 운이 바뀌지 않는다고 하지만, 정말 운이 바뀐다.

모자란 것은 보완하고, 남는 것은 없애는 것이 좋은 것이다. 약간의 꾸밈을 통해 훨씬 좋은 모습으로 바뀌는 것이다. 마음으로부터 좋아졌다고 생각하며 만족하면 더욱 확실해진다.

👑 2% 더 정성을 다한 마무리
물건을 만들 때 마지막 손질을 잘 해야 한다. 그 약간의 차이가 명품을 만드는 조건이 된다. 마지막 2% 성형이다.

짚신을 만들어 파는 부자가 있었다. 아버지가 짚신을 만들어 파는 사람이었는데, 아들도 어깨너머로 배워서 짚신을 만들어 팔았던 것이다.

그런데 이상한 것이 있었다. 젊은 아들이 만든 짚신이 늙은 아버지가 만든 짚신 보다 덜 팔리는 것이다. 사람들은 아버지 짚신을 먼저 사고, 아버지 짚신이 다 팔린 다음에야 할 수 없이 아들 것을 샀다.

아들이 혼자 중얼 거렸다. "이상하다. 아버지는 힘이 없어서 짚신을 잘 못 만들고, 나는 아주 힘있게 꼭꼭 매면서 잘 만드는데, 사람들은 왜 아버지 것만 좋아하는 거냐?" 생각다 못한 아들이 아버지에게 무슨 비법이 있냐고 물었지만, 아버지는 빙그레 웃기만 하고 가르쳐 주지 않았다.

세월이 흘러 아버지가 돌아가시는 순간이 왔다. 아들이 다급하게 짚신 만드는 비법을 가르쳐 달라고 했다. 슬픔도 슬픔이었지만, 아버지가 그냥 돌아가시면 그 비법은 영원히 묻혀버리고 마는 것이다.

아버지는 한 번 더 빙그레 웃더니, 한참을 뜸을 들였다가 "털~, 털~, 털~."하고는 그만 죽고 말았다. 그 말이 무슨 뜻일까? 며칠을 고민하던 아들이 "아!~."하고 감탄을 했다. 아버지 짚신은 힘없이 만들기는 했지만 지푸라기 끝의 까칠한 털을 다 제거해서 촉감이 좋았고, 아들이 만든 짚신은 털이 거칠게 있어서 신을 때 감촉이 안 좋았던 것이다.

이것이 2%의 마무리 비법이다. 이 약간의 마무리를 더함으로써 모양도 좋고 실용성도 좋아져서, 싸구려에서 명품으로 바뀌고, 실패를 딛고 성공으로 발돋움하게 하는 것이다.

👑 간첩을 놓치게 한 개똥
작은 허점, 상대방 마음의 작은 빈틈, 이것을 알아챈다면 조금의 시간을 벌 수 있다. 그 시간이 나를 살리기도 하고 죽이기도 하는 중요한 시간이 될 수도 있다.

이번엔 2%를 놓친 이야기이다. 군대 있을 때이니 벌써 30년도 더 된 일이다. 이웃 사단지역으로 간첩이 넘어 왔다. 간첩이 ㅇㅇ산에 있다는 것은 확실한데 찾을 수가 없었다. 산속에서 2주씩이나 아무런 움직임이 없었으니 굶어 죽었을 가능성이 컸다. 하지만 시신이라도 찾아야 한다. 간첩이 없다는 것을 확인해야만 했다.

그래서 훼바지역(FEBA, Forward Edge of Battle Area)에 들어간 병력을 제외하고, 사단 휘하 2개 연대병력이 총출동 되어서 손에 손을 잡고 산을 에워쌌다. 그리고는 발과 발을 맞춰서 빈틈없이 산 위로 조금씩 걸어 올라갔다.

그야말로 간첩은 독안에 든 쥐였다. 그렇게 큰 산이 아니어서 2개 연대병력이 충분히 에워쌀 수 있었기 때문이다. 그런데 정상까지 발을 쿵쿵 거리며 올라갔지만 간첩을 발견할 수 없었다.

나중에 안 일이지만 간첩은 그 산에 숨어 있었다고 한다. 산 중턱 조금 아래에 비트(몸을 숨길 수 있는 일종의 땅굴)를 파고 그 안에 들어가 있었다는 것이다. 그렇다면 걸리지 않을 리가 없다. 몸만 간신히 숨길 수 있는 작은 비트라도, 군인들이 손에 손을 잡고 밟아 나갔으므로 밟는 순간 푹 꺼졌을 것이다. 그런데 왜 발견되지 않았을까?

비트를 파고 들어가 나뭇가지로 위를 덮으면서, 주변에 있는 개똥을 하나 잊어 놓았다. 그리고 그 안에서 소금을 조금씩 핥으면서 포위망이 풀리기만 기다렸다. 그랬더니 예상대로 손에 손을 잡고 밟아 나가던 군인들이 똥을 피해서 옆으로 걸었다는 것이다.

개똥 덩어리 하나가 간첩을 못 잡게 한 것이다. 그 군인은 본능적으로 '똥은 더럽다 → 더러우니 피해야 한다.'고 판단한 것이다. 그렇다. 2%도 안 되는 작은 심리상태가 간첩을 보호하고, 2개 연대병력의 노력을 수포로 만들었다. 일을 성공적으로 마무리하기 위해서는 이 작은 빈틈을 조심해야 하는 것이다.

👑 **비바람을 막아주는 집** 성형을 하는 것은 집을 지어 비바람을 막는 것과 같다. 집을 지어서 자연과의 직접 접촉을 피함으로써 우리는 훨씬 안락한 삶을 살 수 있는 것이다.

원래 아무 것도 없는 벌판이었다. 비가 오고 눈이 오는가 하면, 어느새 바람이 불고 햇볕도 쨍쨍 내리쬔다. 자연 속에서 사는 것이 좋다고 하지만 그대로 살기는 어렵다.

그래서 집을 짓고 살면서 자연과의 직접적인 접촉을 피하는 것이다. 집 밖에서는 여전히 해가 쨍쨍 내리쬐어서 견디기 어렵지만, 집 안은 서늘해서 견딜 만하다. 여기에 에어컨과 냉장고가 도움을 주면 아주 안락해진다.

운은 그렇게 바꾸는 것이다. 전면적으로 다 고치는 것이 아니다. 자연이라는 큰 틀에서 2%만 고쳐서 편리하게 사는 것이다. 비가 오면 우산을 쓰고, 무덥고 바람이 안 불면 선풍기를 쓰고, 추우면 옷을 입고, …, 이렇게 조금씩 피할 방도를 얻는 것이다.

비를 오지 못하게 하고, 바람을 쌩쌩 불게하고, 추운 것을 덥게 만들고, …, 이런 식으로 완전히 바꾸는 것은 바꾸기도 어렵지만, 비용도 많이 들고 그 부작용도 큰 것이다.

👑 인공산도 훌륭한 현무가 된다
가산(假山)은 인공적으로 만든 산이다. 무덤의 뒷산을 현무(玄武)라고 하는데, 명당은 명당인데 뒷산이 작아서 위엄이 없으면 인공적으로 가산을 만들기도 한다.

어렸을 때 산소동이에 올라가서 미끄럼을 타며 놀던 기억이 있다. 5대조 할아버지의 무덤 뒷산이 산소동이이다. 산소동이에 올라가서 비닐 푸대 한 장 깔고 내려오면 한참을 신나게 미끄럼 탈수 있었다. 어른들이 보면 "이놈들! 다른 데 가서 놀아!"하고 야단을 치셨지만, 어른들이 자리를 뜨면 또 비닐 푸대를 들고 놀았다.

그 산소동이가 5대조 할아버지 산소의 현무란다. 종중산에 장례지내지 말고, 동네의 어구 옆산에 인공산을 만들고 그 앞에 묻으라고 유언을 하셨단다.

벼슬을 해서 부귀를 누렸지만 10여 대가 독자로 내려갔다. 그래서 종중산에 묻히는 것을 거부하고, 후손이 번성한다는 동네산에 묻힌 것이다. 다만 동네 산만으로는 현무가 약하다고 생각하셨는지 인공적으로 산소동이를 만든 것이다.

그런데 제대로 산소의 효험을 보았는지, 그 후로는 벼슬은 하지 못했지만 3~4명씩 아들을 낳아서 제법 씨족이 늘어났다. 우리집만 해도 4형제이니 그 효험이 대단한 것이다.

동네 산에 묻힌 할아버지는 왜 산소동이를 만드셨을까? 후손은 많이 생겼지만 벼슬은 없는 산소이다. 그러면 주변사람들로부터 무시를 당할 수가 있다. 그래서 산소동이를 만들어 후손들이 위엄을 잃지 않도록 배려하셨다. 그 덕분인가? 벼슬한 사람 없이 5대를 내려갔으면 멸시를 받을 만도 한데, 주변 동네에서는 아주 힘 있고 부유한 씨족으로 알려져서 큰 소리를 치며 살았다고 한다.

　때에 따라서는 가산도 진산노릇을 한다. 오랫동안 지탱하기는 어렵지만 임시방편적으로 잠깐은 가능한 것이다. 또 가산도 오래되면, 원래부터 있었던 산처럼 자연스런 역할을 하게 된다.

👑 물길을 바꾸면 운이 바뀐다

사는 곳에 물이 들어서 괴롭다면 물길을 바꾸면 된다. 생각은 간단하다. 내가 사는 곳을 옮기든지, 물길을 바꿔서 물이 들어오지 않게 하든지이다. 마찬가지로 폭우내리 듯 비난의 물결이 넘쳐 들어올 때도 있다. 이때도 잠시 타지로 피신해 있든지, 혹은 나에게 흘러들어오기 전에 다른 곳으로 흐를 수 있도록 조치를 취하면 된다.

산소를 쓸 때 활개를 만드는 것은 두 가지 이유이다. 하나는 산소의 형태를 사람이 앞쪽을 보고 엎드려 있는 모습으로 만들기 위해서이다. 분상이 머리에 해당하고, 분상 바로 위의 활개가 양쪽 팔이고, 그 뒤의 활개가 양쪽 다리의 모습을 형상한 것이다. 산맥이 흘러가는 기세를 탄 형상이 되는 것은 물론이고, 사람의 형상이 우주의 기운을 모으는 데 최적의 형상이므로 많은 기운을 모으기 위해서 사람의 형상으로 만든 것이다.

또 한 가지 이유는 위에서 흘러내리는 빗물을 활개를 통해 분상 밖으로 흘려보내기 위해서이다. 수맥이 없는 양지 바른 곳에 분상을 모셨지만, 하늘에서 내리는 빗물까지 막을 수는 없다. 분상 위에서 내리는 비야 어쩔 수 없지만, 산 위에서부터 흘러내려오는 물은 분상을 훼손시킬 수 있다. 그래서 활개를 이중으로 만들어서 분상의 좌우로 나뉘며 흘러내리게 한 것이다.

집도 마찬가지이다. 빗물이 모여 집안으로 흐르지 않도록 도랑을 파면된다. 집안으로 빗물이 흐르면 마당이 패이고, 심하면 집도 무너질 염려가 있다. 집으로 흘러들어오기 전에 도랑을 파서 건물의 왼쪽 혹은 오른쪽으로 흐르게 하는 것이다.

이 방법을 응용하면 나에게 오는 비난을 막을 수 있다. 비난이 오기 전에 교통정리를 하는 것이다. 물론 잘못한 것은 사과하고 벌을 받는 것이 당연하지만, 잠시의 시간을 벌 수 있고 또 촛점이 되어 집중공격을 받는 것을 피할 수 있는 것이다.

👑 꽃이 피면 집에도 좋은 운이 온다

꽃이 피어야 집안 분위기가 살아나고, 꽃이 피어야 축하할 일이 생기는데 집안의 화초가 꽃을 필 생각을 안 한다. 이럴 때는 꽃이 핀 화초를 사서 집안에 두든지, 혹은 가짜 꽃이라도 화초 위에 꽂아두면 된다. 꽃이 필요하면 만들면 되는 것이다.

벌써 5년 전이다. 딸아이가 대학 시험을 봤는데 합격 소식이 없다. 딸아이는 마음을 졸이고 있고 집안 전체 분위기도 조마조마하다. 그런데 화분의 꽃나무가 꽃망울이 맺힌 지 오래 되었는데 통 피지 않는다. 딸아이에게 "걱정하지 마라. 저 화분에 꽃이 피면 합격소식이 올 것이다."라고 말한지라, 모두들 은근히 그 화분만 보고 있었다.

그런데 곧 필 듯 싶은 꽃이 피지를 않는다. 내일이 발표 마감이란다. 그래서 얼른 나가서 꽃이 활짝 핀 서양란 화분을 하나 사 들고 들어왔다. 그리곤 "봐라. 꽃이 피었다. 내일이면 좋은 소식이 올 것이다."라고 큰소리를 쳤다. 그런데 정말로 다음날 합격소식이 들려왔다.

긍정의 승리이다. 온 가족이 "정말 소식이 올까?"하면서도 "그랬으면 좋겠다. 그래 틀림없어."하는 마음으로 믿어 준 결과이다.

👑 생화초에 인조꽃을 심어 좋은 운을 부른다

화분은 꽃이 피어야 예쁘다. 싱싱한 잎새 만으로는 실내분위기를 돋구는데 부족하다. 그럴 때는 인조 꽃도 도움이 된다. 인조나무와 꽃은 생기가 없다고 해서 싫어하는 사람도 있지만, 생화초에 장식으로서의 인조 꽃은 화려하기도 하다. 크리스마스트리에 반짝반짝 장식물과 전구를 매다는 효과이다.

"어머나! 이 나무도 꽃이 피는 구나! 어쩜 예쁘기도 해라!" 우리 사무실에 들어오는 사람 대부분이 이런 감탄을 한다. 잎새가 둥글둥글 옛날의 동전 같다고 해서 돈나무라고 하는 화초이다. 돈을 많이 벌라는 뜻에서 개업식 선물로 곧잘 팔리는 나무이다. 그냥 동글동글한 게 아니라 잎새가 제법 커서 큰돈이 들어온단다.

이 화초에 안사람이 인조 꽃을 하나 심어 놓았다. 내가 보기에도 진짜와 구별이 잘 안가는 붉은색 모란꽃 같이 생긴 인조꽃이다. 평생 꽃 한 송이 피우기 어려운 돈나무를 위해 양자가 아닌 양꽃, 아니 장난감 같은 액세사리를 장식해준 것이다.

그런데 돈나무 잎과 절묘하게 조화를 이루어서 마치 정말로 꽃이 핀 것 같은 착각이 들게 한다. 돈나무가 제법 유명한 나무인데도, 그 나무에 꽃이 핀 것을 보지 못한 사람들이 감탄을 하는 것이다.

그렇게 생각하면 그렇게 되는 것이다. "돈나무에 꽃이 화려하고 크게 폈으니, 이 집은 엄청 잘 될 것이다."라고 생각하고, 그 집에 사는 사람도 그렇게 생각하고 기분이 좋으니 인조 꽃 이상의 역할을 한 것이다.

♛ 균형 잡힌 몸매는 연애를 돕는다

균형을 잃으면 불임이 되기 쉽다. 여기서 균형이라는 것은 몸의 좌우대칭을 말한다. 대칭이라는 것은 단순히 미학적으로 우월하다는 것 외에도 생물학적 자질의 우수성을 보여주는 것이다. 다시 말해서 우수한 유전자, 강력한 면역계, 좋은 영양상태, 원기 왕성한 생식능력 등 중요한 정보를 가르쳐주는 단서가 된다.

균형을 얻으면 흥하고 균형을 잃으면 망한다. 균형을 잃은 사람은 여러 가지 어려움을 겪는다. 그러므로 내 몸과 마음을 균형 있게 만들고, 내 일을 균형 있게 만들고, 주변을 대하는 나의 행동도 균형이 있어야 진정한 성형이 완성된다.

미국의 랜디 쏜힐은 1994년 122명의 남자 대학생을 표본으로 연구한 것을 발표했다. 대칭적인 신체를 가진 대학생들은 그렇지 않은 학생 보다 3~4년 앞서 성교를 시작했고, 그것도 2~3배나 많은 상대를 만났다는 것이다.

또 20대 초반부부 86쌍의 오르가즘에 대한 연구를 1995년에 발표했는데, 대칭적인 남자와 잠자리를 같이 한 여자들은 75%의 확률로 오르가즘을 느낀데 반해, 그렇지 않은 여자들은 30%의 확률로 오르가즘을 느꼈다는 것이다. 귀, 손과 발, 고환 등등의 좌우대칭이 성교능력도 높인 것이다.

또 50여 명의 유부녀를 조사한 결과 왼쪽과 오른쪽의 유방 원둘레가 30%가량 차이 나는 여성은 아이가 없었고, 5%이내의 여자들은 아이가 많았다는 연구보고서를 제출했다. 여성도 좌우대칭이 되어야 생물학적으로 우수하다는 것이다.

👑 고환도 균형이 맞아야 제기능을 한다

몸에 병이 생기면 자꾸 눕게 되는 것과 같이, 신장에 이상이 있거나 몸 상태가 균형을 잃게 되면 고환이 제대로 서 있지 못하고 가로로 눕게 된다. 세로로 서 있으면서 좌우대칭이 되어야 가장 생명력이 있는 것이다.

특히 왼쪽 고환 보다는 오른쪽 고환이 가로로 눕기 쉽다. 이렇게 누운 고환은 고환의 고유운동을 제대로 하지 못할 뿐만 아니라 임신 가능한 정자를 생산하기 어렵다.

고환이 가로로 눕게 되면 우선 똑바로 걷는 것이 불가능해진다. 오른쪽 고환이 눕게 되면 왼쪽으로 치우쳐 걷게 되는 것이다. 넓은 운동장에서 눈을 감고 똑바로 걸어보라고 하면 예외 없이 왼쪽 방향으로 타원을 그리며 걷는 것을 보게 된다. 왜 그럴까? 고환무게에 차이가 나기 때문이다.

가로로 누웠다는 것은 왼쪽 고환에 비해 힘도 없고 무게도 덜 나간다는 뜻이다. 왼쪽이 무거우니 왼쪽으로 치우쳐 걷게 되는 것이다. 10g도 안 되는 무게 때문에? 맞다! 10g도 안 되는 무게 차이 때문에, 똑바로 걷지도 못하고, 남보다 빨리 피곤해질 뿐만 아니라, 아이를 낳을 수도 없는 것이다. 그것도 약간 비스듬하게 누웠을 뿐인데도 그렇다.

👑 계약도 서로의 이익이 맞아야 오래간다

처음에는 아쉬워서 로열티를 물고라도 계약을 하고자 한다. 하지만 시간이 지나서 그것에 대한 수익성도 떨어지고, 또 로열티도 물만큼 물었다고 생각하면 목을 매던 계약에 불만이 커지기 시작한다. 이 때 상대방을 배려하는 기술이 필요하다. 상대방이 원하는 새로운 계약을 할 필요가 있는 것이다. 서로의 조건에 균형이 안 맞으면 틀어지고 깨지기 때문이다. 계약 역시 균형 있는 대칭이 필요하다.

우리의 조상님들은 쥐를 가장 오래된 포유동물 중의 하나로 보았기 때문에, 우주의 탄생 비밀을 잘 안다고 여겼다. 사람들이 물과 불이 없는 고통을 하소연하자, 하느님께서 당신의 아들을 지상으로 보내서 해결하도록 하셨는데, 그 아드님이 물과 불을 얻는 방법을 쥐에게 물었다는 것이다.

하느님의 아들이 쥐의 대장을 불러놓고 "네가 오래 산 동물 중에 가장 똑똑하다니, 물과 불이 어디에 있는지 알 것이다. 물과 불이 있는 곳을 말하라."고 명했다.
쥐의 대장은 까만 눈을 이리저리 굴리며 한참을 생각하더니, "만약 그것을 가르쳐주면 저에게 무엇을 해주시겠습니까?"하며 협상을 해왔다.

하느님의 아들은 순간적으로 '감히 나에게 협상을 해오다니….' 하며 기분이 나빴지만, 쥐의 요구는 끈질겼다. 빨리 하늘나라로 돌아가고픈 마음에 "그래, 네 소원대로 사람들의 창고는 모두 너에게 맡기마."하고 쥐가 원하는 대로 약속을 해 버렸다.

자기 뜻대로 된 쥐가 신이 나서 "하느님이 세상을 만드실 때 불이 돌 속에 숨었으니, 돌끼리 부딪치면 불이 나올 것이고, 물은 땅속으로 숨었으니, 땅을 파면 나올 것입니다."

이 협상 덕에 쥐는 사람들의 창고를 마음대로 뒤져 먹게 되었다고 한다. 사람들에게 불과 물을 찾아준 하느님의 아들은 하늘나라로 금의환향했지만, 사람들은 물과 불을 얻게 된 보답(?)으로, 수많은 세월이 지나도록 곡식을 로열티로 물게 된 것이다.

물론 쥐도 사람들의 좋지 않은 감정을 느낀지라, 해가 뜰 때는 숨었다가 해가 지면 활동하고, 혹 사람을 만나면 고맙고 미안하다는 뜻으로 앞발을 모아 열심히 인사를 했다. 그렇다 해도 사람의 마음이 편한 것이 아니라서, 기회가 닿는대로 쥐를 배척하고 박멸하는 운동을 벌였다.

이는 전해오는 이야기이지만, 요즘 세상에 비춰서 교훈이 될 내용이 있어서 짚어보고자 한다.

첫 번째는 협상권을 함부로 넘겨주지 말아야 한다는 것이다. 믿고 존경하는 하느님께 부탁하고 맡겨서 원하는 것을 얻었지만, 생각지 않은 비용이 만만치 않게 든 것이다. 더구나 직접 당사자인 인간을 배제하고 제 3자간에 이루어져서 더욱 불만이 많았다.

두 번째는 너무 일방적인 이득을 얻으면 협상이 파기된다는 것이다. 쥐가 협상에서는 성공했지만, 불만을 가진 인간에 의해 끊임없이 해침을 당하게 된 원인이다.

👑 상황에 맞아야 가치가 있다 - 새벽 새

재주와 능력도 중요하지만, 더욱 중요한 것은 전체를 파악하는 능력이다. 전체 환경에서 나의 위치를 알아야 하고, 전체 시간 중에서 어디에 해당하는 시간에 놓였는지를 알아야 한다. 낮에는 깨어있는 것이 선이고, 밤에는 휴식하는 것이 선이다.

조광진(曺匡振 : 1772~1840년)은 조선 후기를 풍미한 명필이다. 집이 가난하고 한미하여 벼슬길에는 나서지 못했지만, 호를 어눌한 사람이라는 뜻의 눌인(訥人)으로 지은 데서도 알 수 있듯이, 평생 겸양하는 태도로 배우고 익히기를 게을리 하지 않았다.

하루는 참새들이 뜰 앞 나뭇가지에서 짹짹거리는 소리에 새벽잠을 깼는데, 갑자기 필흥(筆興)이 일어나 자신도 모르게 '曉鳥(효조:새벽 새)' 두 글자를 쓰게 되었다. 대개는 이렇게 흥에 겨워 쓰면 언제나 만족한 글씨를 얻었는데, 흥에 겨워 썼는데도 '曉鳥(효조)'의 '鳥(조)' 자 밑의 넉 점(灬)이 제대로 치켜 올라가지를 못하고 아래로 축 처져서 마음에 거슬렸다. 새벽이라 더 따질 기운도 없고 기분도 나지 않아서, 문갑 밑에 되는대로 밀어 던지고 말았다.

일찍 깬데다 기분이 좋지 않아서 멍하니 있는데, 점심 나절에 어떤 손님이 찾아와서 글씨를 청했고, 다시 필흥도 생기지 않아 문갑속의 '효조'를 그대로 내어주고 말았다.

그럭저럭 세월이 지난 어느 날, 사신을 따라 중국여행을 갔다가 권세 있는 귀족의 초청을 받았다. 그런데 그 집 사랑방에서 자신이 쓴 '曉鳥(효조)'라는 글씨를 보게 되었다.

그때 마뜩치 않은 손님이 청해서 무심결에 내어준 글자가, 중국 귀족의 사랑채에서 귀한 대접을 받으며 있었던 것이다. 얼굴이 화끈하도록 부끄러웠던지라, 그 귀족이 잠깐 밖으로 나간 틈을 타서 필묵을 꺼내 '鳥(조)' 자 밑의 넉 점(灬)을 힘있게 올려붙여 놓았다.

그런데 그 귀족이 와서 보고는 남의 귀한 글씨에 손질을 해서 버려 놓았다고 노발대발하는 것이 아닌가? 조눌인이 여유 있고 자신 있는 말로 "실은 이것은 저의 글씨인데 '鳥(조)' 자의 꼬리에 해당하는 치킴이 제대로 되지 않아서 내버렸던 것입니다. 그런데 대인의 사랑에 저렇게 걸려있으니, 차마 그냥 지나치질 못해서 붓을 좀 넣어 본 것입니다."라고 하였다.

그 귀족이 더욱 언성을 높이며 "당신은 글씨를 쓸 줄만 알고 볼 줄은 모른다. '효조(曉鳥)'는 새벽 새라는 뜻이다. 잠자리에서 갓 깨어 나온 새가 무슨 힘이 있어서 꼬리가 올라가는가? 새벽 새는 힘없이 꼬리를 내리고 우는 법이다. 그 실정을 잘 표현했기에 이 글씨를 비싸게 사서 머리맡에 걸고 사랑했는데, 이제 아까운 글씨를 버렸다."고 하면서 떼어 던져버렸다.

그때 조눌인이 얼마나 참담했을까? 글자 한자 한자의 정치함에만 신경 쓰다가 전체적인 조화와 뜻이라는 대국을 놓친 것이다. 전체를 보는 균형감각을 잃은 것이다. 물론 이러한 아픔이 그를 조선 삼대명필로 다시 태어나게 하였지만….

♛ 철부지라서 일찍 죽은 편작

지금 세상에서는 '완전 투명한 사회'를 외치고 있지만, 낮의 문화가 있고 밤의 문화가 있다. 낮의 문화가 번창할 때는 실력을 다 밝히는 것이 바람직 하지만, 밤의 문화가 기승을 부릴 때는 자신의 실력을 다 드러내면 위험해진다. 때를 모르는 철부지 짓은 위험한 것이다. 또 상대가 약해서 불안해 할 때 너무 자신의 강함을 드러내면 안 된다. 서로간의 균형이 깨질 때 사고가 나는 것이다. 균형은 시간 장소 상대 등등을 모두 고려해야 하는 것이다.

편작(扁鵲)은 춘추시대에 죽은 사람도 살려냈다고 칭송되는 명의이다. 발해군 막읍 출신이며 본명은 진월인(秦越人)이다. 젊어서 객사의 사장(舍長)으로 일할 때, 장상군(長桑君)이라는 은자가 손님으로 있었는데, 다른 사람은 그를 무시했지만 편작만은 정중하고 융숭하게 대접하였다.

그렇게 대접한지 10여 년이 지나자, 장상군이 편작을 불러 남에게 자랑하고 알리지 말 것을 맹서 받고 비전의 의술을 전해주었다. 장상군이 품속에서 약을 꺼내 주면서, "이 약을 흙이 묻지 않은 깨끗한 이슬에 타서 마신 후 30일이 지나면 사물을 꿰뚫어 볼 수 있게 되네."라고 말하고, 감추어 두었던 의서를 꺼내어 편작에게 주고는 홀연히 떠나 버렸다.

장상군의 말대로 약을 복용한지 30일이 지나자, 담 너머에 있는 사람은 물론 사람의 뱃속까지 훤히 들여다 볼 수 있게 되었다. 그렇지만 장상군하고 맹서가 있는지라 신통력이 있다는 사실을 숨기고, 맥을 짚어서 병세를 아는 것처럼 했다. 그러다가 점점 자신이 붙으면서 호언하기 시작했다.

닷새 동안 비몽사몽하며 헤매는 조나라 임금(조간자)을 옥황상제의 예언을 들으러 간 것이므로 걱정할 것이 없다고 안심시켰는데, 그의 말대로 조나라 임금이 살아나면서 120만평의 전답을 상으로 받았다.

괵나라에서 죽은 태자를 관에 넣어 장례를 치르려 하였다. 편작이 성문에 도착하자마자 "이러저러한 증세가 아니냐?"고 하며 치료할 수 있다고 호언했다. 결국 20일 만에 완쾌를 시켜 "편작이 죽은 사람을 살렸다(편작기사扁鵲起死)."라는 말이 유행했다.

뿐만 아니라 부인을 위하는 도시로 가서는 부인과 의사가 되었고, 노인을 공경하는 나라로 가서는 눈과 귀 혹은 마비증세 등 노인을 전문적으로 치료하는 의사가 되었으며, 어린이를 사랑한다는 진(秦)나라에 가서는 아이들을 돌보는 의사가 되었다.

뛰어난 의술을 바탕으로 기이한 치료를 했고, 인정과 풍속에 따라 전공을 바꾸며 진료를 한 것이다. 그래서 부자가 된 것은 물론이고, 천하에 그 명성이 널리 퍼지게 되었다. 장상군이 "비전되는 의술이니 다른 사람에게 가르치거나 유명해지지 말라!"고 했는데, 그 말을 어긴 것이다.

모두가 편작만을 이야기 하고 편작만이 진정한 의사라고 하며 존경을 하니, 당시 진(秦)나라에서 임금의 주치의로 명성을 드날리던 태의령(太醫令) 이혜(李醯)는 가시방석에 앉은 기분이었다. 실력으로는 도저히 상대가 되질 않고, 거기에다가 편작의 명성이 임금의 귀에 들어가면 태의령 자리도 넘겨주어야 할 형편이었다. 고민 끝에 많은 돈을 주고 자객을 사서 편작을 찔러 죽이고 말았다.

3부. 좋은 운을 모아 성공으로

좋은 운을 모은다는 것은, 좋은 경험 좋은 환경 좋은 사람을 모으라는 뜻이다.

평소 좋은 운을 모아두고, 좋은 운이 있는 사람을 사귀고, 좋은 운이 있는 곳에 가서 기운을 받는 습관이 중요한 것이다.

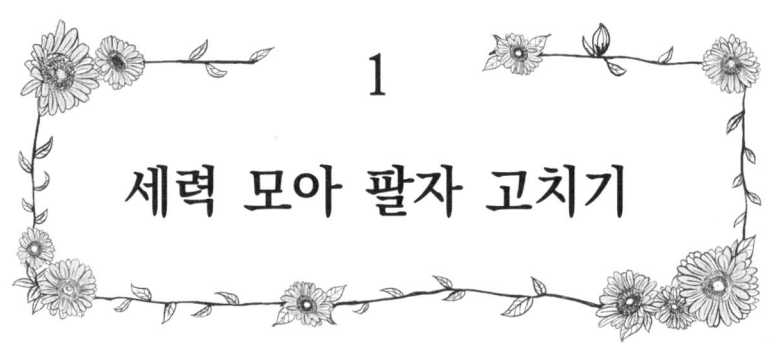

1
세력 모아 팔자 고치기

　세상에는 여러 잣대가 있다. 학자들은 진리와 거짓으로 구별하고, 일반인들은 옳고 그름으로 구별 짓는다. 그러나 진리나 옳음, 이런 것만으로 선악의 잣대가 되지 않는다. 인간은 AI처럼 이성으로만 판단하는 기계가 아니기 때문이다.

　어찌 보면 이성 보다는 감성에 더 치우쳐 사는지도 모른다. 그 감정을 드러내는 가장 쉬운 예가 '내 편이냐, 네 편이냐?'이다. 이 편가르기의 극단이 '내 편이라면 무조건 좋고, 네 편이라면 무조건 싫다.'이다. 여기에는 이성이 끼어들 여지가 없.

　그래서 '내 편 만들기'가 운을 바꾸는 좋은 방법이 된다. 내 편 만들기에는 양자 들이기, 양자로 들어가기, 축관 세우기, 내 별 만들기 등의 예를 들었다. 대통령 선출을 보라. 51: 49의 비율로 승패가 갈린다. 대통령도 2%가 만드는 것이다.

👑 친아들과 양아들
조선시대 주리파 성리학을 주창한 회재 이언적에게는 이전인과 이응인이라는 두 아들이 있었다. 친아들과 양아들이다. 이들이 모두 뛰어난 역량을 발휘하며 아들노릇을 잘 함으로써, 아버지를 더욱더 훌륭한 사람으로 빛나게 했다.

내 편을 만드는 좋은 방법 중의 하나가 '양자 들이기'이다. 자식으로 삼는 것이다. 부모 자식보다 가까운 사이가 어디 있겠는가? 가장 가까운 내 편인 것이다. 다만 직접 낳아 기르기가 어렵다면, 마음에 드는 사람을 양자로 들여서 원하는 효과를 얻을 수 있다.

내 편 중에서도 확실한 내 편이 아들이다. 친아들이라면 말할 것도 없고 양아들도 무척 친한 내 편이다. 친아들이 없을 때는 양자가 친아들 노릇을 한다. 이가 없으면 잇몸으로 산다는 말이 있듯이, 없는 사람끼리 서로 믿고 의지하며 사랑하는 것이다.

이전인은 이언적과 잠깐 사귀던 기생(나중에 양민이 됨)에게서 낳은 아들이고, 이응인은 5촌 조카로 이언적이 양자로 들인 아들이다.

이언적(李彦迪)은 경주 주학(州學) 교관이던 25세 때 석비(石非)와 정을 주고받아 이전인을 낳았다. 석비는 감포 만호 석귀동과 경주관아의 기생관비 족비(足非) 사이에 태어난 딸이었지만, 석귀동이 관비 신분에서 벗어나게 해주었기 때문에, 이언적을 만났을 때는 기생관비에서 벗어나 양민의 신분이었다고 한다.

이언적과 헤어진 뒤에 경상도 수사(水使) 조윤손이 마음에 들어해서, 이언적의 아이(이전인)를 임신한 상태에서 그의 첩이 되었다고 한다.

이전인은 이언적이 친아버지라는 것을 알게 되자, 강계 유배지에 있던 친아버지 이언적을 찾아가서 극진한 효도를 다했다. 돌아가신 뒤에는 강계에서 경주까지 2천리 길을 아버지의 시신을 지게질해서 모셔왔으며, 퇴계 선생을 찾아가서 아버지의 학문적 성과를 말씀드림으로써, 유학자로서 최고의 영예인 문묘에 배향될 수 있게 하였다.

이렇게 뛰어난 학행과 효심에도 불구하고 서자라는 이유로 이언적의 후손으로서 정통성을 인정받지 못했다. 하지만 스스로 정통성을 개척해 나갔다. 자신의 친부 이언적을 대학자의 반열로 올려놓았고, 그 자신도 선조임금으로부터 학자로 인정받은 훌륭한 양반이 된 것이다.

또 양자 이응인도 어려서부터 이언적 집안에서 자랐기 때문에, 이언적의 사랑을 받고 이언적을 닮게 되었다. 양부로부터 종택을 물려받고, 양부의 제사를 지냈고, 그 후손들도 대를 이어가며 제사를 지냈으며, 이언적의 후손임을 자랑스럽게 여기는 튼튼한 울타리가 된 것이다.

👑 붓으로 낳은 자식

　요즈음에는 전혀 유전자 구조가 다른 사람을 양자로 구하기도 한다. 사람은 보고들은 것을 닮으며 자라기 마련이다. 모방본능이 있어서 가장 강하고 멋지다고 생각하는 사람을 흉내내고, 그러다 보면 서로 닮아가기 때문이다. 그렇게 되면 유전자가 다르더라도 나와 유사한 사람으로 키울 수 있는 것이다. 여기에 유전자까지 비슷하다면 금상첨화이다.

　이응인은 이언적의 사촌동생인 이통(李通)의 셋째 아들인데, 이언적에게 후손이 없었기 때문에 양자로 맞아들였다. 서류로만 입적된 것이 아니라 이언적의 집에 가서 아들노릇을 하며 살았다.
　하루는 생모가 옷을 만들어 보내자, 매일 같이 옷을 만지면서 어머니가 만든 옷이라고 좋아했다. 여덟 살 때 생모가 죽자 슬퍼하며 틈틈이 생모가 만든 옷을 꺼내보고 생모를 찾았다.
　보다 못한 이언적의 부인이 "내가 너의 어머니이고, 돌아가신 분은 너의 숙모"라고 말했다. 그러자 어린 이응인이 "두 분 모두가 나의 어머니"라고 말했다. 그 말을 전해들은 이언적이 매우 기특하게 여겼다고 한다.
　이언적은 본부인에게서 친아들을 낳을 수 없었고, 혼외관계에서 낳은 친아들도 볼 수가 없었다. 그래서 생각한 것이 양자를 들이는 것이었다. 예로부터 양자는 자기와 항렬이 맞는 5촌에서 많이 구했다. 나와 가장 유전자 구조가 비슷한 사람을 구한 것이다.

이응인은 이언적의 명성 덕분에 과거를 보지 않고도 벼슬길에 나설 수 있었고, 고을의 수령을 지내면서 선정을 베풀어 명성이 높았다고 한다. 서자인 이전인과 정통성을 다투었다는 기록도 없고, 재산을 다투었다는 기록도 없다. 이응인의 일생을 돌아보면, 지혜가 뛰어 났다기보다 덕이 높았던가 보다.

친아들은 친아들대로 이언적의 명예를 회복시키며 그 학문적 업적을 드날렸고, 양아들은 양아들대로 조용한 울타리가 되어서 가풍을 이어주었으니, 참으로 복이 많은 사람이라고 할 수 있다.

👑 양귀비의 양자로 들어간 안록산

선택을 당하는 것이 아니라 좀 더 능동적으로 선택을 하는 수도 있다. 그 대표적인 것이 '양자 들어가기'이다. 필요한 사람을 지극정성으로 모시면, 그 사람이 나를 보호해주는 뒷배가 된다. 각종 종교의 신도가 되는 것도 일종의 양자 들어가기이다. '하나님 아버지' 할 때, 하나님이 나를 직접 낳은 것이 아니므로 양자라는 뜻이다. 음식점에서 '삼촌' 또는 '이모' 같은 용어를 쓰는 것도, 양자까지는 아니지만 친근감을 나타내며 같은 편임을 강조한 것이다. 대부(代父), 대모(代母), 유모 등도 다 같은 맥락이다.

안록산은 당나라 현종황제 때 서북면의 3개 방면 절도사였다. 별다른 공을 세우지 못한지라 3개 방면 절도사도 과분한데, 양귀비의 사촌인 양국충과 재상자리를 놓고 다툴 정도로 권력을 누린 것은, 특유의 아첨에 바탕을 둔 처세술 덕분이었다.

그는 현종에게 아부하여서 절대적인 신임을 받았을 뿐만 아니라, 10살이나 어린 양귀비를 양어머니로 모셨다. 그 덕분에 현종과 양귀비의 철저한 비호아래 권력과 부를 누렸다. 적극적으로 자신의 비호세력을 만든 것이다.

사실 안록산은 황제나 양귀비와 닮은 데가 없었다. 아버지는 이란 사람이고 어머니는 돌궐 사람이었다고 한다. 중국 사람과는 다르게 생겼던 것이다. 닮은 것 하나 없지만 어리숙한 익살과 재치로 현종의 마음을 샀다. 현종이 "그 뚱뚱하고 큰 배에는 무엇이 들어있나?"하고 놀리자, 자기 배를 퉁퉁 치며 "이 속에는 황제 폐하에 대한 충성심이 가득해서 이렇게 터질 듯이 부풀은 것입니다."라고 하였다.

또 10살이나 어린 양귀비를 "어머니, 어머니."하고 부르며 친근감 있게 따르고, "이제 막 어머니 아들로 태어났으니 기저귀를 갈아달라."고 하며 응석을 부렸다. 기저귀를 갈면서 "하하, 호호" 웃는 소리에, 현종이 "귀비가 무척 기분이 좋은 것 같다. 무엇을 하길래 저렇게 웃음소리가 큰 것인가?" 묻자, 내관이 "양아들의 목욕을 시키고 기저귀를 갈아주시고 있습니다."고 하자, 기저귀 값에 보태라고 하사금을 내릴 정도였다.

안록산은 사심 가득한 욕심으로 양부모를 섬겨서 개인적인 영달을 얻는데 쓰고, 더 큰 욕심을 내서 안록산과 사사명의 난이라는 반란을 일으키며 나라를 망쳤다. '양부모를 모셔서 좋은 쪽으로 마음을 썼더라면….'하는 아쉬움이 있지만, 어찌되었든 부모와 자식관계를 맺는다는 것은 아주 끈끈하고 절대적인 우호세력을 만드는 것임에는 틀림없다.

👑 태양신 숭배도 양자 들어가는 방법
이집트인은 태양에게 양자로 들어갔다. 가장 눈에 잘 띄고 가장 힘이 세서 누구나 우러러 보는 태양을 선택한 것이다. 그 결과 나일강 주변을 크게 개간하며 풍년을 가져왔고, 문명을 일으켜서 주변의 다른 민족을 지배하는 우두머리가 되었다.

이집트인은 태양신을 지극정성으로 모셨다. 태양신이 나를 보호해주고 인도해 주는 뒷배가 되어주기를 바라고, 주변의 다른 민족에게 태양의 아들이란 점을 과시한 것이다.

하지만 이 관계는 이집트인이 일방적으로 태양신을 선택한 것이다. 태양신이 이집트인을 특별히 예뻐해서 "너희들은 나의 양자요, 나의 가족이다."라고 한 것도 아니고, 또 "너희들이 나를 그렇게 모시겠다면 나도 너희들의 뒷배가 되어주겠다."하고 계약을 맺은 것도 아니다. 양자가 양부를 일방적으로 선택한 것이다.

일본인들도 모든 것에 요정이 있다고 만물신을 숭상하며 양자 들어가기를 한다. 또 율곡 퇴계 등 특정한 지역의 이름을 호로 쓰고, 멋진 건물이나 바위 등의 이름을 호로 쓰며 친근감을 나타내는 것도 일종의 양자 들어가기이다. 결코 쌍방계약이 아니다.

그런데도 태양, 산, 강, 나무, 지역, 건물, 바위 등등이 나의 뒷배로 작용하는 것이다.

👑 별에게 양자 들어가기
하늘의 별을 자신을 수호해주는 별이라 하고, 심지어 "우리 씨족은 모두 ○○별에게 제사지내라. 이 ○○별은 우리 씨족을 돌봐주시는 수호별이다."라고 한다. 별에게 양자 들어가기를 하는 것이다.

그 대표적인 것이 상(殷)나라를 세운 알백(閼伯)의 후손이다. 알백은 아버지인 제곡 고신씨가 임금일 때부터 불에 관한 업무를 관장하는 장관(화정:火正)이었다. 지금의 산업통상자원부 장관 정도에 해당한다. 그런데 요임금이 등극하자 알백을 상구땅의 제후로 발령을 냈다. 하루아침에 동쪽 작은 지방의 도지사로 좌천시킨 것이다.

도지사로 발령을 내면서 28수 중 하나인 심수를 모시라고 했다. 옛날에는 제후를 봉할 때, 다스릴 땅을 정해서 나눠주는 것은 물론이고, 제사지내며 모실 하늘의 별도 정해주었다. 처음에는 서로 생소하고 서먹했지만, 해가 가고 세월이 지나면, 그 별은 어느새 제후국 사람들의 마음을 하나로 모아주고 안전을 지켜주는 든든한 수호별이 되는 것이다.

👑 심수는 우리나라의 수호별
별을 수호신으로 모실 때는 자기와 성격이 비슷한 별을 택해야 한다. 그래야 서로 성격이 맞아서 기운이 통하기 쉽다. 알백과 그 후손은 별(심수)을 모신지 6대만에 중국 최고의 부자가 되었고, 그로부터 7대가 지나서는 중국 전체를 다스리는 왕조를 세웠다.

알백이 모신 별이 동방칠수의 중앙에 있는 심수이다. 심수는 붉고 커서 대화(大火)라고도 하는데, 음력 6월의 해질녘이면 하늘 한 가운데 떴다가 대서가 지나면 보이지 않게 된다. 이 별이 남쪽 하늘 한가운데 뜰 때 삼복(三伏)이 되므로, 이 별을 복화(伏火)라고도 한다. 또 이 별은 화성과 비슷하게 생겼고, 화성과 밝기를 경쟁할 정도로 밝기 때문에 화성(火星)이라고도 한다.

역사적으로 보면, 알백은 백성을 위해 몸과 마음을 아끼지 않아 존경과 사랑을 받았고, 그 6세손인 왕해(王亥)는 무역을 통해 거대한 부를 축적했다. 왕해가 장사를 잘 해서 부자가 되었으므로, 지금도 장사하는 사람을 '상인(商人, 상나라 사람)'이라고 부른다. 왕해의 7세손인 성탕(成湯)에 이르러서는 중국 전국토를 554년간 통치하는 상나라 왕조를 세웠다. 말하자면 심수에게 제사지내며 모신지 13세(약 390년)만에 왕조를 세울 수 있었다는 뜻이다.

이것은 엄청난 성공이다. 자손 대대로 중국 제일의 부자가 되고 더구나 중국 전체를 다스리는 나라를 건국한 것이다. 상나라는 동이족이 세운 나라이다. 동이족은 우리의 조상이므로, 심수는 우리나라의 별이라고 해도 과언이 아니다.

♛ 첨성대를 무덤으로 삼은 알백

"세상에서 제일 밝은 별인 심수가 우리를 지켜주고, 우리도 세상에서 제일 높고 화려한 누대를 만들어서 심수를 받든다. 언제 어디서라도 심수는 우리를 지켜줄 것이고, 우리를 모이게 할 것이다." 이런 마음이 '+2%'로 작용해서 성공을 가져온 것이다.

알백은 알백대(閼伯臺)라는 높고 큰 누대를 지어놓고, 심수를 가문의 별, 나아가 국가의 별로 삼아 제사를 지냈다.

그리곤 "알백대는 심수와 직접적으로 기운이 통하는 곳이다. 하늘과 땅과 우리 후손을 이어주는 것이다. 너희들이 이 알백대를 중심으로 심수를 잘 모시면 큰 복을 받을 것이다."라는 믿음을 주었다. 후손과 백성을 하나로 잇는 구심점을 만든 것이다. "항상 후손들이 믿고 찾아올 수 있어야 한다. 그러려면 산소가 제일이다. 조상의 무덤이 있으면 후손이 찾아오기 마련이다."라는 생각으로 알백대에 묻혔다. 그래서 이름도 알백대가 된 것이다.

알백대는 중국의 하남성 상구시에 있다. 상구시는 사방이 평지인데, 유일하게 둥그렇게 돋아진 곳이 있다. 풍수에서 평양룡이라고 하는 명당이다. 그 중심에 알백대가 높이 건축되어 있는 것이다. 명당중의 명당인 평양룡 위에 알백대를 세운 것이다.

중국 하남성 상구시에 있는 알백대

상구지방에 제후로 봉해진 알백이 건축해서 별에게 제사를 지냈고, 그가 죽고 난 뒤에는 그 알백대 밑에 묻힘으로써 자연스럽게 거대한 무덤이 되었다. 알백대가 구심점이 되어서, 멀리 떨어진 후손들도 찾아와 심수의 기운을 받는 곳이 된 것이다.

👑 **별의 기운을 나눠 주세요** 기운이 좋으면 혼자 가지려 하면 안 된다. 나눠 주어야 한다. 같이 할수록 더욱더 기운이 커진다. 그래야 그 기운을 여럿이 오랫동안 누릴 수 있다.

알백대묘회에서 향화를 올리는 모습

알백대의 전설은 중국에서 별을 섬겨 성공한 가장 유명한 사례이다. 사람들도 그 기운을 나눠받아 복을 받고자 한다. 알백의 후손처럼 중국 제일의 거부가 되거나 나라를 통치하게 되지는 못할지라도, 행복하게 살 수 있는 약간의 부와 지도층인사가 되기를 바라는 것이다. 그래서인지 중국 사람들은 새해를 맞이하면서 자신의 조상보다 알백대를 먼저 찾기도 한다.

알백대 묘회(閼伯臺廟會)는 '화신대 묘회'라고도 하는데, 줄여서 대회(臺會)라고도 부른다. 약 4,000여 년을 이어온 상구시의 가장 오래되고 성대한 행사이다. 매년 정월 초사흘부터 팔일까지 나흘 간 벌어지는 이 행사는, 알백의 봉분에 흙을 더하고 나무로 돌을 두드려 단단하게 하며, 알백을 추모하는 글을 소리 내어 읊는 방식으로 제사를 지낸다.

물론 화정의 후예답게 거대하고 오래 타는 향화(香火)를 빼놓을 수는 없다. 알백과 그 후손이 4,000년 이상 별에 기도해서 모은 정기를 조금이라도 나누어 받기를 바라는 것이다.

이 기간 동안에는 모임에 직접 참석한 사람은 물론이고, 하남성 산동성 안휘성 강소성 등 주변의 많은 사람들이 알백대를 향해 향화를 올리고, 각자가 잘하는 묘기를 부리며 알백이 알아주어 복을 받기를 바란다.

누구라도 마음에 드는 별을 찾아서 마음으로부터 사랑하며 기도하면 꿈이 이루어질 것이다. 나를 지켜주는 수호별이 있고, 별과 나를 이어주는 믿음과 존경의 끈이 있다면, 인생이 훨씬 풍요롭고 행복해지지 않을까?

👑 나의 수호별 찾기

수호별을 작은 별로 정할 수도 있지만, 대개는 제후별에 해당하는 28수 중에서 선택한다. 28수는 밝은 별이고 모양도 뚜렷하므로 찾기도 쉽고, 또 제후급에 속하므로 별의 힘도 센 편이다. 수호별에는 별을 수호하는 수호신장이 있다. 신장은 '귀신 신'에 '장군 장' 자를 쓴다. 하늘을 수호하는 병사들을 천병 또는 신병이라고 하는데, 신장은 이 신병을 거느리는 장군으로, 계급도 높고 능력도 있다는 뜻이다.

그런데 수호별의 신장은 사람 몸에 동물의 얼굴을 하고 있다. 사람이 만물의 영장이므로, 사람얼굴을 해야 더 뛰어난 신장일 텐데 왜 동물의 얼굴을 하고 있을까?

"마흔이 넘으면 자기 얼굴에 책임을 져야 한다."고 한다. 얼굴은 성격을 나타내기 때문이다. 어렸을 때 얼굴은 부모님이 낳아주신 대로지만, 40년을 쓰다보면, 좋은 마음으로 잘 쓴 사람은 후덕하게 얼굴이 변하고, 혼자만 약은 체 하며 산 사람은 얌체처럼 보이기 마련이다. 수호별의 신장들이 동물 얼굴을 하고 있는 것도, 다른 것은 모두 뛰어난 신장이지만, 자기도 모르게 얼굴에 쥐의 성격, 소의 성격, 호랑이의 성격, …, 등등 성격이 드러난 것이다.

자기와 성격이 비슷한 수호신장을 찾아서 친하게 지내면, 하늘에 빽(뒷배경)이 생기는 효과가 있다. 하늘에 나를 지켜주는 든든한 빽이 생기는 것이다. 특히 아이들에게 수호신장을 찾아주면 여러 가지로 든든하다. 성적이 좋아졌다고 자랑도 하고, 잘못한 것이 있으면 반성도 하고, 혹여 왕따를 당하더라도 하소연할 곳이 있게 된다. 찾는 방법은 의외로 간단하다.

(1) 음력 생년과 월을 가지고 수호별을 찾는다.

쥐띠 소띠 하는 띠는 12개이고, 각수 항수 저수 하는 하늘의 제후별은 28개이다. 그러므로 12띠에 28제후별을 배당할 때, 어떤 띠는 두 개의 제후별을 배당하고 어떤 띠는 세 개의 제후별을 배당한다.

예를 들어서 토끼띠는 세 개의 제후별을 배당하는데, 음력으로 1~4월 사이에 태어난 사람은 '저수', 5~8월 사이에 태어난 사람은 '방수', 9~12월 사이에 태어난 사람은 '심수'를 각기 수호별이라고 한다.(아래 도표 참조)

쥐띠

띠	28수	별모양	성격	해당 지역
1~4월	여 박쥐		**여토복**은 꾀가 많아 주변 상황을 자기에게 유리하게 잘 써요. 그래서 이중적이거나 이기적이라는 오해를 받을 수 있어요.	경상도(김해, 양산, 경산, 경주, 울산, 기장)
5~8월	허 쥐		**허일서**는 적응력이 뛰어나요. 영리하고 약삭빨라 임기응변에 강하답니다. 리더십이 있고, 호기심도 많아요. 저축을 좋아해요.	경상북도(영천, 의성, 군위, 포항)
9~12월	위 제비		**위월연**은 평소 정이 많아요. 그래서 연인한테 다정하답니다. 깔끔한 성격이고요. 신의가 두터워 간혹 미련하다는 오해를 받기도 해요.	경상북도(상주, 점촌, 예천, 풍기, 영주, 안동, 청송, 문경)

소띠

띠	28수	별모양	성격	해당 지역
음력 1~6월	두 해치		**두목해**는 거짓말을 싫어하고, 도덕적이에요. 어렵고 힘든 것을 잘 견디고요. 남을 도와주기를 좋아한답니다.	경상남도(산청, 거창, 진주, 하동, 의령, 함안, 사천, 남해, 삼천포, 통영, 거제)
7~12월	우 소		**우금우**는 순하고 우직해요. 근면해서 저축을 좋아한답니다. 힘든 일도 마다 않는 성실함도 있어요. 하지만 고집이 좀 센 편이에요.	경상도(창원, 대구, 청도, 밀양)

세력 모아 팔자 고치기

호랑이띠

띠	28수	별모양	성격	해당 지역
1~6월	미 호랑이		미화호는 자존심이 세긴 하지만 무척 용감해요. 참을성이 아예 없는 것은 아니지만 오래 참지는 못해요. 은인과 원수를 확실히 구분하지요.	함경남도(풍산, 함흥, 원산, 덕원, 안변, 신포, 길주, 경성, 영천, 부령, 청진)
7~12월	기 표범		기수표는 차분하고 깔끔한 성격이에요. 자유분방하면서도 조심성이 있고 인내력이 많아요. 계획성 있게 일을 잘 처리해요.	함경북도(경흥, 삼수, 갑산, 무산, 회령, 은성, 경원, 종성, 혜산진)

토끼띠

띠	28수	별모양	성격	해당 지역
1~4월	저 너구리		저토학은 주변 사람에게 잘하는 친근한 성격이며, 욕심이 많고 꾀가 많아요. 자신에게 좋은 곳을 잘 찾아내요.	충청남도(대천, 청양, 보령, 논산, 공주, 서천, 부여)
5~8월	방 토끼		방일토는 호기심이 많아요. 궁금한 것은 못 참지요. 영리해서 임기응변에 뛰어나요. 다만 너무 자만하면 안 돼요.	충청남도~전라북도(서천, 부안, 김제, 금산)
9~12월	심 여우		심월호는 의심이 많지만 사리분별을 잘하고, 영리해서 어떤 상황에서도 주변 여건을 잘 활용해요. 혼자서 다니는 것을 좋아해요.	전라북도(군산, 함열, 익산, 전주의 남쪽)

용띠

띠	28수	별모양	성격	해당 지역
음력 1~6월	각 외뿔용		각목교는 자존심이 세지만, 만사에 형평성이 있어서 공평하게 처리해요. 먼저 나서서 판단하길 잘하는 성격이랍니다.	전라북도(김제, 정읍, 담양, 임실, 순창, 전주, 진안)
7~12월	항 쌍뿔용		항금룡은 공정한 것을 좋아하고, 다른 사람의 말을 잘 듣고 판단해요. 자존심이 강해서 남의 위에 서는 것도 좋아한답니다.	전라북도~충청남도(남원, 장수, 무주, 금산, 함양)

뱀띠

띠	28수	별모양	성격	해당 지역
1~6월	익 구렁이		익화사는 끈기가 있고 예술적인 기질도 있답니다. 자신의 능력을 잘 감추므로 능청스럽다는 소리를 듣기도 한답니다.	전라남도~제주도 (함평, 무안, 목포, 영암, 강진, 해남, 진도, 영광, 고창)
7~12월	진 지렁이		진수인은 부지런해요. 맡은 일을 성실히 해 나가지요. 생활력이 강하면서도 예술적인 기질이 있답니다.	전남(광주, 창평, 화순, 보성, 장흥, 고흥, 순천, 여천, 보성, 곡성, 구례, 광양, 여천, 여수)

말띠

띠	28수	별모양	성격	해당 지역
1~4월	류 Ryu 노루		류토장은 비밀을 좋아하고 호기심이 많지요. 겁이 많지만 입이 무거운 편으로, 확실한 사람만을 사귀지요.	경기도~서울 (개성, 고양, 서울, 파주, 금촌, 원당, 송도, 양주, 적성,

세력 모아 팔자 고치기 255

띠	28수	별모양	성격	해당 지역
5~8월	성 말		성일마는 성실하고 신의가 있어 보좌하는 일을 잘한답니다. 책임감 있고 씩씩하지만 조금 성질이 급하지요.	구리, 김포, 강화) 경기도~서울 남부(부평, 인천, 안산, 오산, 송탄, 과천, 시흥, 수원)
9~12월	장 사슴		장월록은 비밀을 좋아하고 호기심이 많답니다. 유순하고 친구 간에 의리가 있어요. 욕심도 많은 편입니다. 건강에 관심이 많지요.	경기도~충청도(진천, 음성, 괴산, 충주, 제천, 단양, 광주, 용인, 안성)

양띠

띠	28수	별모양	성격	해당 지역
음력 1~6월	정 들개		정목안은 공평한 것을 좋아하고 불의를 싫어한답니다. 한 번 목표를 정하면 앞뒤 가리지 않는 용감하며, 끈기와 정열이 있지요.	황해도(은율, 안악, 송화, 사리원, 신계, 곡산, 웅진, 해주, 평양, 용강, 강서, 철원)
7~12월	귀 양		귀금양은 평소엔 온순한 편이지만, 한 번 고집을 피우면 말릴 수 없어요. 현실보다는 이상을 중요시하고, 자존심이 강하답니다.	황해도(연안, 연백, 금천, 남천, 백천, 백령도)

원숭이띠

띠	28수	별모양	성격	해당 지역
1~6월	자 후원숭이		자화후는 호기심이 많고 노는 것을 즐기나 조심성도 많으며, 전체를 파악하는 안목이 있어요. 자존심이 강하답니다.	강원~경기도 (여주, 원주, 음죽, 치악산)

7~12월	삼 원원숭이		삼수원은 모자간의 정이 깊고 동료에 대한 의리가 있어요. 흉내를 잘 내고 놀기를 좋아하는데 성질이 급하지요.	경기도(연천, 동두천, 포천, 가평, 양평, 이천)

닭띠

띠	28수	별모양	성격	해당 지역
1~4월	위 꿩		위토치는 편안하고 조용한 곳을 잘 찾아요. 신의가 있어 은혜를 갚을 줄 알지만, 허영심도 가지고 있어 주의해야 하지요.	평안북도(중강진, 강계, 자성, 후창, 희천, 영변, 운산, 초산, 벽동)
5~8월	묘 닭		묘일계는 부지런하고 약속을 잘 지켜요. 자신에 대한 자부심이 강하고 서열을 중요시하지요. 하지만 뒤끝은 없답니다.	평안북도(창성, 삭주, 구성, 의주, 신의주, 용암포, 태천, 정주, 박천)
0~12월	필 까마귀		필월오는 영리하고 은혜를 잘 갚아요. 조직생활을 잘 하고 조직을 위해서는 용감하고 과감해요. 공상을 즐기기도 하지요.	평안도(곽산, 가산, 정주, 박천, 개전, 안수, 순전, 영유, 성천, 강동, 자산, 강동, 순안)

개띠

띠	28수	별모양	성격	해당 지역
음력 1~6월	규 이리		규목랑은 순간적인 기지가 뛰어나고 판단을 잘하지만 때로 과격한 면이 있어요. 식탐이 있긴 하지만 협동적이며 정열적이지요.	충남(서산, 당진, 예산, 아산, 온양)

띠	28수	별모양	성격	해당 지역
7~12월	루 개		**루금구**는 사귀기는 어렵지만 의리가 있고, 자신의 것을 잘 지켜요. 고지식한 면도 있지요. 한번 사랑은 영원한 사랑이지요.	충북(천안, 조치원, 보은, 옥천, 영동, 충남의 황간)
돼지띠				
띠	28수	별모양	성격	해당 지역
1~6월	실 돼지		**실화저**는 평소엔 게으르지만 자기가 좋아하는 일이나 이익 앞에서는 아주 재빠른 행동파랍니다. 영리하고, 지기를 싫어해요.	경북(봉화, 울진), 강원(삼척, 정선, 영월, 강릉, 횡성, 평창, 양양, 홍천, 춘천, 인제, 간성, 고성, 양구)
7~12월	벽 수달		**벽수유**는 영리하고 정이 많아요. 틈나는 대로 저축하고, 좋고 편안한 장소를 잘 선택해요. 인내심도 강하답니다.	강원북도(강원도의 이천, 평강, 김화, 화천, 회양, 통천)

(2) 28수 나경을 활용하여 양력 생일과 생시를 맞춰 태어난 시각의 별을 찾는다.

이렇게 찾은 별이 자신의 수호별이 된다. 이 별은 수호별이라기보다, 태어날 때 하늘에서 지켜주며 감싸주는 당직별이다. 그 시간에 당직을 서고 있는 별이라는 뜻이다.(대유학당 간행 28수 나경 참조)

그래서 보통은 '(1)'의 방법에 의해서 수호별을 찾는다. 그래야 태어난 사람과 성격이 잘 맞는다. 하늘의 별자리, 특히 28수 수호신장도 자기를 닮은 사람을 더 좋아한다. 자기를 닮고 성격이 비슷한 사람을 보호해주고 이끌어주는 것이다.

성격이 비슷한 별은 쉽게 찾는다고 하지만, 기도를 한다고 들어줄까? 들어준다. 자기 닮은 자식은 무슨 짓을 해도 예쁘듯이, 닮았다는 건 자기와 똑같다는 것이고, 똑 같으면 위해주기 마련이다. 하늘의 별자리도 자기 닮은 사람을 더 좋아한다. 닮은 사람이 부탁하는데 어떻게 거절하겠는가? 자식도 나를 닮은 애가 더 예쁘고, 애완견도 주인 닮은 개가 더 사랑을 받는 법이다.

♛ 수호별의 성격과 해당지역

위의 도표대로 수호별을 찾고, 그 성격과 담당지역을 알아두어야 좋다. 간단하게 Q와 A로 예를 들면서 알아보자.

Q. 2020년 1월 5일생은 무슨 띠로 봐야 하나요?

A. 띠는 입춘 절기를 기준으로 해요. 보통 2월 4일 전후인데, 그 전에 태어났다면 돼지띠가 됩니다. 2월 4일 이전은 돼지띠, 2월 5일부터는 쥐띠가 됩니다. 사실 이렇게 애매한 사람은 양쪽의 성격이 다 있어요.

Q. 양력 생일만 알아요.

A. 네이버 음양력 변환을 이용하여 찾을 수 있어요.

Q. 수호별이 모두 북한에 있어요. 갈 수도 없는데 어쩌죠?

A. 그 동네 문화와 역사적으로 뛰어났던 인물을 공부해서 떠올리고, 사진으로 간직하고 특산 음식도 먹어요.

👑 수호별과 친해지는 방법

수호별을 찾은 다음에는 친하게 지내야 좋다. 친하면 친할수록 도움을 많이 받을 수 있기 때문이다.

① 수호별에 해당하는 상징동물의 특성을 잘 공부한다(대유학당 간행 『세종대왕이 만난 우리 별자리』 참조).

② 28수 나경을 활용하여 수호별의 위치를 확인하고, 그곳을 향해서 인사를 주고받는 습관을 들인다.

③ 수호별에 해당하는 부적을 휴대폰으로 찍어서 자주 볼 수 있는 있는 곳에 저장하고, 수시로 본다(『세종대왕이 만난 우리 별자리』 참조).

④ 천문도에서 자신의 별의 위치를 확인하고, 정안수를 올리고 기도한다. 절은 3번 반을 한다.

⑤ 절을 할 때 수호별이 나를 향해 인자하게 바라본다고 생각한다.

⑥ 앉아서 2분 이상 소원을 말하는 등 대화를 한다. 이때 소원은 한가지만을 중점적으로 말하는 게 좋다. 평생소원을 말해도 된다.

👑 공감은 하나로 만드는 최고의 방법

　공감은 하나로 만드는 최고의 방법이다. 같은 생각, 같은 느낌, 같은 목표, 같은 경험, 이런 것이 좋은 공감의 요소이다. 공감을 하게 되면 같은 편이 되고, 나아가 한 마음 한 몸이 된다. 하나가 되는 방법이다. 공감 중에서도 같이 고생했다는 공감이 제일 효과적이다. 일단 모임이 커지면 원심력이 발동하여 기하급수적으로 커지게 된다. 눈사람을 만들 때 처음 눈을 뭉치는 것이 어렵지만, 일단 눈덩이가 어느 정도 커지면 그때부터는 아주 쉽고 빠른 속도로 불어나며 커지는 것과 같은 원리이다.

　신도가 많아야 세력이 커지고, 세력이 커져야 종교의 가르침을 널리 펼 수 있고, 가르침을 펼치면 신도들이 안주하며 행복해진다. 신도를 어떻게 많아지게 하는가? 서로 소통을 통해 공감을 넓혀야 하고, 공감을 하는 신도들이 모여서 기운을 모아야 원심력이 작동해서 많은 사람들이 모여든다.

　개척교회가 있었다. 동네 사람들을 찾아가 그들의 이야기를 들었고, 일상을 공감하며 그들의 어려움을 같이 풀었다. 동네사람들 집의 숟가락이 몇 개인지를 알 때쯤 소문을 듣고 다른 동네 사람들도 찾아왔고, 신도들이 차츰 늘더니 기하급수적으로 불어났다. 이제는 전국에서 신도가 찾아오는 거대한 교회가 되었다.

개미는 곤충의 애벌레와 천적관계이다. 곤충의 애벌레 뿐만 아니라 각종 곤충을 공격해서 잡아먹는 곤충세계의 강자이다. 그런 개미가 진딧물을 사냥해서 잡아먹을 뿐만 아니라, 달콤한 감로를 지속적으로 확보하기 위해 보호하며 기르기도 한다.

싱싱한 식물이 있는 곳으로 진딧물을 데려와서 방목하고, 다른 곤충 특히 무당벌레로부터의 공격을 막으며 보호한다. 생물학자는 서로 공생관계라고 말하지만, 개미가 경영하는 진딧물 농장이라고 하는 것이 더 맞는 표현일 것이다.

개미가 일방적으로 계약을 파기하면 힘없는 진딧물이 어떻게 할 것인가? 곧바로 개미의 먹이가 되거나 다른 곤충의 먹이가 될 수밖에 없다. 더구나 진딧물은 식물의 진액을 빨아먹고, 그 몸통과 열매에 알을 낳아 혹(충영 : 蟲癭)을 만듦으로써 식물의 발육을 방해하며, 식물에 바이러스 질환을 전파함으로써 잎과 꽃을 변형시키는 아주 유해한 곤충이다.

식물 입장에서는 없어졌으면 하는 곤충이다. 그렇게 유해해서 미움을 받으면서, 자기 방어능력도 전혀 없는 그런 곤충이다. 그러니까 개미의 도움과 보호가 절대적으로 필요하다. 개미에게 잘 보일 이유가 차고 넘치는 것이다.

♛ 신도를 맹신자로 만들어야 할까? 상하관계도 한 몸의 다른 형태이다. 일사불란한 조직체계가 된 것이다. 필요에 따라서는 완벽한 상하관계가 효율적일 수 있다. 다만 도덕적으로 문제가 될 수도 있다.

전국에서 신도가 찾아오는 거대한 교회가 되자, 목사의 생각이 복잡해졌다. 언제 신도가 배신을 하고 다른 교회로 갈지 모른다. 그래서 신도를 맹신자로 만들면 어떨까하고 생각했다.

남방남색 꼬리부전나비는 이런 일방적인 관계를 역전시켰다. 이 나비의 애벌레 주변에는 항상 많은 개미들이 몰려있는데, 이들은 애벌레를 잡아먹으러 온 것이 아니다. 애벌레의 등에서 분비되는 달콤한 액체 즉 감로를 받아먹기 위한 것이다. 여기까지는 진딧물과 개미의 공생관계와 다를 것이 없다.

그런데 부전나비 애벌레는 여기서 만족하지 않고, 개미를 감로의 노예로 만들어서 부린다. 개미에게 주는 감로에 도파민 억제제를 넣어서 중독시키는 것이다. 그러면 애벌레의 감로를 받아먹은 개미의 뇌에서 도파민의 분비가 줄어든다.

도파민이 줄면 새로운 것에 대한 호기심이 생기지 않는다. 호기심 대신 오직 눈앞의 일에만 집중한다. 게임이나 도박에 중독된 것과 같은 현상이 일어나는 것이다.

더 나쁜 것은 시간이 오래되면 개미의 뇌가 변형된다는 것이다. 뇌의 생김새와 구조가 바뀌면서, 오직 애벌레의 감로를 먹는 것을 지상 최대의 목표로 삼게 된다. 개미들은 집에 갈 생각도 하지 않고, 다른 일은 하지도 않으며, 다른 먹이도 찾지 않게 되는 것이다.

이렇게 되면 애벌레의 노예가 된다. 애벌레를 노리는 기생벌이나 거미가 다가오면 곧바로 달려들어 쫓아버리는 애벌레의 충실한 경호원을 자청하게 된다. 애벌레가 촉수를 움츠리면서 침입자가 무섭다고 하면, 기다렸다는 듯이 그쪽으로 몸을 돌려 침입자들을 쫓는 것이다.

종교에 중독되고, 게임에 중독되고, 마약에 중독되면, 인간 개인의 삶을 망각하고, 모든 삶이 종교, 게임, 마약을 기준으로 이루어지는 것이다. 중독되면 뇌의 구조까지 바뀌기 때문에 복원되기가 너무 힘든 것이다.

👑 서로 윈윈해야 오래 간다

신도가 되면 세상이 편하다. 그 종교의 우주관 안에 나를 맡기고, 종교의 우주관이 시키는 대로 생각하고 실천한다. 그 안에서 삶과 죽음 그리고 경제적 생활도 해결되는 것이다. 종교는 신도를 이끌어주고, 신도는 종교를 위해 경제적으로 또 인간적으로 도움을 준다. 중독되거나 일방적인 노예가 되는 관계가 아니라, 서로 윈윈하는 관계가 되는 것이다.

지금까지 부모와 자식관계, 그리고 유전자를 주고받는 것은 내리사랑으로 알려져 왔다. "아버님 날 낳으시고 어머님 날 기르시니"처럼 부모가 자식을 낳아 기르는 것이고, 따라서 유전자도 부모에게서 자식으로 전해진다는 것이다.

그런데 요즘 과학자들이 재미난 것을 발견하였다. 자식의 유전자가 어머니에게 전파되어서 어머니가 늙거나 병드는 것을 막아준다는 것이다. 이를 사자 머리에 염소 몸통, 뱀 꼬리를 가진 고대 그리스 전설 속의 괴물인 키메라의 이름을 따서 키메라 현상(Chimerism)이라고 부른다. 상상하기 힘든 괴물인 키메라처럼 도저히 상상하기 어려운 자연현상이라는 뜻이다.

미국 허치슨대와 워싱턴대, 그리고 시애틀대 공동 연구팀이 여성의 뇌에서 키메라현상이 있다는 걸 확인했다. 여성에게는 있을 수 없는 Y염색체가 뇌세포에 존재한다는 것이다.

다른 곳은 몰라도 여성의 뇌 안에 남성의 유전자가 있다는 사실은 충격적이다. 뇌에는 외부 세포나 바이러스의 침투로부터 보호하기 위한 '혈관·뇌·장벽(BBB, Blood·Brain·Barrier)'이라는 이중삼중의 강력한 보호체계가 있기 때문이다.

결국 여성의 뇌 안에 있는 Y염색체는 임신했을 때 태아로부터 받은 유전자라고 볼 수밖에 없는 것이다. 임신했던 여성만 이런 키메라 현상이 나타나기 때문이다.

도대체 태아는 이 유전자를 왜 엄마에게 주고 또 엄마는 이 유전자를 순순히 받아들였을까? 과학자들의 연구에 의하면 Y염색체가 뇌세포에 있는 여성은 알츠하이머병이나 유방암 특히 치매 같이 고치기 어려운 병에 잘 걸리지 않는다고 한다. 아이를 낳고 기르느라고 고생한 부모님에 대한 원초적인 효도라고나 할까!

결국 자식을 낳은 부모는 건강도 얻을 수 있고, 또 부부간에 유전자적 공통점이 생겨서 화합도 잘 된다. 이런 환경은 태어난 자식에게도 도움이 된다. 적어도 자신이 독립할 수 있을 때까지 부모님이 잘 돌봐주시고, 또 부모님이 오랫동안 경제활동을 해줄 수 있기 때문이다. 이는 모자지간에 발생한 윈윈거래인 셈이다.

요즘 자식 낳으면 고생스럽고 경제적으로 궁핍하다고 해서 자식을 낳지 않을 것을 결혼의 전제조건으로 삼는 부부가 많다.

세상에는 공짜가 없다. 자식 낳고 기르는 어려움은 없을지 모르지만, 자식을 낳고 기르는 즐거움을 모르고, 부부간에 틈이 벌어졌을 때 연결해줄 고리가 없는 셈이며, 나이 들어 도움이 필요할 때 도와줄 자손이 없게 된다. 자식 낳고 기르는 것이 이런 이해타산을 할 일은 아니지만, 서로 믿고 돕다보면 행복이라는 하늘의 복이 떨어지는 것이다.

♛ 예수천당 불신지옥

간단하지만 강력한 메시지! 때로는 이 이상 도움이 되는 것도 없다. 복잡하게 생각할 필요가 없는 것이다. 일을 간단하게 요약해서 표어로 만들고 실천하는 것이 좋다. 그리곤 그 표어를 아침저녁으로 읊으면서 나를 격려하는 것이다.

서울역이나 시외버스터미널, 아니 지하철 안에서도 곧잘 보는 표어이다. 간단명료한 여덟 글자! 그 안에 강력한 메시지가 담겨있다. "예수를 믿으면 천당 가고, 믿지 않으면 지옥 간다. 그러니 믿어라. 믿어야 한다."고 주장하는 것이다. 풍신수길의 "나를 따르면 살 수 있고 행복해 질 수 있다."고 한 주장과 유사하다.

마석에 살 때다. 여성 목사님이 우리 집에 찾아와서 "예수를 믿으라."고 전도를 했다. "예수를 믿으면 뭐가 좋습니까?" 하자, 기다렸다는 듯이 일사천리로 설명한다.

"하나님 품에서 평안하게 살다가 평안하게 죽는다. 저 세상에

가서도 하나님 품안에서 행복하다. 하나님은 평안하게 살게 해주
시고, 극복할 수 있는 정도로 시련을 주어 우리를 단련시켜 주신
다. 또 우리 형제자매들이 사업을 도와서 잘 풀리게 하신다.…."

하나님 빽에 형제자매 빽까지! 든든하다. 마다할 이유가 없는
것이다. 하지만 끝내 예수님 품으로 들어가지는 못했다. 내 마음
속에 거부하는 그 무엇이 더 강했던 것이다.
하지만 '예수천당 불신지옥', 이 표어는 강력하다. '노력천당
게으름지옥, 합격천당 탈락지옥, 3당 4락' 등등, 자신의 목표와
실패했을 때를 서로 대비시켜서 표어를 만들면, 자기격려, 자기
계발에 좋을 것이다.

♛ **우리가 남이가?** 내편이라고 생각하고, 내편이라고 말하며 내편
이 된다. '너는 내편'이라고 하며 자꾸 같은 편임을 강조하면 어느새 내편
이 되는 것이다.

연변에 갔을 때 조선족 동포 할아버지가 "중국 사람은 목소리
도 시끄럽고 거칠고, 또 서로 말도 잘 통하지 않지만 '우리 중국
사람, 우리 중국사람' 하면서 같은 나라 사람이라고 반긴다.
그런데 한국사람, 특히 서울사람의 목소리는 얼마나 상냥하고
아름다운가? 그런데 같은 동포라고 '반갑다' 하고 다가서는 순간,

아니라고 손사래를 친다. '동포는 동포지만 친하고 싶지는 않다. 우리나라 사람이 아니다.'라는 것이다. 그 결과 중국은 자꾸 커지지만 한국은 자꾸 작아지는 것 같다."

사실 중국은 각 지역마다 말이 다르다. 인종도 다르고 종교도 다르다. 그렇지만 하나의 중국이라고 하며 친근감을 보인다. 싫어도 억지로 틀에 끼워 놓는다. 벗어나려고 하면 강제로 다시 집어넣는다. 힘이 통할 때까지는 하나가 되는 것이다.

그렇지만 '우리는 하나다, 우리가 남이가?' 하면 친근해지고 하나가 되는 것은 사실이다.

♛ 중화삼조당에 감춘 속셈
내편이라고 자꾸 말해도 내편이 되지만, 다른 편이 되려는 사람을 나가지 못하게 얽어매도 내편이 되기는 한다.

북경에서 서북쪽으로 약 2시간을 자동차로 달리면 탁록현(涿鹿縣)이 나오는데, 탁록현은 고대에 중국의 시조라고 하는 황제씨와 동이족의 대표인 치우씨가 중국의 패권을 놓고 싸웠던 곳이다. 중국은 이곳에 신농씨와 황제씨 그리고 치우씨를 중국민족을 대표하는 세 분의 조상이라고 하며, 중화삼조당(中華三祖堂)을 세워서 모셔놓았다.

원래 중국사람들은 황제씨의 후손이라고 자랑하였고, 그 대표적인 것이 사마천의 『사기』에 나타난 대일통사관이다. 모든 임금은 황제씨의 자손이니, 황제씨가 중국민족 유일의 조상이라는 것이다.

그런데 고고학적 자료를 분석해 본 결과 황제씨의 영역은 중국의 1/3에도 못미침을 알게 되었다. 그래서 부랴부랴 신농씨를 그들의 조상에 편입시켰다. 염제 신농씨에서 '염' 자를 따고 헌원 황제씨에서 '황' 자를 따서 '염황'의 후손이라고 한 것이다. 1980년대 말의 일이다.

그런데 또 치우씨의 영토가 1/3 이상이라는 것을 알게 되자, 치우씨를 그들의 조상에 편입시켜 '염황치(炎黃蚩)'의 후손이라고 하였다. 평소 치우씨를 황제씨에 대항한 못된 부족장이라고 했던 중국으로서는 자존심이 상하는 일이지만, 동이족이 중국의 2/3 이상을 지배했다는 사실을 인정할 수는 없었던 것이다.

그러면서도 황제씨를 중앙에 모셔서 대일통사관을 유지하였다. 말하자면 황제씨를 중심으로 신농씨와 치우씨가 힘을 합했다는 '확장 대일통사관'인 셈이다.

'내거도 내거, 네거도 내거'하는 욕심과 '상대가 크고 세면 어떻게든 내 것으로 삼겠다'는 중국 특유의 욕심이 합해진 결과이지만, 어쨌든 중국은 당나라 이후 최대의 영토를 가지게 되었다.

👑 입 큰 놈이 꿀꺽

약육강식은 언제 어디서나 자연계의 철칙이다. 사람이 아무리 도덕적으로 뛰어나다고 하지만 이 철칙을 벗어나기 힘들다. 그래서 힘 있고 세력 있는 사람을 좋아하는지도 모른다.

잘 하는 사람을 좋아하고, 크고 잘 되는 후손을 예뻐하고, 잘 생긴 사람을 선호하고, …, 이 모두가 약육강식의 철칙을 본능적으로 신봉하기 때문이다.

봄이 왔다. 이맘 때 쯤이면 도롱뇽이 알을 낳고 부화하며 봄을 찬양하는 것이 느껴진다. 개구리와 여러 가지로 비슷하지만, 도롱뇽 알은 더 검고 도마뱀처럼 길게 자라며, 부화되어도 조용히 커나간다.

문득 속리산에서 신선되겠다고 혼자 사는 초월이 떠올랐다. "도롱뇽은 맑은 계곡물에 사는데, 꼭 개구리 알 같이 투명한 자루 속에 검은 점이 점점이 박힌 것처럼 그렇게 알을 낳지. 계곡물을 마시다가 나도 모르게 삼킬 때도 있어."

"맛있냐?"

"그저 그렇지. 다시 토할 수도 없고, 그냥 보약 먹은 셈 치고 꿀꺽 해." "그걸 정말 꿀꺽한다고?"

"나만 아무 생각 없이 도롱뇽을 꿀꺽 하는 것이 아냐. 도롱뇽 끼리도 꿀꺽 해. 입이 큰 놈이 자기보다 작은 도롱뇽을 꿀꺽하지."

"같이 태어난 놈들끼리? 그건 동족상잔! 아니 형제상잔이잖아?" "그런 개념도 없어. 서로 마주보다가 입 큰 놈이 꿀꺽하는 거야."

도롱뇽은 원래 물벌레를 먹는 순한 동물이다. 그런데 왜 같은 형제를 꿀꺽할까? 작은 계곡 웅덩이에 너무 많은 알이 부화되었기 때문이다. 천적이 알을 꿀꺽 할 것을 대비해서 많이 낳았는데, 운 좋게도 백여 마리가 다 살아남은 것이다. 그래서 먹을 것이 부족해졌고, 아주 자연스럽게 약육강식이 시작된 것이다.

그래야 개체가 멸망하지 않고 살아남을 수 있다. 누가 가르쳐 주지는 않았지만, 함께 살아남을 수 없다는 것을 알기 때문에 본능적으로 삼키고 본능적으로 피하는 것이다.

이렇게 한 놈이 다른 놈을 꿀꺽 할때면, 주변에 있는 도롱뇽들이 한껏 긴장하면서 머리통을 부풀려서 크게 만든다. 머리통이 상대방 입보다 크면 안심이다. '나는 머리통이 크니까 꿀꺽할 수 없을 걸!' 하는 것이다.

동료가 잡아먹히며 두려워서 내뿜는 전율을 느끼는 것인데, 이런 전율은 모든 동물과 식물이 다 느낀다. 위험으로부터 자신을 보호하려는 가장 큰 본능이다. 적자생존이다. 적응하는 자만이 살아남을 수 있고, 후손을 퍼뜨릴 수 있는 것이다.

그렇지만 언제까지 큰 머리통만 주장하며, 한정된 먹이를 나눠 먹으며 한 웅덩이에서 살아남을 수는 없다. 환경에 알맞게 몇 마리만 살아남든지, 아니면 다른 웅덩이로 분가를 해야 한다. 가끔 폭우가 필요한 이유이다.

👑 **세력을 모으는 전략 세 가지** 첫째, 먼저 나를 안전하게 하고 세력을 모으라. 둘째, 나에게 약점이 있다면 상대에게도 약점이 있다. 셋째, 내 편도 내 편, 네 편도 내 편, 모두가 내 편이다. 이것이 세력을 모으는 전략 세 가지이다.

촉한의 명재상 제갈공명은 "내가 완전할 때 상대를 친다."는 전략을 폈다. 바둑에서 "내가 먼저 산 뒤에 상대를 공격한다."는 것을 실천한 사람이다. 상대를 이길 군인의 수와 군량이 갖춰져야만 전투를 했다. 답답하지만 정공법이다.

반면에 위왕 조조는 "나에게 약점이 있다면 반드시 상대방에게도 약점이 있다."고 하는 전략을 폈다. 나의 전열을 완전하게 하기 전에 상대방을 들이치는 방법이다. 이 방법은 상당한 위험이 따르지만, 반면에 상상할 수 없을 정도로 이익도 컸다. 조조를 단시일 내에 중국의 패자로 만든 전법이다.

또 임진왜란을 일으켜 우리를 괴롭혔던 풍신수길은 "내 편도 내 편, 네 편도 내 편, 모두가 내 편이다."라는 전략을 폈다. 그에게는 영원한 적도 없고 영원한 아군도 없었다. 그때그때 필요에 따라 세력을 모았던 것이다. 자신의 세력을 과시하며 "나를 따라야 살 수 있고 행복할 수 있다."라고 주장한 것이다.

이 전법은 평민이었던 풍신수길을 일본의 최고 지도자로 만든 전법이다.

♛ 한 사람을 희생시켜서 천하를 위로할 수 있다면 아무리 능력이 있고 공을 많이 쌓아도 적을 만들면 위험해진다. 한 사람의 도적을 열 사람이 못 막는다고 한다. 적이 하나라도 있으면 나도 모르는 사이에 당할 수도 있기 때문이다.

조조(鼂錯)는 한나라 초기의 임금인 문제와 경제를 보필해서 한나라를 부강하게 만든 중요 인물이다. 특히 병가의 일에도 밝아서 흉노와 중국 군대의 강점과 약점을 정확히 분석하여 대처하게 하였다.

더 나아가 변방에 거주할 사람을 뽑아 이주시켜서 집과 농기구를 주며 세금을 면제해주는 둔전제를 시행함으로써, 의식주가 풍족하게 된 백성이 자신의 터전을 지키는 병사가 되고, 국가는 변방의 지리를 잘 아는 군인이 국방을 지키게 되는 일석이조의 정책을 폈다.

또 "곡식을 바쳐 명예직 벼슬을 얻을 수 있게 하고, 죄를 면할 수 있게 하십시오. 그러면 부유한 사람은 명예를 살 수 있고, 농사짓는 백성은 곡식을 팔아서 돈을 벌게 되며, 나라는 그 곡식을 받아서 국민에게 골고루 나눠줄 수 있습니다. 명예직 벼슬은 황제께서 끝없이 만들 수 있고, 곡식은 백성이 끝없이 생산할 수 있습니다. 그러니 국가는 부강해지고 백성은 부와 명예를 다 얻을 수 있어 서로 이익이 되는 것입니다."

명예벼슬은 이름만 있지 실제로 맡은 일은 없는 벼슬이다. 이를테면 명예 군수, 명예 시장, 명예 시민을 주는 것이다. 이렇게 명예를 주면 그 벼슬을 받는 사람과 가문에게는 영광이 돌아오지만, 실제로 백성의 일에 참견은 하지 않으므로 백성을 억압하거나 탐관오리가 되지는 않는 것이다.

이러한 정책을 편 결과로 나라의 재정이 튼튼해지자, "당분간 세금을 걷지 말자."고 하여 백성들의 안정을 꾀하였다. 황태자(훗날의 경제)는 조조를 '꾀주머니'라고 부르며 좋아했다.

경제는 황태자 시절에 오나라의 태자와 장기를 두다가 홧김에 장기판으로 오나라 태자를 죽인 일이 있었다. 오나라 왕은 이 일이 있은 뒤로 황제에게 조회를 오지 않고 공공연히 반란을 획책했다.

황태자가 황제로 즉위하자, 조조는 오나라가 더 부강해지기 전에 그 영토를 깎아 힘을 줄이자고 하였다. 그 사전작업으로 초나라 왕의 죄를 물어서 영토를 깎아 줄였다. 그러자 오나라 왕이 주변의 불안해하는 왕들을 부추겨서 7국이 동시에 반란을 일으켰다.

평소 조조에게 불만을 가졌던 원앙이 "7국의 왕들이 반란을 일으킨 것은 조조가 황제와 왕들을 이간시켰기 때문이니, 조조만 죽이면 저절로 물러날 것입니다."하고 아뢰었다.

경제가 "한 사람을 희생시켜서 천하를 위로할 수 있다면 그렇게 하겠다."하고 조조를 죽여 효수하였다. 평소 스승이라 따르고 꾀주머니라 칭찬했던 경제와 조조의 관계를 생각할 때 참으로 어이없는 일이었다. 더구나 조조를 죽여야 될 만큼 급박하지도 않았다. 주아부라는 명장이 7국의 반란군을 효과적으로 진압하고 있었기 때문이다.

조조는 평소 적이 많았다. 재상 신도가가 조조와 다투다가 화병으로 죽었고, 제후들의 영토를 삭감해야 한다고 주장해서 제후들이 미워하였으며, 재상 두영과도 사이가 좋지 않았으며, 특히 조조를 죽이자고 한 원앙과는 서로 쳐다보지도 않는 사이였다.

그래서 그런지 조조와 그 친척이 죄없이 멸족의 죽임을 당할 때 아무도 조조를 위해 편을 들어주지 않았다. 조조는 옳은 일을 한다고 했지만, 올곧고 각박한 성품 때문에 그동안 많은 적을 만들었던 것이다. 더구나 황제는 "나를 유리하게 만드는 사람이 내 편이다."라는 생각을 갖고 있었다.

👑 하늘이 알고 땅이 알고 내가 알고 네가 안다

억지로 못 본 체하고 못들은 척 한다. 알면 골치 아프니까 일단 미루고 보자는 것이다. 세상을 정직하게 살 것인가 관대하게 살 것인가? 너무 곧으면 부러지기 쉽고, 너무 관대하면 물러터지기 쉽다.

양진(楊震)은 홍농의 화음출신으로 후한의 중기 사람이다. 가난하였지만 학문을 좋아해서 여러 학문에 통달하였으므로, 당시의 선비들이 말하길 '관서의 공자님'이라고 칭찬하였다.

안제(安帝) 때 동래군의 태수로 부임하면서 창읍현을 지나갔다. 당시 창읍현의 현령은 양진이 천거해서 현령이 된 왕밀(王密)이었다. 그 현령이 야밤에 황금 열 근을 품속에 숨겨 양진에게 바치면서 고마운 정을 표했다.

양진이 "나는 그대를 잘 아는데, 그대는 왜 나를 모르는 것인가?" '왜 자신의 청빈하고 꼿꼿한 성품을 모르고 이런 짓을 하는가?'하고 힐책한 것이다. 왕밀이 민망해 하면서도 "한밤중이니 아는 사람이 없습니다."하고 다시 황금을 들이 밀었다.

이때 그 유명한 말이 양진의 입에서 나온다. "하늘이 알고, 땅이 알고, 나도 알고, 자네도 아는데(천지天知 지지地知 아지我知 자지子知), 아는 사람이 없다고 말할 수 있는가?" 더 이상 할 말이 없어진 왕밀이 부끄러워하며 나갔다.

이 대화는 훗날 『몽구(蒙求)』에 "양진은 하늘과 땅과 나와 너의 넷이 아는 것을 두려워했고(진외사지震畏四知), 그의 아들 양병은 술과 재물과 여색의 세 가지 유혹을 버렸다(병거삼혹秉去三惑).”는 제목으로 실려서 더욱 유명해진다.

두 부자가 모두 태위라는 고관을 지냈지만, 아버지는 강직하게 정치를 하다가 참소를 받아 죽게 되고, 아들은 관대하고 원만하게 정치를 해서 천수를 누린 것을 비교한 것이다.

사람의 처신은 나름대로 옳다고 생각하고 신봉하는 가치관에 의한다. 관대하게 살면서도 술 여자 재물을 멀리하여 천수를 누린 아들이 옳은 것인지, 모함을 받아 죽기는 했지만 청렴결백하게 살은 아버지가 옳은지, 누구를 내편으로 삼을지는 각자 판단할 일이다.

👑 전 왕조의 왕족을 제후로 삼아라

내가 괴롭혀서 나를 원수로 생각하는 사람이라도 나의 편을 만들 수 있다. 원수도 없어지고 나의 편도 생기는 일석이조이다. 좋은 명분과 좋은 조건을 제시해서 따르도록 하는 것이다.

양아들은 능력 있는 자를 내편으로 만드는 방법이다. 이 방법은 서로에게 엄청난 윈윈을 가져온다. 이 경우 상대방과 나와의 좋은 감정이 있어야 된다.

그렇다면 나와 원수지간이면 나의 편이 안 될까? 서로의 이익이 맞으면 불가능할 것도 없다. '축관(祝官:제사 때 축문을 읽으며 돕는 사람) 세우기'가 그런 좋은 예가 될 것이다.

1억도 넘는 은(상)나라 사람들이 주나라에 굴복하니/ 하늘의 명은 고정됨이 없네./ 은나라의 아름답고 민첩한 인재들이/ 우리나라 수도 호경에서 (주나라를 위해) 강신제를 하니/ 은나라 인재들의 강신제를 행함이여!/ 항상 도끼 모양을 수놓은 은나라 하의를 입고 은나라 관을 썼네.

동양 고전 중의 고전인 『시경』의 「문왕」시에 나오는 대목이다. 주나라는 은나라를 멸망시키고 세운 왕조이다. 그런데 자기 나라 조상의 제사를 지내는데, 자신이 멸망시킨 은나라의 후손을 축관으로 동원한 것이다.

은나라의 후손(엄밀히 말하면 은나라 왕족이다)이 무엇이 좋다고 자기 나라를 멸망시킨 원수의 나라 제사에 축관이 되었을까? 그것도 은나라 왕실의 전통복장을 하고 말이다.

사정은 이렇다. 주나라가 은나라를 멸망시키면서, 왕족 중에 미자(은나라 마지막 왕인 주왕의 이복형)를 제후로 삼았다. 미자는 주왕의 폭정에 나라가 망할 것을 예측하고, 은나라 시조인 성탕의 신주를 몰래 빼돌려서 숨어 지내던 사람이다. 주왕의 이복형이니 은나라 정통의 왕족이고, 신주를 빼돌려 숨었으니 조상의 제사에 뜻이 많은 사람이고, 주왕과 사이가 나쁘니 좋은 조건으로 설득하면 주나라의 축관이 될 수 있는 인물이다.

드디어 설득에 들어갔다. "은나라를 멸망시킨 것은 마지막 임금 주왕의 폭정 때문이다. 그런데 은나라를 세운 성탕임금은 물론이고, 554년 동안 그 뒤를 이어서 왕조를 이끌어온 훌륭한 임금들의 제사를 끊을 수 없지 않은가?

제후국 중에 너희 민족이 많이 살고 있는 송나라를 다스리는 제후로 삼아서, 안정된 삶을 누리며 훌륭한 조상에 대한 제사를 지내게 하겠다. 제후의 등급은 공, 후, 백, 자, 남의 다섯 등급이 있는데, 네가 송나라의 임금이 된다면 너에게 그 중 제일 높은 공의 벼슬을 주겠다."

주나라가 은나라를 멸망시킨 명분을 세우고, 은나라 백성을 포용하겠다는 일석이조의 정책을 편 것이다. 나는 폭군을 응징한 것이지, 정치를 잘한 그 윗대 조상에 대해서 유감이 있는 것이 아니다. 그래서 그 후손에게 공의 작위를 주어 최상의 대우를 하고, 옛 은나라 백성을 다스리게 하면서 그 제사를 잇게 하겠다는 것이다.

뿐만 아니라 너희 나라의 고유한 풍속과 복장을 다 인정하겠다. 그러니 서로 원수가 되지 말고, 서로 협조해서 새로 세운 나의 왕국 주나라를 부흥시키자는 것이다. 멸망당한 왕조의 후손으로서는 이러한 미끼를 마다할 이유가 없고, 마다할 힘도 없는 것이다.

👑 **축관으로 삼아 나의 조력자로** 원수가 된 상대에게 역할을 준다. 물론 힘 있는 역할이 아니라 명예를 강조한 역할이다. 그러면 적에서 아군으로 바뀌게 되니, 적어도 드러내놓고 나를 반대하지는 못하게 된다.

"그런데 조건이 있다. 우리 주나라의 시조를 모시는 제사가 해마다 있는데, 그때마다 참가해서 축관이 되거라. 너희 은나라 왕족이 축관이 되어 제사를 도우면, 우리 조상님께서 화목한 우리들을 보고 무척 좋아하실 거고, 그것을 바라보는 백성들도 서로 화합하며 화목하게 지낼 것이다. 너희 나라 임금이 직접 오면 좋겠지만, 사정이 여의치 않으면 왕족 중에 명망 있는 사람을 보내도 좋다."

자기 나라를 망하게 한 사람의 영령에 함께 제사를 지내자고 한 것이다. 그러면 그 위대한 영령이 볼 때, "내가 왕이 되려는

개인적인 욕심 때문에 혁명을 일으킨 것이 아니고, 이렇게 모든 백성을 한마음 한뜻으로 화목하게 살게 하기 위해서 임금이 된 것이다. 봐라! 나를 원수로 생각해야 할 은나라의 왕족들도 나를 존경하며 제사를 올리지 않는가?"하고 흐뭇해하실 거라는 것이다.

결국 축관이 되기를 맹서함으로써, 평소 자신의 나라(제후국)를 다스리며 임금노릇을 하는 혜택을 누리고, 현왕조에 큰 제사가 있을 때는 축관으로 참석해서 현왕조의 제사를 도움으로써 이전 왕조와 현왕조 간의 화합을 도모한 것이다.

👑 기나라 사람은 바보 – 기우

자신이 멸망시킨 나라의 왕족을 제후로 임명하며 대접을 했다. 그렇지만 축관이 된 나라가 강성해지면 주나라가 약해지기 마련이다. 그래서 대비책을 세웠다. 축관이 있는 나라는 바보넝정이라는 프레임을 씌운 것이다.

기(杞)나라의 어떤 사람이 먹고 마시지도 못할 정도로 앓아누웠다. 문병 온 사람이 "어쩌다 그렇게 앓게 되었소?"

그 사람이 "내 하도 걱정이 되어서 그렇소. 만약 오늘이라도 하늘이 무너지면 어디로 숨겠소?"하고 한숨을 내쉬었다.

조금 있더니 "또 땅이 꺼진다면 내 무엇을 의지해서 살겠소?" 하고 또 땅이 꺼져라 한숨을 쉬는 것이었다.

기나라는 은나라가 멸망시킨 하(夏)나라의 후손을 세운 나라이다. 주나라 무왕(武王)이 하나라 우왕의 제사를 받들라고 하면서, 하나라 왕족에게 기땅을 떼어서 제후국으로 삼은 것이다.

나라는 작지만 제후의 5등급 품계 중에서 제일 높은 '공'이다. 송나라 임금을 송공(宋公)으로 높여 불렀듯이, 기나라 임금도 기공(杞公)으로 높여 부른 것이다. 그러니까 주나라 왕 바로 밑의 품계이다. 왕을 넘볼 수 있는 품계를 주어서 대접한 것이다.

그러니 주나라로서는 경계해야 했다. 하나라라는 훌륭한 왕조를 세워서 오랫동안 천하를 다스렸던 왕의 후손인데다, 현왕조 왕의 바로 아래 품계여서 왕과 맞먹을 수 있기 때문이다.

그래서 프레임을 짰다. "기나라 사람은 바보다. 하늘이 무너질까봐 걱정하고, 땅이 꺼질까봐 걱정하는 바보들이 사는 나라이다."하는 인식을 주입시킨 것이다. 이것이 '기우(杞憂, 기나라 사람의 쓸데없는 근심걱정)'이다. 그러므로 기나라 사람이 현왕조를 물리치려고 혁명을 일으켜도 절대 성공할 수 없다는 인식을 심어놓은 것이다.

👑 송나라 사람도 바보 – 조장

송나라에 대낮에도 잠을 자는 등 게으르기 짝이 없는 농부가 있었다. 자식 보기가 민망했던 아내가 매일 같이 성화를 했다. "여보! 남들은 모내기철이라고 다 논에 나가 있는데, 당신만 이렇게 누워있으면 어쩌자는 겁니까? 남보기 민망하지도 않아요?"

이렇게 며칠을 성화를 해도 대답 없이 방에만 틀어박혀 있던 농부가 어느 날 없어졌다. "애들아! 너희 아버지 없어졌다. 찾아보아라. 아침도 안 드신 양반이 점심때가 되어도 안 보이는구나!" 온 식구가 걱정을 하며 찾아보았으나, 집 어디에도 없었다.

그때 대문이 열리면서 그 농부가 나타났다. 그러더니 방안으로 바로 들어가서 벌렁 누우며, "내가 오늘 조장(助長)을 했더니, 몹시 힘이 드는구나. 좀 쉬어야겠다."

깜짝 놀란 아내가 물었다. "도대체 무슨 조장(자라는 것을 도와줌)을 했단 말이오?" "아! 동구 밖 논에 심어 놓은 벼가 잘 안자라는 것 같아서, 내가 잘 자라도록 조장을 했다니까? 점심이고 뭐고 나는 좀 쉬어야겠으니 저리 물러가구려." 하였다.

그 말에 정말 깜짝 놀란 아내가 그 길로 논으로 달려가서 보았더니, 아니나 다를까! 심어놓은 모가 논 위에 둥둥 떠다니는 것이었다.

논에 심어놓은 모를 조금씩 뽑아서 키를 키웠더니, 땅에 묻혀 있어야 할 뿌리가 뽑혀서 둥둥 떠다니며 죽게 되었다는 것이다. 결국 농사를 망쳤다는 말이다. 그냥 게으름만 피우고 있으면 그래도 괜찮은데, 게으름 끝에 기껏 한다는 일이 남이 열심히 심어 놓은 모를 뽑아서 망치는 일이다. 게으름 더하기 멍청함이다. 이런 멍청한 사람이 송나라 사람이라는 것이다. '송나라사람=멍청이'라는 프레임을 걸은 것이다.

원래 '조장(助長)'의 뜻은 '도울 조, 자랄 장'으로 '잘 자라도록 도와줌'이라는 좋은 뜻이었다. 하지만 송나라 농부의 조장 이야기가 퍼지면서, 안 좋게 되도록 일을 망침, 또는 나쁘게 되도록 함이라는 뜻으로 바뀌게 되었다.

♛ 수주대토

송(宋)나라에 한 농부가 있었다. 밭일을 하다가 잠시 쉬고 있었는데, 토끼가 달려오더니 밭 가운데 있는 나무 그루터기에 부딪혀서 목이 부러져 죽었다.

"아! 저렇게도 토끼를 잡을 수 있구나!"하고 생각한 농부가 쟁기를 버려둔 채 나무 그루터기를 지키며 토끼가 또 잡히기만 기다렸다. 그래서 '수주대토(守株待兎, 지킬 수, 그루터기 주, 기다릴 대, 토끼 토)'라는 말이 생겼다. 하지만 토끼가 또 그렇게 잡힐 리가 없었다. 결국 온 나라 사람들의 비웃음을 사게 되었다.

이 이야기는 『한비자(韓非子)』에 나온다. 낡은 관습만을 고집하며, 새로운 시대에 순응하지 못하는 것을 꼬집은 이야기로 유명하다. 하지만 '송나라 사람=멍청이'라는 프레임을 걸은 이야기로 더 유명하다.

왜 '기나라 사람=멍청이', '송나라 사람=멍청이'라는 프레임을 걸었을까? 이유는 간단하다. 기나라와 송나라는 주나라의 들러리가 되고, 주나라가 전왕조의 훌륭한 덕을 이어받았다는 스토리의 보조역할로만 필요하다는 것이다. 하나라와 상나라가 훌륭한 왕조임에도 불구하고, 현재 다스리고 있는 주나라가 더 훌륭하기 때문에 와서 돕는다는 뜻이다.

그 역할 외에 기나라(하나라의 후손)와 송나라(상나라의 후손)에 훌륭한 사람이 나타나서, 현왕조를 위협하는 것은 안 된다는 것이다. 그러니까 들러리와 보조자의 역할이지 그 이상은 안 된다고 '멍청이 프레임'을 걸어 강력히 경계한 것이다.

👑 비가 온다를 재수 좋다로
약자의 프레임, 무능력의 프레임, 실패의 프레임 등 좋지 않은 프레임이 씌워졌다면 여기서 빨리 벗어나야 한다. 변화를 시켜야 하는 것이다.

결혼식을 할 때 날씨가 쾌청해야 오가는 하객들의 기분이 좋은데, 비가 주룩주룩 청승맞게 온다. 하객들이 마음속으로 '구질구질한 날씨네' 하다가, 결국 겉으로 불만을 표출한다. 다른 사람도 크게 동조는 못하지만 마음속으로 동의한다. 결혼식이 좋게 끝나려면 사람들의 우중충한 마음을 빨리 바꿔야 한다.

주례가 좋은 말로 분위기를 바꾼다.
"비가 온다는 것은 음양이 화합하는 것입니다. 음기운만 하늘에 가득하면 먹구름만 끼고 비가 안 오는데, 이를 양기운이 툭툭 건드리니까 비가 오는 거지요.
한 손만 가지고는 소리가 안나요. 두 손이 마주쳐야 소리가 납니다. 신랑신부가 한 마음 한 뜻으로 살자고 하객들을 모시고 잔치를 열어요. 신랑이 신부와 손바닥을 마주쳐서 소리를 내며 사랑한다고 하고, 또 신랑신부와 여러분이 손바닥을 마주쳐서 소리를 내며 축하를 합니다. 이런 마음이 하늘에 울려 퍼지고, 그래서 구름과 천둥이 손바닥을 마주치면서 비를 오게 한 거지요.

이렇게 서로 뜻이 맞으니, 오늘은 대화합의 날이요, 모두가 즐거운 대길일입니다. 모두 손뼉을 쳐서 다 같이 축하합시다."

다같이 손뼉을 치면서, 어느새 우중충한 날이 길일로 바뀐다. 비가 주룩주룩 내리는 우중충한 날이 대화합의 길일로 바뀐 것이다. 그러니까 팩트는 '비를 맞아서, 우중충함'인데, 변신팩트는 '음양이 화합해서, 좋은 날이네'이다.

마찬가지로 '나는 약하다, 능력 없다, 실패 한다'란 프레임에서 '나는 강하다, 능력 있다, 성공 한다'라는 좋은 프레임으로 바꾸면 성공하는 것이다. 성공과 행복은 마음에서부터 오는 것이다.

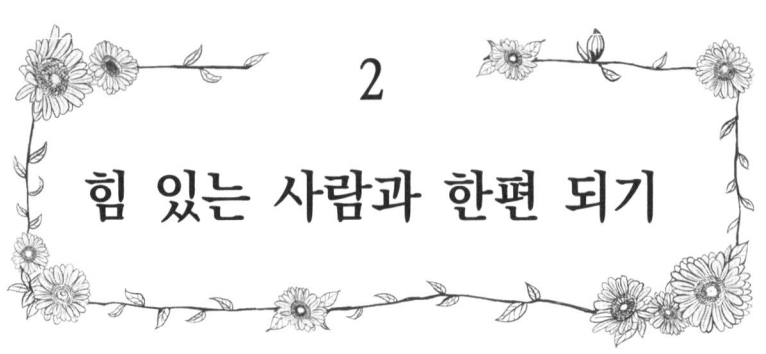

2
힘 있는 사람과 한편 되기

'조른다'는 것은 안 되는 일을 되게 해달라고 떼를 쓰는 것이다. 원래는 해 줄 수 없다. 하지만 한 번 부탁하고, 또 한 번 말하고, 처지를 설명하고, 인정에 호소한다. 법과 논리로 하는 것이 아니다. 합리적이지 않다는 뜻이다.

그런데도 세상에서는 이렇게 불합리하고, 말도 안 되는 것 같은 일이 성공하기도 한다. 그래서 부딪혀 보라고 하는 것이다. 머리로만 생각하지 말고, 직접 가서 부딪혀 일을 하다 보면 해결되는 것이다.

다만 너무 말도 안 되는 떼를 쓰면 안 된다. 자기가 최선을 다하고도 약간의 힘이 모자랄 때, 그때 도와달라고 조르는 것이다.

👑 술 한 잔 대접하고 80살을 더 산 소년

'떼쓰며 조른다'를 이치에 맞지 않고 철없는 어린아이나 하는 일로 보기 쉽다. 원칙에 어긋난다는 것이다. 하지만 때로는 떼쓰며 조르는 것도 성공의 방법이 된다. 아무 것도 하지 않고 있는 것보다는 훨씬 낫다는 것이다.

중국의 삼국시대에 천문과 점성술에 뛰어난 관로(管路)라는 사람이 있었다. 어느 날 그가 길을 가다가 한 미소년을 보았다. 사람을 보면 관상을 보는 것이 습관이 된지라 자신도 모르게 혀를 쯧쯧 차며, "아깝구나! 사흘 안에 죽겠구나!" 하였다.

다른 사람도 아닌 당대의 유명한 점술가의 말이다. 더럭 겁이 난 소년은 울면서 집으로 돌아가 아버지에게 관로의 말을 전했다. 사색이 된 아버지가 그 길로 관로의 집을 찾아가서는, 하나뿐인 자식의 수명을 늘릴 방법을 가르쳐달라고 졸랐다. 관로가 "수명은 하늘이 정한 것이기 때문에 인간의 힘으로는 바꿀 수가 없다."라고 말해도 막무가내였다.

결국은 "좋은 술 한 통과 말린 사슴 고기를 준비해서, 내일 남산으로 찾아가시오. 큰 뽕나무 밑에서 두 노인이 바둑을 두고 있을 테니 그들 옆에서 술과 사슴고기를 권하시오. 권하기는 하되 절대로 말을 해서는 안 되고, 그저 잔이 비면 술을 따르고, 술을 마시면 안주를 손에 쥐어드리기만 하시오."라고 하였다.

다음날 술과 안주를 짊어지고 남산으로 들어가서 헤맨 끝에 바둑을 두는 두 노인을 찾을 수 있었다. 소년이 관로의 말대로 바둑을 두는 두 노인에게 술과 고기를 권했다. 두 노인은 바둑을 두느라 누가 권하는지 돌아보지도 않고, 그저 주는대로 술도 마시고 고기도 먹었다.

十九 ····· 九九

마침내 바둑이 끝나자 북쪽에 있던 붉은 옷을 입고 잘 생긴 노인(북두칠성의 신)이 "넌 누구냐? 왜 이곳에 온 거냐?"하였다. 소년이 울면서 수명을 늘려달라고 애원하였다. 그 노인이 황당해 하며 "안 된다."라고 하였는데, 남쪽에 있던 흰옷을 입고 추하게 생긴 노인(남두육성의 신)이 "하는 수 없지. 관로의 짓이구먼. 아이가 가져 온 것을 무심코 먹어 버렸으니 어쩌겠나? 들어줍시다." 하였다.

그리곤 북쪽 노인의 수명장부를 달라고 해서는 19세에 죽는다고 써 있는 '十九(19세)'에, 한 획을 더 그어서 '九九(99세)'로 만들고는 학을 타고 하늘로 올라갔다.

술대접을 잘 해서 80세나 수명이 늘은 것이다. 관로나 19세에 죽을 소년 부자는 물론이고, 북두칠성신과 남두육성신 모두 합리적 이성을 가지고 판단하지 않았다. 그런데도 수명을 늘릴 수 있었던 것이다. 물론 이 이야기는 정사에 나오는 이야기가 아니다. 이야기가 나온 김에 떼를 쓴 이야기를 하나 더 해볼까 한다.

👑 우리 아들 눈을 뜨게 해 주세요

신라 경덕왕 때 희명이라는 여인이 지은 도천수관음가(禱千手觀音歌) 또는 도천수대비가(禱千手大悲歌)라는 향가가 있다. 천수관음님께 기도하는 노래, 또는 천수관음보살님의 대비하신 마음에 기도하는 노래라는 뜻으로, 『삼국유사』의 「분황사 천수대비 맹아득안(盲兒得眼)」에 나온다.

한기리라는 마을에 희명이라는 여인이 있었는데, 아이를 낳아 금이야 옥이야 하고 길렀다. 가난했지만 참으로 행복하고 보람찬 나날이었다. 그런데 아이가 다섯 살이 되자 갑자기 눈이 멀었다. 여인에게는 하늘이 무너질 일이었다. 없는 살림에 빚을 내어 온갖 약을 다 써보았지만, 한번 실명한 아이의 눈이 낫지를 않았다.

그래서 생각난 것이 관세음보살이었다. 천 개의 눈과 천 개의 손을 가지고, 이 세상 모든 어려움과 고통을 구제하여 주신다는 관세음보살이 생각난 것이다.

'내가 왜 진작 관세음보살님을 생각하지 못했을까? 관세음보살님께 부탁해서 천 개의 눈 중에 두 개만, 아니 한 개라도 우리 아이에게 달라고 해 보아야지, 그래서 아이가 다시 볼 수만 있게 된다면, 내 무슨 일이라도 할 것이다.'

어머니로서 못할 일이 무엇인가? 관세음보살에게 가서 눈을 달라고 부탁할 작정이다. 천 개나 되는 눈이 있으니, 사랑하는 내 아들을 위해 그 중 하나만 달라고 부탁하려는 것이다.

그래서 그길로 아들의 손을 이끌고 분황사로 달려갔다. 그리곤 열심히 빌었다. 아들에게는 노래를 가르쳐서 부르게 하였다. 무슨 노래인가?

"무릎을 꿇으며 / 두 손을 모아서
천수관음님 앞에 / 간절히 비옵나이다.
천 개의 손과 천 개의 눈을 / 가지셨사오니
하나를 내어, 하나를 덜어 / 둘 다 없는 내 몸에
하나만이라도 / 제발 고쳐주십시오

아아! / 나에게 주시오면 /
그 큰 자비는 너무 커서 말로 다 할 수 없습니다."

"고쳐주시든가, 눈을 뽑아 주시든가!" 막무가내로 떼를 쓴 것이다. 아이는 노래 부르고 어머니는 빌고, 막다른 골목에 몰린 아무런 방도도 없는 시골 아낙과 철없는 아이의 간절한 희망이다.

여인의 이름도 '밝음을 구한다, 다시 광명을 구한다, 아들의 눈이 떠지기를 바란다'라는 뜻의 희명(希明)이다. 이름을 고치고 마음도 고쳤다. 어쩌면 아이가 다시 광명을 찾은 것을 보고 너무나 신기하게 여긴 마을사람들이 '희명댁'이라고 불렀는지도 모른다.

이에 대해 『삼국유사』를 쓴 일연스님도 찬사를 보냈다.

"대나무 말 타던 더벅머리가 시장거리에서 놀더니/
하루아침에 두 눈 먼 소경되었네/
천수보살님께서 자비로운 눈으로 돌아보지 않으셨다면/
얼마나 많은 봄을 버들꽃 못보고 헛되이 지냈을까?"

이 이야기는 1500년 이전의 이야기다. 그 진위를 따질 수도 없을 만큼 오래된 이야기다. 간절한 마음으로 정성을 실천하면 소원을 이룰 수 있다는 뜻으로 이해하면 될 것이다.

👑 먼저 준비하고 나머지를 부탁하라 내가 먼저 노력해야 한다. 그리고 약간 모자랄 때 도와달라고 해야 한다. 처음부터 전부를 도와달라고 하면 서로가 곤란한 것이다.

어느 교장 선생님에게 아들과 딸의 두 자식이 있었다. 오빠는 건강하게 자랐지만, 여동생은 어려서 소아마비를 앓아서 다리를 절었다.

한번은 그 오빠가 나에게 하소연을 하였다. 우리 아버지는 오빠인 나를 무시하고 여동생만 예뻐한다는 것이었다. 왜 그렇게 생각하냐고 물으니, "동생이 약국을 개업한다고 보증금을 부탁하니 선뜻 응하시던 아버지가, 내가 조그만 공방을 내겠다고 보증금을 부탁할 때는 거절하시는 거야. 어려서부터 동생의 몸이 안 좋다고 편애하시더니, 너무 하시는 것 같다."고 하는 것이다.

동생에게 물어보았다. 오빠가 그러는데, 편애가 맞냐고? "오빠는…! 나는 2년 동안 월급 받는 약사를 해서 돈을 모았어요. 하지만 개업하기에는 돈이 모자라서 아버지께 그 반을 빌려달라고 했지요. 약국을 개업한 2년 후에 갚을 계획까지 말씀드리고요. 그 계획을 듣고 돈을 빌려주신 거예요.

그런데 오빠는 내가 아버지께 돈을 빌려서 개업한다는 소리를 듣고, 그냥 무작정 돈을 빌려달라고 한 거지요. 돈을 모은 것도 없고, 어떻게 돈을 벌어서 갚겠다는 계획도 없었고요."

동생은 2년을 준비해 왔고 조금 모자라는 것을 보태달라고 했고, 오빠는 준비도 안 된 채 그것도 전액을 빌려달라고 했다는 것이다.

👑 궁즉통의 진리

노력하는 자는 많이 보았지만, 성공하는 자는 드물다. 노력하는 방향을 잘 잡아야 하는데 그렇지 못했기 때문이다. 노력은 자신을 변화시키고 주변을 변화시키는 방향으로 해야 한다. 만약에 변화를 시키지 못했다면 그것은 헛수고이다. 노력이라고 할 수 없는 것이다.

흔히들 '궁즉통(窮則通)'이라는 말을 많이 한다. 그대로 해석하면 궁하면 통하게 된다는 말인데, 궁하면 막히게 되지 통할 리가 없다. 그런데 왜 통하게 된다고 했을까? 위로하는 말일까? 그렇지 않다. 중간에 세 글자가 생략되었기 때문에 잘 이해가 안 되었을 뿐이다.

즉 '궁즉변 변즉통(窮則變, 變則通)'이라는 여섯 글자 중에 '변 변즉'이 빠진 것이다. 그러면 '궁즉변 변즉통'은 무슨 뜻인가? '궁하면 변해야 하고, 변하면 통한다.'는 뜻이다.

이 변화가 중요하다. 사람이 막히고 곤궁하게 되면 변화를 꾀해야 한다. 지금 처한 상태에서 변화를 주지 않으면 계속 막히고

궁할뿐이다. 아니, 시간이 지날수록 더욱더 궁해진다. 지금의 어려운 상태를 벗어나기 위해서는 무슨 수라도 내야 한다. 그래서 처한 환경을 바꾸면 비로소 통하게 된다.

이 뒤에 세 글자가 더 있다. '통즉구(通則久: 통하면 오래갈 수 있다)'이다. 그러니까 '궁즉변 변즉통 통즉구'이다. '궁하면 변화하려고 노력해야 하고, 변화하게 되면 형통하게 되며, 그렇게 형통하게 되면 오랫동안 편안하고 행복할 수 있다.'가 완전한 문장이다.

물론 주역에는 이 뒤에 "그렇기 때문에 하늘로부터 도움이 있게 되어서, 길해서 이롭지 않음이 없다."라는 글이 더 있다. 하늘의 도움을 받으려면, 내가 처한 처지를 변화시켜 보려는 노력을 먼저 해야 한다는 뜻이다.

서양 속담에 "하늘은 스스로 돕는 자를 돕는다."와 같은 말이다. 스스로 어떻게 돕는가? '변화하고 변화시키고' 하는 노력을 해야 한다는 것이다. 그래도 안 될 경우 최후수단으로 떼를 쓰며 조르는 것이다.

♛ 모을수록 커지는 좋은 운

좋은 운을 모으면 크게 좋은 운이 된다. 자신이 크게 잘 되려면, 좋은 운을 맞이하기 전에 작은 운들을 모아 놓아야 하고, 좋은 운이 있는 사람들을 내 편으로 모아야 하고, 좋은 기운이 있는 물건들을 모아야 한다.

같은 기운끼리 서로 모여서 큰 힘을 내고, 같은 소리끼리는 어울려서 듣기 좋은 화음이 된다. 좋은 사람끼리 모여서 가족이 되고, 끼리끼리 모여서 마을도 되고, 더 크게 모여서 국가가 된다.

서울도 처음에는 사대문 안만 서울이었는데, 차츰 주변을 끌어들여서 인구 천만의 거대 도시가 되었다. "사람을 낳으면 서울로 보내고, 말을 낳으면 제주도로 보내라"고 했다. 각자 살기 좋고 쓰일 데가 있는 곳에서 살게 하라는 뜻이다.

바로 이 살기 좋고 쓰일 데가 있는 곳이 인기가 많은 곳이고, 살기 좋게 하고 쓰일 데를 만들어주는 사람이 인기가 많은 사람이다.

👑 여봐라! 짐이 승하하신다!

몇 년 후면 좋은 운이 와서 좋아진다고 했을 때, 그 운을 대박 운으로 만들 것인지 그저 약간 좋은 운으로 만들지는 본인에게 달렸다. 기회가 올 때 마다 좋은 사람을 사귀고, 자격증과 면허증을 따고, 지식을 습득해 놓으면 큰 운이 왔을 때 대박이 되겠지만, 별 노력없이 그 운이 오기만을 기다리면 좋은 운도 그저 평범한 운으로 바뀐다.

어느 날 시골에 사는 농부가 장터에 나가 사주를 보았다. 철학원 원장이 깜짝 놀라면서, "아! 이런 사주가!…."하고 말을 잊지 못했다. "왜! 사주가 나빠요?" 하고 농부가 다급하게 물었다.

"아닙니다. 크게 귀한 사주입니다. 제가 이런 사주를 다 보게 되다니, 영광입니다. 임금이 되실 사주입니다."하고는 큰절을 올리는 것이 아닌가? 그리고는 다른 사람이 알면 큰일 나니까 절대로 말하지 말라고 신신당부를 하는 것이었다. 크게 기분이 좋아진 농부가 소를 판돈에서 절반을 뚝 떼어 그 원장에게 주었다.

그리고는 집에 가면서 생각을 했다. "임금이 될 사주인데, 천한 농사를 짓는 것은 말이 안 된다. 암, 그렇고 말고." 그때부터 농사는 물론이고 다른 일도 전혀 하지 않고 사랑방에만 앉아 있었다. 아내를 비롯해서 집안사람들이 뭐라고 그래도 도통 움직일 생각을 하지 않았다. 속으로 "내가 임금이 될 사람인데 어떻게 막

일을 하누." 하고 있었다.

농사를 짓던 사람이 방에만 앉아 있으려니 여기저기가 쑤셔왔지만 꾹 참고 버텼다. 그런데 전혀 운동을 하지 않으니 급속히 몸이 약해졌다. 결국 임종을 맞게 되었다. 그래서 큰 소리로 "여봐라! 짐이 승하하신다!"하고 있는 힘을 다해 외치고는 그만 죽고 말았다.

♛ 바위도 기도하는 사람이 많으면 영험해진다

산 중턱에 잘 생긴 큰 바위가 있었다. 바위가 보기 좋고 신령하게 생겼는지, 사람들이 하나 둘 바위 앞에 서서 기도하고 소원을 빌었다. 그랬더니 바위에 신통한 기운이 모이기 시작했다.

기도하는 내용도 비슷했다. "잘 살게 해달라, 승진하게 해달라, 합격하게 해달라." 등등. 비슷한 걸 요구하는 사람들의 기운은 비슷하다. 비슷한 소리는 서로 공명하기 쉽고, 비슷한 색깔은 서로 어울리기 쉽다.

사람들이 바위 앞에 서면 왠지 편안하고, 전부터 친했던 것처럼 친근감도 들었고, 소원이 이루어질 것 같은 느낌이 들었다. 그래서 사람들이 점점 많이 몰려들었고 바위는 더욱더 신령해졌다. "저 바위가 어쩐지 인자해보이지 않아? 맞아. 부처님같이 생겼어. 그러고 보니 저기가 눈이고 저기가 코네.…."

　기운은 이렇게 모이고 흩어진다. 비슷한 사람이 비슷한 소리를 내면 모이는 것이고, 모였던 사람이라도 서로 다른 생각을 하고 다른 소리를 내면 흩어지기 마련이다. 또 어떤 집단의 기운이 강하면 나도 모르게 공명되어 그 기운에 휩쓸리고, 싫어하는 마음이 강하면 그 집단에서 튕겨나와 다른 곳으로 간다.
　인기가 많은 사람은 여럿이 공감하는 기운을 방출한다. 비슷한 기운이 모이게 하는 것이다. '공감하는 기운, 공감되는 기운!' 바로 이러한 기운이 인기를 만드는 기운이다.

👑 단체명상의 효과
미국 아이오와 주 남동부에 있는 마하리쉬 경영대학교에서는 명상의 힘에 대해 재미있는 연구를 진행했다. 많은 사람이 모여서 명상을 할 때 미치는 효과에 대한 연구이다. 결론은 명상가가 많으면 많을수록 효과가 크고 널리 퍼진다는 것이다.

마하리쉬는 2006년 여름부터 대규모 명상그룹을 운영했는데, 드디어 2007년 1월에는 미국 인구(297,562,500명) 1%의 제곱근에 해당하는 1,725명을 넘게 되었다.[17] 그리고 이 수준의 명상 참가자는 2010년 12월에 명상그룹이 해산될 때까지 유지되었다. 그런데 그 효과가 그 기간(약 3년 동안 1%의 제곱근을 유지) 동안 미국의 범죄를 없애고, 많은 사람에게 마음의 평안을 가져왔다는 것이다.

미국에는 2002~2006년 사이에 자살률이 상승추세였는데, 마하리쉬가 명상반을 운영했던 2007년~2010년 기간에는 하락국면으로 들어갔다. 즉 2007년부터 2010년 사이의 3년 동안, 그 전 3년 보다 자살수가 8157건, 강력 범죄수가 182,744건이 감소했다. 미국의 자살률과 범죄율이 현격히 떨어진 것이다.[18]

만약에 더 많은 사람이 명상에 참가했다면 더 좋은 결과를 전체 사회로 확장할 수 있었을 것이다. 예로부터 훌륭한 사람이 수도를 하고 간 지역은 기운이 좋게 바뀌어 좋은 기운이 흐른다고 한다. 훌륭한 사람 자체로도 주변을 좋은 기운으로 바꾸지만, 주변 사람도 그 분의 덕을 본받고자 좋은 마음으로 모이기 때문이다. 같은 마음의 기운은 모일수록 상승작용을 하며 기운이 더 커지므로, 나를 위하는 사람들이 많을수록 성공할 확률이 더 많은 것이다.

♛ 좋은 사주가 모이면 성공할 수밖에
인조반정의 예로 보면 좋은 사주가 모이면 크게 성공한다. 임금이 될 팔자, 판서 될 팔자, 정승 될 팔자,…. 이렇게 좋은 팔자가 모였으니 성공을 할 수 밖에 없다.

심곡 김치(1577~1625) 선생은 선조 30년에 27세로 문과에 급제하였고, 그의 숙부이자 양아버지는 임진왜란 때 진주성의 영웅 김시민이다. 요즘말로 금수저 출신이다.

그런데 광해군의 학정이 날로 심해졌다. 벼슬자리에 그대로 있다가는 다음 정부로부터 탄핵을 받을 수밖에 없었다. 그래서 병을 핑계로 벼슬을 사직하고는 서울 남산골에 은거하였다.

하루는 심기원이 찾아와 사주팔자를 봐달라고 하였다. 심곡선생이 "조만간에 크게 승진할 운명"이라고 했다. 친구 몇몇의 사주를 더 내놓았는데, "이들 모두 판서 이상은 될 운명"이라고 했다.

마지막으로 능양군의 사주를 보여주었다. 심곡선생이 한참을 살피다가 임금이 될 사주라 하면서 큰절을 올리자, 심기원이 놀라 당황하며 어쩔 줄 몰라했다. 당시에 역모가 발각되면 3대가 몰살 될 수도 있기 때문이었다.

분위기가 심각해지자 심곡선생이 "실은 나야말로 곧 참형을 당해 죽게 될 팔자입니다. 그래서 관직을 사임하고 은거하고 있는 것입니다. 그런데 오늘 일진을 보니, 이름에 삼수변 있는 귀인을 만나면 3년 더 살수 있다고 나옵니다. 그대가 아마 내 귀인인 듯 싶은데, 혹시 성(姓)에 삼수변(氵)이 들어 있지 않습니까?"

혁명의 성사 여부를 물어보러 온 심기원의 배짱이나, 그 앞에서 자신의 운명을 놓고 거래를 하자고 한 심곡선생이나 당대의 인물이랄 수 있다. 사주팔자만 가지고도 미래 혁명의 성공여부를 알 수 있고, 앞날의 길흉화복을 예측할 수 있다고 믿은 것이다.

또 그들이 임금을 하고 판서를 하려면 혁명이 성공해야 가능한 것이다. 심곡선생이 자기가 속한 대북파에게 알렸으면 혁명이 실패했을까? 아무리 막아도 잘 될 사람은 잘 된다. 큰 물길을 되돌릴 수 없는 것이다. 그러니 차라리 잘 되는 사람과 한 편이 되는 것이 좋다. 인조반정에 참여하는 사람들은 적어도 장관(판서)이 되는 사주팔자였다. 능양군의 팔자만 가지고는 혁명에 성공해서 임금이 될 수 없지만, 판서가 될 팔자가 주변에 모이면 능양군의 팔자가 힘을 얻어 임금이 될 수 있는 것이다.

심곡선생이 자신의 속마음을 털어놓자, 심기원도 자신의 혁명계획을 털어놓았다. 그러면서 조금 전에 임금이 될 사주의 주인공이 바로 자기들이 추대하려는 왕족이라는 말과 함께, 판서된다는 사주팔자의 주인공들이 일을 계획하고 있다는 말을 하였다.

"나는 대북파에서도 금수저입니다. 서인들이 일으키는 혁명에 대북파인 내가 중앙정부 요직의 벼슬은 못하겠고, 그저 고향땅 사또자리나 하나 주시면, 죽을 날까지 고향에서 살겠소." "그러마" 약속을 하고, 심곡선생은 거사 날짜를 잡아주어서 혁명이 성공하도록 도왔다. 이것이 바로 인조반정이라는 혁명이었다.

♛ 17잎이 되어야 열매가 열리는 바나나

바나나는 잎새가 17개가 나와야 열매가 많이 열린다. 17개의 잎새가 도와야 바나나 나무의 컨디션이 최적이 되고, 많고도 좋은 열매를 맺어 번식을 잘 할 수 있다는 것이다.

그런데 많고도 좋은 열매를 맺으려는 순간, 누군가 잎새를 하나 떼어서 16개가 되면, 열매는 반으로 줄어든다. 17개 잎새의 기운이 모여야 열매를 잘 맺을 수 있는데, 그중 한 개만 모자라도 성공하기에는 기운이 딸리는 것이다.

17분의 1이 아니라 전체가 망가질 수도 있다는 이런 진실은 아주 중요하다. 성공하는 조건 중에 하나만 모자라도 성공은커녕 실패하게 된다는 것이다.

새들도 그렇다. 부부가 합심해서 보금자리를 만들고 알을 낳았는데, 둘 중에 하나가 다치거나 죽으면 새끼를 포기한다. 열심히 해서 죽은 배우자의 역할까지 하는 게 아니다. 특히 까치가 더 냉정해서, 배우자가 죽으면 아무 미련 없이 새끼를 놔둔 채 둥지를 떠나간다. 혼자서는 새끼를 기를 수 없다는 현실을 너무 잘 아는 것이다.

그래서 좋은 운을 모을 때 하나라도 놓치면 대박운이 반으로, 아니 실패하는 운으로 변하는 것이다. 취직할 때 한 가지라도 조건이 모자라면 취직이 안 되는 것과 같다.

♛ 대접 받으려면 먼저 대접하라

사장이 대접을 받는 이유는 자신과 평사원 사이에 부장 과장이 있기 때문이다. 만약에 부장 과장이 없다면 사장과 평사원 사이가 한끝 차이다. 여차하면 맞먹을 태세이다. 그러므로 사장이 높아지려면 중간 관리층을 만들고, 그들이 좋은 대접을 받을 수 있도록 해야 하는 것이다. 그래야 나도 높아지고 권위도 선다.

한나라 문제가 충신 주발을 감옥에 잡아넣고 하급관리에게 문초를 맡겼다. 그러자 대학자였던 가의(賈誼)가 한 마디 했다.

"임금의 높음은 계단 위의 누각과 같고, 여러 신하는 계단과 같고, 뭇 백성은 땅과 같습니다. 계단이 있기 때문에 임금의 권위가 서는 것입니다. ….

항간의 속담에 '쥐에게 돌을 던지고자 하나 항아리를 깰까 꺼린다.'고 하고, '깨끗한 신발일지라도 베개 위에 올려놓지 않고, 해진 모자라도 그 위에 신발을 올려놓지 않는다.'고 합니다. 그릇도 상할까 우려해서 조심하고, 해진 모자라도 그 역할을 생각해서 신발과 구별하는데, 하물며 임금하고 가까이에 있는 귀한 대신을 함부로 대하겠습니까?

잘못이 있으면 쫓아내는 것도 좋고 죽음을 내리셔도 좋습니다. 그러나 임금께서 예의와 존경을 표했고, 관리와 백성들도 존경하며 따르던 대신입니다. 그 대신이 죄를 저질렀다 해서, 죄를 그대로 지적해서 명예를 떨어뜨리고, 형리에게 심문시켜서 꾸짖으며 매질하게 하시니, 존귀한 자라도 하루아침에 모욕을 줄 수 있다고 아랫사람에게 가르치시는 것입니다."

아랫사람이 윗사람을 우습게 알면, 윗사람이 아랫사람을 다스리지 못하게 된다. 그것을 염려해서 임금에게 간언한 것이다. 문제가 그 말을 받아들여 주발을 감옥에서 풀어주니, 이 뒤로는 대신에게 죄가 있으면 자살을 하게하고 형벌을 주지 않았다고 한다.

내 아랫사람을 망신주면, 아랫사람보다 못했던 사람들이 그 아랫사람을 우습게 본다. 그러다 보면 나까지 우습게 보기마련이다. "나를 항상 존귀하고 부유한 사람이 되게 하소서!"하고 기도하며 부탁하기 전에, 내 아랫사람을 존귀하고 부유하게 만들어야 한다. 그러면 저절로 나도 존귀하고 부유하게 되며 인기가 높아지는 것이다. 그래야 나의 운에 아랫사람의 운을 더할 수 있다. 물론 아랫사람도 나의 운과 합쳐져야 자신의 운을 최대한 발휘할 수 있다. 적재적소에 여러 사람의 운을 씀으로써, 나와 그 사람의 운들이 시너지효과를 일으키며 더 커지는 것이다.

👑 교통로를 보완해서 커진 여의도의 인기

인위적으로 인기를 모을 수 있다. 주변 환경과 여건을 조성하면 된다. 태어날 때 못생기고 힘없이 태어났어도, 노력에 의해서 잘 생기고 힘이 센, 그래서 인기가 많은 사람으로 변신할 수 있다는 것이다.

풍수지리에서는 원래 있던 땅이 아니고, 사람들이 흙을 쌓아서 만든 땅은 명당으로 치지 않는다. 지기(地氣) 즉 땅의 기운이 없다는 것이다. 땅에 기운이 있으려면 뿌리가 있어야 한다. 맥을 타고 기운이 흐르다가 봉긋하게 기운이 맺혀야 명당이지, 인위적으로 봉긋하게 만든 것은 모양만 명당처럼 보일 뿐 기운이 없다는 것이다.

하지만 맹자가 "천시가 지리만 못하고, 지리가 인화만 못하다."고 했듯이, 천시와 지리가 모자라지만 인화에 의해서 명당이 된 곳이 있다. 인기(人氣)가 모여 쌓이면 천기(天氣)나 지기(地氣) 보다 좋다는 것으로, 여의도가 그러한 예이다.

여의도는 영등포구에 있는 한강이 만든 섬이다. 한강의 토사가 퇴적된 모래땅으로, 고려시대나 조선시대에는 말을 기르던 곳이다. 말을 방목해도 도망갈 곳이 없는 섬이고 서울 도성에서 가까웠기 때문이다.

그러던 여의도가 1969년에 서울교, 1970년에 마포대교, 1976년에 여의교, 1981년에는 원효대교가 완공되면서 '고립'이라는 섬의 특성이 사라졌다.

지금은 국회의사당, 전국경제인연합회, 각종 금융관계사, 한국방송공사, 문화방송국, 동아일보사(별관) 같은 굵직한 기관과 주거용 아파트들, 순복음교회 등이 들어서면서 정치경제문화의 중심지, 언론과 금융을 주무르는 서울 중에서도 서울로 다시 태어났다.

여의도는 토사가 퇴적되어 생긴 섬이다. 모래섬이라고 해도 과언이 아니다. 그런데 그 모래섬에 무슨 기운이 있어서 서울의 중심이 되었을까?

'너나 가져라' 하고 여의도(汝矣島)라고 불렸던 섬이 '모든 게 뜻대로 된다'는 뜻의 여의도(如意島)가 된 이유는 인기이다. 국회의사당을 비롯해서 언론 금융기관이 모여들며 인기를 모았고, 섬이라는 고립성을 4개의 큰 다리와 선착장이 사통팔달의 활발함으로 바꾸었다. 언제든 인기를 주고받으며 교류할 수 있게 된 것이다.

과거에는 섬이라는 고립성을 이용해서 말의 방목목장으로 썼다. 그렇지만 섬과 육지를 잇는 큰 다리로 교통의 편리성을 더하니, 고립성이 아늑함으로 바뀌었다. 아늑한 섬으로 사람들이 모여드니 기운이 쌓여 명당이 된 것이다. 인위적인 노력으로 인기가 많은 땅이 된 것이다.

♛ 세계의 명당 대한민국
기운이 모이면 명당이 된다. 자연적인 명당은 기운을 모으기 쉬운 곳이다. 우리나라는 산태극 수태극이 형성된 명당 중의 명당이다.

우리나라는 짧은 시간에 전쟁의 악몽에서 벗어나 세계 10위의 경제대국이 되고, 지구촌의 축제인 올림픽을 두 번이나 치르며, 월드컵을 개최하고, 세계 대통령이라고 하는 UN사무총장이 나오며, 세계은행 총재를 배출했다. 참으로 놀라운 기적이다. 선천적 명당에다 세계의 기운을 70여 년 동안 모은 결과이다.

예로부터 동양은 아침이며 봄에 해당하고, 서양은 저녁이며 가을에 해당한다고 하였다. 동양은 시작하는 곳이기 때문에 봄의 덕목인 인(仁)을 강조하였고, 서양은 마무리 하는 곳이기 때문에 가을의 덕목인 의(義)를 강조한다는 것이다.

벼농사로 비유하면 동양은 모내기를 하는 때이므로 서로서로 북돋아주며 협동하는 것이 중요했고, 서양은 추수하는 때이므로 어떻게 나눌까 하는 분배가 강조된 것이다.

추수를 하면 분배를 해야 한다. 어떻게 잘 나누냐가 중요한 것이다. 그래서 그런지 서양의 끝인 영국에서 분배의 두 법칙인 자본주의와 공산주의가 탄생했다. 이 양대 사조(思潮)가 서로 세력을 넓히며 지구를 돌다가, 우리나라에 와서는 서로 자기가 먼저 가겠다며 싸운다. 심지어는 세계 각국이 모여 전쟁을 치르고, 이제는 100만이 넘는 군인이 지키며 싸우고 있다.

동방에서 시작한 문명이 서양으로 갔다가, 자본주의와 공산주의로 꽃피어 되돌아 왔다. 돌아와서는 서로가 옳다고 하며 다투고 있는 것이다.

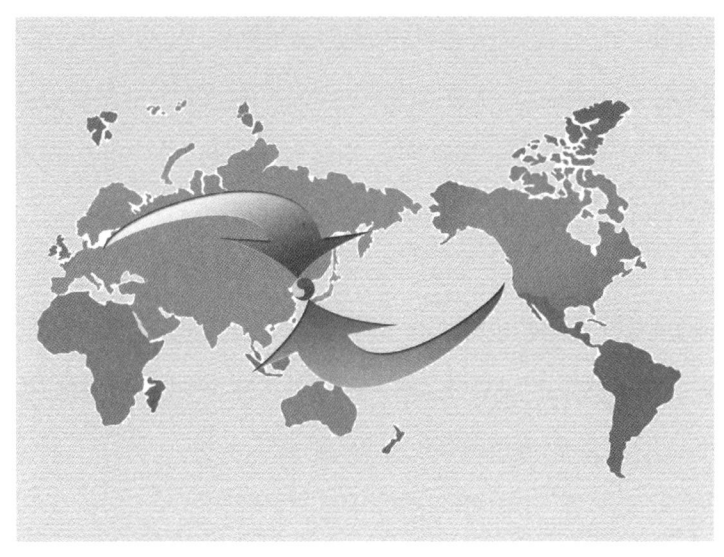

공산주의와 자본주의가 태극문양을 이루며 우리나라로 집중하고 있다.

공산주의는 무엇인가? 일은 누가 많이 했든지 간에 똑같이 나눠 갖자는 것이다. 얼핏 재화를 평등하게 나누는 것 같아 좋아 보이지만, 남보다 더 많이 갖고 싶은 인간의 본능과 역행하는 생각이다. 그래서 생명체의 삶을 주도하는 태양의 운행과 반대로 유럽에서 러시아·중국을 거쳐 북한까지 왔다.

또 자본주의는 무엇인가? 많이 일한 사람이 많이 가지자는 것이다. 개인의 욕심을 앞세우는 것 같지만, 남보다 잘 살고자 하는 인간의 본능에 충실한 생각이다. 그래서 태양이 가는 길을 따라 유럽에서 미국·일본을 거쳐 남한까지 왔다.

공산주의와 자본주의는 지구촌의 정치·경제·철학을 주도하는 거대한 두 개의 분배법칙이다. 그런데 이 거대한 힘이 우리나라로 왔다. 하나는 태양이 가는 길을 따라 동에서 서로 왔고, 하나는 태양의 반대 길을 따라 서에서 동으로 온 것이다.

우리나라에 오기는 왔는데, 휴전선에 가로막혀 한 치도 더 나아가지 못하고 있다. 심지어 세계 각국이 모여서 전쟁을 했는데도 결과가 없다. 결국 임시 휴전을 하고, 철책으로 가로막으면서 100만이 넘는 군인이 지키고 있게 되었다.

그런데 생각을 달리해서 다시 살펴보면, 세계를 주도하는 두 개의 거대한 기운이 우리나라로 모여들었고, 그것도 70년을 훌쩍 넘게 공산주의와 자본주의의 기운을 쏟아 붓고 있다. 우리나라가 세계의 주목을 받으며, 세계의 기운을 받고 있는 것이다.

공산주의도 우리나라로 기운을 쏟고, 자본주의도 역시 우리나라로 기운을 쏟아 붓고 있다. 시간적으로도 공간적으로도 여러 상황이 우리나라로 집중하고 있다. 때가 오니, 자연현상에 의해 저절로 인기가 몰려든 것이다. 서울에서 강북이 인기가 높다가,

때가 바뀌니 강남이 인기가 높아지는 것과 같은 유형이다.

  이렇게 큰 기운이 몰려들 때는 장기적이며 슬기로운 판단을 해야 한다. "왜 몰려들까? 어떻게 해야 할까?" 그 기운을 잘 융합하고 조절해서 천년 앞을 설계하여야 하는 것이다.

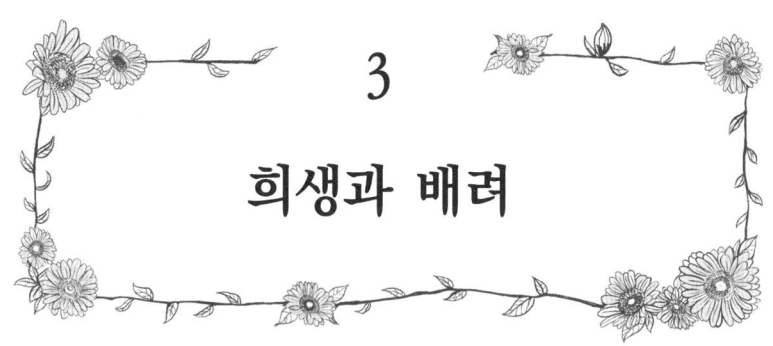

3
희생과 배려

완전히 망하는 것보다 약간만 잃는 것이 좋다. 또 확실히 다치는 것 보다 살짝 비껴가게 하는 것이 좋다. 어차피 다칠 일이라면, 그 피해를 줄이는 방법이 좋은 일이다.

폭망이 염려될 때 희생양으로 대신하는 방법이 있다. 나대신 희생이 될 그 무엇을 구하는 것이다. 여기서 중요한 것은, 나대신 희생이 된 그 무엇에 대한 배려이다. 그 배려를 게을리 하면 안 된다. 도덕적으로 잘못 되면 엄청난 후폭풍으로 되돌아오기 때문이다.

👑 **갱알후! 그 섭섭함의 표시** 상대방의 처지가 되어서 생각해야 한다. 섭섭한 감정은 아주 오래 간다. 그래서 상대방이 그런 감정을 느끼지 않도록 배려해야 한다.

한나라 고조가 미천했을 때 한량이 되어 놀고먹었다. 매번 사고를 치고 숨어 다니다가 친구들과 집으로 몰려들어 밥을 먹고 떠나곤 했다. 집에는 형이 죽고 혼자된 형수가 돈을 벌어가며 힘들게 조카들을 키우고 있었다. 다 큰 시동생이 말썽만 피우면서 놀고먹는데다가 친구들까지 불러서 없는 식량을 축내고 가니, 형수로서는 여간만 미운 것이 아니었다.

한번은 친구와 함께 시시덕거리며 집으로 오는 고조를 보고, 밥을 먹던 큰형수가 솥의 표면을 나무주걱으로 벅벅 긁어 소리를 냄으로써 국이 없다는 표시를 하였다. 그리곤 마침 먹을 것이 떨어졌다고 하며 미안해하였다.

할 수 없이 아무 것도 먹지 못한 채 이야기만 나누다가 친구를 배웅한 고조가, 혹시나 하는 마음에 솥을 살펴보니 국이 남아 있었다. 형을 일찍 잃은지라 형수에게 불만을 말할 수도 없어서 속으로만 꽁하고 있었다.

고조가 황제가 된 뒤에 형제들에게 왕자리를 나누어 주었지만, 장조카(유신)만은 형수를 미워해서 벼슬을 주지 않았다. 기다리다 못한 장조카가 태상황(할아버지)에게 자신의 어머니와 고조사이에 섭섭함이 있었던 일을 이야기 했다.

그 이야기를 들은 태상황이 "형이 죽었으니 장조카를 왕으로 봉해야 되지 않겠느냐?"고 고조를 독촉하였다. 그러자 "제가 장조카에게 벼슬 주는 것을 잊은 것이 아닙니다. 그 에미가 덕이 모자라 그런 것입니다."라고 하였다.

하지만 계속된 태상황의 재촉에 못 이겨서 장조카를 갱알후(羹頡侯)라는 이름으로 제후에 봉했다. '국 갱, 빼앗을 알(갈), 오르락내리락 할 알, 제후 후'이니, '국을 빼앗아서 못먹게 한 제후' 또는 '국을 담은 솥을 주걱으로 오르락내리락 소리를 내서 국이 없다는 표시를 해서 얻은 제후'라는 뜻이 된다. 형수가 솥을 긁으며 밥을 주지 않은 것을 원망한다는 뜻을 담은 것은 물론이고, 왕으로 봉하지도 않고 그 아래계급인 제후로 봉한 것이다.

　제후의 이름을 지을 때, 대개는 현의 이름을 따서 회음후·동해후 등으로 짓는다. 『괄지지(括地志)』에 "갱알산이 규주 회융현에 있다."라고 했는데, 산이름을 따서 제후를 봉하는 경우는 없다. 형수를 원망하고 미워하는 마음이 그대로 드러나 있는 것이다.

　중국에서 배포 크기로 둘 째 가라면 서러워할 고조도, 놀고먹으면서 형수를 괴롭힌 자신의 잘못은 까맣게 잊고, 다만 밥 한 끼 못 얻어먹은 것에 10여 년을 꽁하고 있다가, 당사자뿐만 아니라 형의 아들까지 미워한 것이다. '중국을 통일하고 나라를 건설한 큰 덕이 있는 임금이 맞나?' 하는 생각이 들 정도다.

　그렇다면 일반인은 말할 것도 없다. 각자 자기가 못 받고 남보다 모자란 것에 대해서 원망을 늘어놓기 마련이다. 농민은 추곡 수매를 비싼 가격으로 안 해준 것을 원망하고, 학생은 비싼 등록금을 내고 다녔는데 취직 못한 것에 대해 원망하고, 노동자는 월급 적게 받은 것을 원망한다. 그래서 상대방 입장에서 생각해보라고 강조하는 것이다.

👑 부모가 원하는 것을 해주어야 진정한 효자
상대가 원하는 것을 해주어야 좋아한다. 이렇게 하면 상대가 좋아할 것이라는 편견 때문에 서로 원수가 될 수도 있다.

공자님의 수제자인 증자와 그 아들 증원은 세상이 알아주는 효자이다. 증자는 부모의 입장을 헤아리는 효도를 했고, 증원은 자기가 옳다고 생각하는 효도를 하였다.

『맹자』에 "증자가 아버지(증석)를 봉양할 때 반드시 술과 고기를 준비하였고, 상을 물리려고 할 때 반드시 '누구에게 줄까요?'라고 여쭈었다. '남은 것이 있느냐?'고 물으시면 반드시 '있습니다.'라고 하였다." 증자는 아버지를 지극히 모셨을 뿐 아니라, 항상 아버지의 의견을 묻고 그 결정을 존중하며 따랐다는 것이다.

위의 대화도 "내 친구 누가 생각이 나는구나."고 하면, 그 음식을 직접 가지고 가서 그 친구분께 대접하는 것으로 귀결된다.

세월이 흘러 증자가 자식의 봉양을 받게 되었다. 술도 있고 고기반찬도 있는 최상의 밥상이다. 그렇지만 상을 물리려고 할 때 "누구에게 줄까요?"라고 여쭙지 않았고, "남은 것이 있느냐?"라고 물으면 "없습니다."라고 대답하였다.

증원이 생각할 때 남은 것이 있다고 하면 "어디에 있는 아무개 좀 갖다 주어라. 맛있게 먹을 것이다."라고 하실 것이고, 그러면 귀하고 맛있는 음식을 다음에 다시 드릴 수 없기 때문에 없다고 한 것이다.

희생과 배려

증원도 아버지를 극진히 모신 효자이다. 다만 좋은 음식을 부모님께 더 드리기 위해서 거짓말을 하고, 그 음식을 잘 남겼다가 다시 올린 것이다.

그렇지만 이는 부모님의 뜻에는 어긋난 것이다. 증자는 맛있는 음식을 주변의 친한 사람들과 나누어 먹고 싶었는데, 부모님의 입과 건강이 최고라고 생각한 아들에 의해 그 뜻이 꺾였다.

그래서 맹자는 "증원의 효도는 '입과 몸을 봉양한다(양구養口)'는 것이며, 증자처럼 하는 효도는 '뜻을 봉양한다(양지養志)'는 것이다. 부모님을 섬기는 것은 증자처럼 하는 것이 옳다."고 하신 것이다.

부모님이 맛있는 음식을 한 점 더 드시는 것 보다, 부모님의 뜻이 이루어지게 하고 부모님의 마음을 편하게 하는 것이 효도라는 것이다. 효도는 공경을 바탕으로 한 양지를 해야지, 양구는 개나 말을 기르는 것과 별반 차이가 없다는 공자님 말씀과도 통한다.

아무리 자신이 옳다고 생각해도 부모님의 뜻을 물어서 부모님의 뜻을 거스르지 말아야 하며, 항상 부모님의 뜻을 펼 수 있도록 해야 진정한 효도라는 것이다.

효는 백행지본(百行之本)이라고 했다. 이 양지 양구의 효도이론은 인간만사에 적용된다. 요즘 유행하는 '갑질, 독선, 독재' 등등의 말도, 그 가해자의 변명을 들어보면 '상대를 위해서 했다'는 것이다. 그런데 상대방의 입장에서 보면 '당했다, 기분 나쁘다, 모욕을 느꼈다'고 한다. 왜 그럴까? 양지를 하지 않고 양구를 했기 때문이다.

내가 좋아하는 것이 상대방이 좋아하는 것이고, 내가 원하는 것이 상대방이 원하는 것이라며 일방적으로 추측하고 결론을 내리던 습관이, 오만과 합해져서 안 좋은 방향으로 흘러가며 쌓이고, 급기야 "아들처럼 생각하고 위해줬다."고 하니, 상대방은 "개나 돼지 같은 대접을 받았다."고 말하게 된 것이다.

♛ 작은 것으로 큰 것 만들기
정성이 담겨야 하고, 그 정성을 잘 표현해야 한다. 정성에도 포장이 필요한 것이다.

어버이날이 하루 지난 후, 음식점에 노인 분들이 색색의 새 옷을 입고 모임을 갖고 있었다. 아마도 어버이날 선물로 들어온 옷들일 것이다. 날씨가 꽤나 더운데도 음식을 다 드시고 모임이 끝나 갈 때까지 겉옷을 벗어 놓을 생각들을 하지 않으신다. 은근히 자제분들이 선물한 옷을 자랑하고 있는 것이다.

그 중에 술을 거나하게 드신 어르신 한 분이 흰 봉투를 꺼내 놓으며 오늘 음식 값은 당신께서 쏘신단다. 봉투 속에서 돈과 편지를 꺼내더니 글을 읽으신다.

"어머님 사랑해요. '사랑해요'라는 말을 진작 하고 싶었는데 머뭇거리다 20년이나 걸렸습니다. 오래오래 건강하고 즐겁게 사세요. 이 돈은 얼마 되지 않지만 친구분들과 맛있는 저녁 사서 드세요. 어머님의 아들과 며느리!" 글은 짧았지만, 반짝거리는 5만 원짜리 두 장과 핑크색 편지, 그리고 어르신의 눈을 가득 채운 행복의 눈물!

"이 옷하고 같이 가져온 거야. 아들하고 며느리가!" 하면서 울긋불긋한 겉옷을 만지작거리신다. 돈이야 저녁 값을 치르기에 조금 모자란 듯 보였지만, 그 글의 효과가 대단했다. 모인 어른들이 다 박수를 치며 최고라고 좋아했다.

용돈을 담은 봉투와 편지지의 값이 얼마나 될까? 천원도 되지 않을 것이다. 하지만 용돈을 드릴 때 정성스럽게 사랑의 마음으로 글을 써서 함께 드리니, 그 정성을 생각한 부모님이 얼마나 기특하고 자랑스럽게 생각할 것인가? 용돈의 가치가 배가 되는 것이다.

👑 유언의 진짜 의도

사람의 진심을 읽는 것은 능력이다. 그 사람이 무슨 뜻으로 말을 한 것인지, 정확히 판단해서 그 뜻을 지켜주는 것이 좋다. 가끔 사람은 자신의 마음과 다른 표현을 하는 경우가 있다. 이때 잘못 알아들으면 큰 실수를 하게 된다. 물론 잘 알아듣고 판단하면 생각하지 못한 복이 들어오기도 한다.

진(秦)나라의 장수 두회는, 2m 가까운 거인으로 3만근의 무게를 드는 장사인데다 생김새가 사나워서 보는 사람을 압도했다. 또 하루에 호랑이 다섯 마리를 주먹으로 때려잡기도 했다.

60kg이나 되는 큰 도끼를 자유자재로 휘두르며 적군의 중심부로 쳐들어가 길을 열었고, 그를 따르는 결사대 300명이 동시에 도끼를 휘두르는 것이 마치 죽음의 신들이 날뛰는 것과 같았다고 한다.

진(晉)나라의 장수 위과는 노(潞) 땅에 남아 주변의 성들을 공략하고 있었다. 그때 자욱한 먼지와 더불어 함성소리가 천지에 가득 울려 퍼졌다. 곧이어 거대한 거인이 성큼성큼 뛰어오면서 위과의 병사들을 마구 살육하였다. 병사들과 더불어 간신히 목숨만 건져서 후퇴한 위과는 성문을 굳게 닫고 방어만 하였다.

전전긍긍하며 괴로워하던 위과가 깜빡 잠이 들었을 때, 한 노인이 꿈에 나타나서 청초파(靑草坡)에서 싸우라고 하였다. 청초파는 푸른 풀이 무성하게 자라는 언덕이라는 뜻 그대로 풀이 많았다.

잠에서 깬 위과가 동생에게 '청초파에 매복하라' 하고 자신은 두회의 군사들을 청초파로 유인하였다. 매복한 군인들이 급습을 하였지만, 두회와 그 부하들은 조금도 당황하지 않고 도끼를 휘두르면서 위과의 군대를 압도하였다.

절망에 빠져 도망하려 할 때 갑자기 두회가 자빠질 듯 비틀거리기 시작했다. 위과가 눈을 들어 살펴보니, 베옷을 입고 짚신을 신은 노인이 두회가 발을 뗄 때마다 그 발을 풀로 묶고 있었다. 위과가 재빨리 달려가서 몸을 가누지 못하는 두회를 찔러서 사로잡았고, 그 여세를 몰아 대승을 거두었다.

그날 밤 위과의 꿈에 낮에 보았던 그 노인이 나타나서 절을 하고 말했다. "장군이 선대인의 뜻을 잘 살펴서 내 딸 조희를 개가시켜 행복하게 해주었습니다. 그래서 이 늙은이가 구천지하에서 달려와 두회의 발을 풀로 묶어 장군께서 승리하도록 한 것입니다. 앞으로도 장군의 자손들을 도와 영달하도록 할 것입니다."라고 하였다.

위과의 아버지인 위주(위무자)는 전쟁터에 나갈 때마다 자식들에게 "애비가 전쟁터에서 죽거든 애첩 조희를 개가시켜라. 조희가 시집가서 편안하게 살아야 내 마음이 편안할 것이다."고 당부하곤 했다. 그런데 병들어 위독해지자 "내가 죽거든 조희를 나와 함께 묻어라. 그래야 내가 외롭지 않을 것이다."라고 했다.

아버지의 마지막 유언을 들은 위과의 동생이 조희를 아버님과 함께 순장하자고 했다. 위과가 "효자라면 아버지가 정신이 멀쩡할 때 하신 말씀을 따라야 한다."면서 훌륭한 젊은이를 골라 조희를 개가시켰다.

그런 음덕 덕분에 결초보은(結草報恩)의 보답을 받은 것이다. 위독한 아버지의 말대로 했다면, 위과는 물론 그 동생도 두회의 도끼날 아래 목숨을 잃었을 것이다. 그랬다면 돌아가신 아버지도, 조희와 그 친정아버지도, 위과 형제도 모두 불행했을 것이다.

👑 제갈공명의 만두 제물

　제갈공명이 남만을 평정하고 오는 길에 위령제를 지내기로 했다. 전쟁통에 무수히 많은 사람이 죽었으므로 그 영령을 위로해야 하고, 또 앞으로 중국과 남만이 평화롭게 잘 지내기를 기원하는 제였다. 그런데 남만은 산 사람의 머리를 제물로 바치는 것이 전통적인 풍속이었다.

　지금까지도 무수한 사람이 희생되었는데, 여기에 또 사람을 죽여서 제물로 바치자는 남만왕 맹획의 주장에 고민이 많았다. 그래서 생각한 것이 만두다. 밀가루 반죽으로 동그랗게 주머니 모양을 만들어서 그 안에 동물의 고기를 반죽해서 넣고 흘러내리지 않게 잘 여몄다. 사람의 머리통 모양으로 만들었는데, 거기에 사람의 얼굴처럼 눈과 귀 등을 만들어 놓으니, 영락없이 산 사람의 머리 같았다.

　많을수록 좋았다. 만두를 잔뜩 만들어서 제사상에 올려놓고 전사자 영령을 위로하고 앞날이 무사태평하기를 비는 제사를 지냈다. 다 끝나고 나서는 만두를 나누어 먹으니, 모여 있는 사람이 제물을 골고루 나눠 먹을 수 있어 좋았다.

　무엇보다도 좋은 것은, 사람을 더 안 죽여도 되는 것이었다. 이 정도 규모의 제사를 지내려면 열댓 명은 죽여서 그 머리를 올려놓아야 되는데, 만두로 대신함으로써 사람을 죽여서 그 머리를 올려놓고 제사지내는 효과를 보았다. 액받이 노릇을 톡톡히 한 것이다.

먼 길을 원정한 촉나라 병사들에게도 충분한 위로와 포만감을 주었고, 산 사람의 머리를 제물로 바쳐야 제사다운 제사라고 생각하는 남만의 병사들에게도 제사다운 제사를 지내게 해 주었다. 하마터면 열댓 명의 목숨을 희생으로 바칠 뻔한 것을 대신한 것이다. 큰 희생을 작은 희생으로 바꾼 것이다.

♛ 곤장 맞고 얻은 쌀
대신 벌을 받을 사람도 필요하다. 대신 그 값을 잘 치러주어야 한다. 서로의 계산에 균형이 맞아야 한다.

가난했던 흥부는 의외로 직업이 많았다. 요즘 말로 비정규직 알바이다. 무엇 하나 제대로 된 직업 없이 닥치는 대로 살았다는 뜻이다. 흥부의 여러 직업 중 하나는 곤장을 대신 맞고 돈을 버는 일이다.

옛날에는 잘못을 저지르면 감옥에 가기도 하지만, 죄가 적으면 곤장을 때리는 것으로 죗값을 치르기도 했다. 하지만 형틀에 엎드려 묶여서 엉덩이를 까고 곤장을 맞는 것은 창피하기도 하고, 또 종종 죽음에 이를 정도로 아프기도 한 형벌이다.

그래서 돈 있는 사람들은 돈 없는 사람에게 돈을 주고 대신 맞게 했다. 매 맞는 일이 자주 있는 일은 아니지만, 그래도 가난해서 온가족이 거의 굶다시피 하는 흥부에게는 놓칠 수 없는 기회였다.

　죄인의 매를 흥부가 대신 맞은 것이다. 그 매개체는 돈이다. 매를 맞을 뻔한 죄인이 무사할 수 있었던 것은, 자기 대신 곤장을 맞을 흥부를 찾았기 때문이다. 흥부도 돈을 받는 대가로 곤장을 대신 맞는다.
　만약에 죄인이 흥부를 발견 못하고, 발견했다고 해도 돈이 없었다면 영락없이 매를 맞을 수밖에 없는 것이다. 죄인에게는 흥부와 돈이 귀인이다.
　사회생활을 하다보면 이런 귀인을 찾아야 할 때가 많다. 나대신 매를 맞을 사람, 나대신 혼이 날 사람, 나대신 고생할 사람 등등. 물론 그 대가는 지불해야 한다. 대가를 지불하지 않을 때 그 여파는 먼 훗날까지 악연으로 작용한다. 돈이 되었든, 든든한 바람막이가 되었든, 상대방이 만족할 만한 충분한 보상을 해줄 때, 서로가 윈윈하는 좋은 결과가 나올 수 있다.

👑 글을 마치며

대유학당에서 주역강의를 할 때 "길한 점괘가 나왔을 때 더 길하게 하고, 흉한 점괘가 나왔을 때는 덜 흉하게 하는 방법이 없겠느냐?"는 질문이 있었다. 말하자면 운명의 숙명론과 점괘의 결정론에 인간적인 노력이 영향을 줄 수 있냐는 질문이다. 그래서 비보(裨補)하는 법을 또 강의하게 되었고, 이것을 책으로 엮어주었으면 하는 바람이 있어서 책으로 출간하게 되었다.

책에서 예로 든 글의 내용은 유교신문에 연재하던 「역으로 본 세상」이 기초가 되었다. 연재할 때는 글을 만드느라 힘들 때도 있었지만, 9년 정도 연재를 하니 꽤 많은 자료가 모였다. 이 가운데서 필요한 부분을 발췌하여 책에 맞게 다듬은 것이다.

여러 분들이 교정을 도와주시고 의견을 내면서 상당히 만족스럽게 책이 엮어졌다. 이 안의 내용만 알아도 인생살이가 많이 따뜻해지고, 원하는 삶을 살게 되어 행복해질 것이라는 즐거운 상상을 하게 되었다. 그리곤 보다 많은 분이 이 책을 읽어서 행복의 길로 나섰으면 좋겠다는 욕심이 생겼다.

그래서 독자 분들께 부탁을 하고 싶다. 이 책을 열 권 이상 사서 주위의 친지 분들께 선물 했으면 하는 것이다. 이 책의 내용을 사람들에게 가르쳐 주거나, 혹은 이 책이 필요한 사람들에게 선물로 주어서, 그 사람들이 어려움을 이기고 행복하게 살게 하는 것도 큰 복을 짓는 것이 되기 때문이다. 많은 분들의 성원으로 초판을 수정하여 다시 찍을 기회가 생겼다. 여러 사람이 읽고 조금 더 나은 삶을 살수 있기를 기원한다.

♛ 미주 모음

1) 『산해경』「대황남경」

2) 『천상열차분야지도 그 비밀을 밝히다』, 172~175쪽

3) 『심곡비결』,「심곡 김치선생에 관하여」, 대유학당.

4) 『조선왕조실록』,「세종 11년」

5) 『조선왕조실록』,「세종 15년」

6) 『조선왕조실록』,「세종 15년」

7) 자기 집으로 피접 오는 것을 기회로 여기는 경우도 많았다. 한나라 안제(安帝) 때 태자가 병이 들어서, 안제의 유모 왕성(王聖)의 집으로 피접을 하였다. 그 때 재상 병길(邴吉)이 "왕성의 집은 새로 수리하여 토지신을 노하게 했기 때문에 태자가 오래 묵을 수 없다."고 하였더니 왕성이 병길을 모함하였다.
왕성이 병길하고 다툰 이유는, 자신의 집에서 태자를 오래도록 모시면, 지금의 황제 뿐 아니라 다음의 황제에게도 공을 세우는 일인데, 병길이 좋지 않은 말을 해서 그 기회를 망치려 했기 때문이다. 환자에게도 병을 나을 좋은 기회이고, 집을 제공하는 사람에게도 출세할 수 있는 좋은 기회였던 것이다.

8) 유식론에서 단순한 본능의 움직임인 전5식의 신과 고등한 지혜의 움

직임인 8식의 신은 서로 잘 통한다. 둘 다 자아라고 하는 에고가 거의 없기 때문이다.

9) 『세설신어』의 「술해」편 참조.

10) 『항복기심』, 「3권, 352쪽」, 대유학당.

11) 소옹, 『황극경세』, 「관물외편 13절」, 대유학당.

12) 한(漢)나라 유향(劉向), 『설원(說苑)』, 「변물(辨物)」

13) 송나라 정이, 『이천문집(伊川文集)』, 「장설(葬說)」.

14) 『마음의 달 1』, 대유학당.

15) 『기찬연해』, 『산당사고』

16) 송(宋)나라 장군방(張君房) 지음, 『운급칠첨(雲笈七籤)』의 「경신부(庚申部), 몽삼시설(夢三尸說)」 출전.

17) 1,725×1,725=2,975,625. 2,975,625×100÷297,562,500. 그러므로 1,725명은 미국인구 1%의 제곱근에 해당한다.

18) 2016년 4월 SAGE Open지의 내용 : 2007년~2010년 사이에 미국의 사살률이 21.2%, 살인률이 28.4%, 사동차 사고 사망률 20.6%, 신생아 사망률 12.5%, 약물 관련 사망률 30.4%가 감소하였다.

👑 윤상철님의 저서 주역 & 천문

▶ **주역입문**(周易入門)

· 19×26㎝ 본문2도 / 324쪽 16,000원 / 윤상철 / 19년 11월 3판 2쇄

2017년 개정판 누구나 쉽게 입문하도록 주역의 역사와 용어, 괘의 생성과정과 뜻, 주역원문 보는 법, 점치는 법 등을 그림과 더불어 소상하게 풀이. 오행과 간지, 하도와 낙서를 쉽게 소개한 동양철학 입문서.

기초

▶ **주역점비결**

· 16×23㎝ 양장 본문2도 / 440쪽 25,000원 / 윤상철 / 2020년 3월 2쇄

2019년 신간 주역을 몰라도, 숫자 세 개만 뽑으면 미래의 길흉을 알 수 있는 비법! 저자의 20년 노하우가 들어있는 점법의 완성판. 3,1,5를 뽑았다면, → 책에서 315를 찾아 읽기만 하면 → 총론과 21가지 세부항목의 점비결을 얻을 수 있다.

누구나

▶ **시의적절 주역이야기**

· 14×22㎝ 본문2도 / 328쪽 15,000원 / 윤상철(그림 주성준, 사진 손형우) / 13년 8월 1쇄

한해를 봄·여름·가을·겨울의 4단계로 나누듯 이 인생을 난자와 정자, 태아, 결혼 전, 결혼 후로 나누어서 각 상황에 맞게 준비하고 실천하는 방법을 저자의 경험을 바탕으로 기술했다. 주역의 원리, 이순신 장군의 윷점 등 간단하게 점치는 방법 소개.

누구나

▶ **천상열차분야지도 그 비밀을 밝히다**

· 16×23㎝ 양장 / 448쪽 25,000원 / 윤상철 지음 / 20년 5월 초판

2020년 신간 고구려별과 조선별의 동거! 1467개의 붙박이별에, 10간의 태양, 12지의 달이 떠있고, 그 밑에서 인간이 길흉화복을 나누며 산다. 비석으로 세워놓기 위한 것이 아니라 탁본을 뜨기 위해 땅 속에 보관. …. 별을 공경해서 복을 받고 기운을 받자.

중급

▶ 세종대왕이 만난 **우리별자리** ❶❷❸

· 16×23㎝ 본문4도 / 각권 256쪽 12,000원 / 윤상철 / ❶14년 6월 2판 1쇄 ❷❸13년 6월 2쇄

천문류초보다 쉽게 동양천문을 이야기로 해설한 책. 우리별을 쉽게 찾을 수 있게 하는 28수나경(별자리판) / 자기가 태어난 해와 달에 따라 내 별을 찾을 수 있음 / 전해오는 이야기와 그림! 우리 고유의 문화에 대한 자부심과 정서를 느낄 수 있다.

누구나

▶ 2021 **천문류초**(天文類抄)

· 16×23㎝ 양장 / 510쪽 30,000원 / 김수길·윤상철 共譯 / 21년 신간

세종대왕의 명을 받아 천문학자 이순지가 간행한 천문학의 개략서. 원문과 더불어 자세한 번역을 하고 주석을 달아 알기 쉽게 재편집. 문화관광부에서 우수학술도서로 선정한 책.

중급